百问百答系列丛书

安全生产法150问

法律出版社法律应用中心　编著

法律出版社 LAW PRESS · CHINA
——北京——

图书在版编目(CIP)数据

安全生产法150问 / 法律出版社法律应用中心编著
. -- 北京 : 法律出版社, 2024
ISBN 978-7-5197-8262-7

Ⅰ. ①安… Ⅱ. ①法… Ⅲ. ①安全生产法-基本知识-中国 Ⅳ. ①D922.544

中国国家版本馆CIP数据核字(2023)第163661号

安全生产法150问
ANQUAN SHENGCHANFA 150 WEN

法律出版社法律应用中心 编著

策划编辑 邢艳萍
责任编辑 邢艳萍
装帧设计 贾丹丹

出版发行 法律出版社
编辑统筹 法律应用出版分社
责任校对 朱海波
责任印制 刘晓伟
经　　销 新华书店

开本 A5
印张 12.625　**字数** 360千
版本 2024年1月第1版
印次 2024年1月第1次印刷
印刷 三河市龙大印装有限公司

地址:北京市丰台区莲花池西里7号(100073)
网址:www.lawpress.com.cn
投稿邮箱:info@lawpress.com.cn
举报盗版邮箱:jbwq@lawpress.com.cn
销售电话:010-83938349
客服电话:010-83938350
咨询电话:010-63939796

书号:ISBN 978-7-5197-8262-7
定价:58.00元

凡购买本社图书,如有印装错误,我社负责退换。电话:010-83938349

前　言

对于企业来说,安全问题是生产活动的重中之重。经济效益是企业的首要追求;而要保证企业经济效益稳定,安全生产发挥着不可或缺的作用。一方面,企业落实安全生产制度,保证本单位生产经营活动的安全有序:既可以提高劳动者从事生产活动的积极性,又可以提高企业效益。另一方面,如果企业不重视安全生产,必然会加大生产安全事故发生的可能性;一旦发生生产安全事故,所造成的人力和财产损失都是不可预估的,这对于企业来说无疑是巨大的冲击。从这两个方面来讲,企业必须重视安全生产,遵守国家关于安全生产的相关法律制度和政策规定,切实落实本单位的安全生产制度。

对于劳动者来说,安全生产同样具有不容忽视的重要性。在企业的生产经营活动中,劳动者发挥着绝对的主体地位。这也就意味着劳动者安全生产意识的强弱,将直接影响企业安全生产制度能否有效落实。一方面,履行本岗位的安全生产责任是劳动者所必需承担的法定义务。另一方面,如果发生生产安全事故,还可能给劳动者的人身安全造成重大损害;届时,劳动者不仅将遭受财产损失,还可能面临生命健康风险,甚至可能造成一个家庭的悲剧。因此,劳动者务必要配合企业,共筑安全生产牢固防线。

习近平总书记在中国共产党第二十次全国代表大会的报告中指出:"推进安全生产风险专项整治,加强重点行业、重点领域安全监管。"而我国的"十四五"规划同样将安全生产列为重要一环。现如今,我国已经全面建成小康社会,并实现了第一个百年奋斗目标。"十四五"是我国开启全面建设社会主义现代化国家新征程、向第二个百年奋斗目标进军的开端。为实现我国发展的新目标,必须将安全生产的贯彻落实提到新高度。同时,也必须认识到安全生产的发展正处于关键时期,仍然有着长期性、艰巨性和复杂性的特征,需要国家、社会、人民的多方共同努力。

为了适应安全生产发展的新阶段,我国《安全生产法》于2021年进行了修正。新修正的《安全生产法》更强调党的领导在安全生产中的重要作用,将安全生产与中国特色社会主义发展道路相融合。根据该法规定,安全生产工作应当以人为本,坚持人民至上、生命至上,把保护人民生命安全摆在首位,树牢安全发展理念,坚持安全第一、预防为主、综合治理的方针,从源头上防范化解重大安全风险。安全生产工作实行管行业必须管安全、管业务必须管安全、管生产经营必须管安全,强化和落实生产经营单位主体责任与政府监管责任,建立生产经营单位负责、职工参与、政府监管、行业自律和社会监督的机制。可以说,新修正的《安全生产法》强调全员安全生产责任制,安全生产再也不是少数人的事。企业中的每一个人都负有安全生产的法律责任,要明确具体的责任和考核标准,严格落实考核监督。

那么,了解和学习《安全生产法》相关知识,对于安全生产中的重要主体企业和劳动者而言,就显得十分必要了。对于企业来说,了解安全生产的法律知识,不仅能够为企业提高生产的安全性与效能,也能够提供法律上的支持与引导,还能够让企业了解违反安全生产法律法规需要承担的法律责任,帮助企业规避风险。对于劳动者来说,掌握安全生产法律知识可以帮助其更加了解应当承担的安全生产义务以及所享有的权利,帮助劳动者在生产经营活动中更好地履行职责与保障自己的权益。

在此,为了帮助企业加强安全生产工作,防止和减少生产安全事故,保障企业、劳动者以及人民群众的人身财产权利,同时为企业和劳动者了解安全生产相关法律知识提供帮助,我们特别编写了本书。

本书以新修正的《安全生产法》为基础,并在此基础上加以全面扩展,引入了如安全生产培训、工伤认定与赔偿、职业病防治、消防安全等与安全生产息息相关的法律知识。在内容上,我们通过现实案例与法律分析相结合的方式,用通俗易懂的语言向大家传播安全生产法律知识,相信对各类企业主体和个人均具有参考性。

安全生产大于天!我们衷心希望,通过本书,企业与劳动者能够进一步认识并落实自身在安全生产方面的责任,对存在的安全生产方面的疏漏拾遗补阙,使本单位的安全生产制度更为完善与合理。诚然,本书因编写时间与编写人员的限制,难免存在不足之处,欢迎大家批评指正!

目录

第一章　安全生产基本法律制度

1. 如何制定和执行安全生产标准？/ 003
2. 谁是生产经营单位的安全生产第一责任人？/ 005
3. 还没具备安全生产条件，能开工生产吗？/ 007
4. 安全生产方面的资金投入是必需的吗？/ 010
5. 生产经营单位违规提取和使用安全生产费用，要承担怎样的责任？/ 011
6. 生产经营单位把安全生产管理人员当摆设，违法了吗？/ 013
7. 如何理解安全生产中的"三同时"原则？/ 015
8. 生产经营单位发包、出租项目应遵守什么安全规定？/ 017
9. 生产经营单位未对重大危险源登记建档的，要承担什么法律责任？/ 020
10. 生产经营单位未建立安全事故隐患排查治理制度的，需要承担怎样的责任？/ 022
11. 生产经营单位与从业人员订立协议规避伤亡事故责任的，要承担怎样的法律责任？/ 024

12. 平台经济等新兴行业、领域的生产经营单位在安全生产管理方面有何法定义务？/ 026
13. 什么是安全生产权力和责任清单？其对安全生产有何作用或意义？/ 028
14. 安全生产责任保险是怎么回事？哪些生产经营单位应该投保？/ 031
15. 国家怎样奖励在参加抢险救护等方面取得显著成绩的单位和个人？/ 033

第二章　安全生产设备、场所的使用与维护

16. 安全设备的安装、使用、检测、改造和报废不符合国家标准或者行业标准的，有怎样的法律后果？/ 037
17. 对安全设备进行定期维护、保养、检测，是生产经营单位的法定义务吗？/ 039
18. 关闭生产安全相关设施或系统等，要承担怎样的责任？/ 041
19. 应当安装燃气报警装置的餐厅，未按照要求安装的，发生事故后需要承担什么责任？/ 043
20.《安全生产法》是如何规定安全生产设备淘汰制度的？/ 045
21. 引进新技术、新设备时，是否必须对从业人员进行相关培训？/ 047
22. 两个以上生产经营单位在同一作业区域内进行生产经营活动可能危及对方安全的，应该如何解决？/ 048
23. 某些生产经营单位的安全警示标志设置得“不明显”，也违法吗？/ 050

24. 法律对生产经营单位的员工宿舍有哪些限制性规定？/ 052

第三章　高危行业安全生产特别规定

25. 矿山、金属冶炼、建筑施工等高危行业如何保障安全生产？/ 057
26. 矿山、金属冶炼等高危险性建设项目必须进行安全评价吗？/ 059
27. 法律对矿山、金属冶炼等特殊建设项目的安全设计和验收有何规定？/ 061
28. 金属冶炼建设单位能否将其承包的项目全部转包给第三方？/ 063
29. 哪些生产企业应当申请取得安全生产许可证？/ 065
30. 企业取得安全生产许可证，应当具备哪些安全生产条件？/ 067
31. 特种设备必须满足哪些条件才能使用？/ 070
32. 法律对危险行业单位安全生产管理人员有何“硬性”规定？/ 072
33. 生产经营单位进行哪些作业时，应当安排专门人员进行现场安全管理？/ 074
34. 煤矿有哪些安全隐患时，应当立即停止生产？/ 076
35. 危险化学品仓库应注意符合怎样的消防条件？/ 079
36. 运输危险化学品时应当遵守哪些安全规定？/ 082

第四章　劳动者依法享有的安全生产权利

37. 劳动者在签订劳动合同时应注意哪些事项？/ 089

38. 什么是安全生产中从业人员的知情权、建议权以及批评、检举、控告权？／091
39. 职工遇到违章指挥和强令冒险作业时，有权怎么办？／093
40. 职工发现危及人身安全的紧急情况时有权停止作业并紧急撤离吗？／095
41. 工会在安全生产中有哪些职权？／097
42. 用人单位必须为劳动者提供劳动防护用品吗？／099
43. 能否无限延长劳动者的工作时间？／101
44. 从业人员有哪些职业健康权利？／103
45. 什么是安全生产中的人身损害赔偿权？／105
46. 生产经营单位可以让职工分担部分工伤保险费吗？／107
47. 关注从业人员心理健康状况，是生产经营单位的义务吗？／108
48. 女职工依法享有哪些特殊劳动保护？／110
49. 用人单位在女职工孕期能否单方改变其工作岗位？／113
50. 对于在“三期”期间的女职工，用人单位能否解除劳动合同？／115

第五章　劳动者依法应遵循的生产安全义务

51. 严格落实岗位安全责任是从业人员的法定义务吗？／121
52. 接受安全生产教育和培训是从业人员的法定义务吗？／123
53. 被派遣劳动者在生产经营单位中，也有落实安全生产岗位责任的义务吗？／125
54. 从业人员在发现事故隐患时，应该怎么办？／127

55. 生产经营单位的特种作业人员应符合怎样的条件才能上岗工作？/ 129

56. 劳动者在生产和使用易燃、易爆危险物品时，应当注意哪些基本防火要求？/ 131

第六章 相关主体的安全生产法律责任

57. 在安全生产中，承担法律责任的主体一般有哪些？/ 137

58. 负有安全生产监督管理职责的部门的工作人员失职、渎职的，需要承担哪些法律责任？/ 139

59. 生产事故的责任主体一般有哪些？/ 141

60. 生产经营单位的安全生产管理人员的职责有哪些？/ 143

61. 生产经营单位的主要负责人在发生生产安全事故时有怎样的职责？/ 145

62. 生产经营单位主要负责人没有履行安全生产管理职责的，应当承担哪些法律责任？/ 147

63. 从业人员不服从管理、违反安全生产规定的，应承担怎样的法律责任？/ 150

64. 我国有哪些安全生产方面的行业组织，其在安全生产方面负有怎样的法定职责？/ 153

65. 安全生产服务机构有哪些权利、义务和责任？/ 155

第七章　安全生产培训

66. 生产经营单位对从业人员进行安全教育和培训是法定义务吗？ / 161
67. 对于被派遣劳动者、实习生等，生产经营单位也有义务对其进行安全生产培训吗？ / 164
68. 应当参加安全生产培训的人员有哪些？ / 166
69. 生产经营单位主要负责人安全培训包括哪些内容？ / 168
70. 生产经营单位安全生产管理人员安全培训包括哪些内容？ / 170
71. 生产经营单位新员工岗前安全培训至少需要多少学时，培训内容包括哪些？ / 171
72. 发生安全生产事故后，安全生产负责人是否需要重新参加安全培训？ / 174
73. 生产经营单位中“师傅带徒弟”的做法是否已经过时？ / 175
74. 生产经营单位在安全培训方面应接受哪些检查？ / 177
75. 以不正当手段获得特种作业操作证的，会受到怎样的处罚？ / 179
76. 安全培训机构应该具备怎样的条件，其在哪些方面应接受监督检查？ / 180

第八章　安全生产作业规范

77. 接触、使用电气电力设备工具作业时，常见的触电原因有哪些？ / 185
78. 如何防范机械伤害事故？ / 187
79. 使用手持式电动工具作业时应注意哪些安全事项？ / 189
80. 如何预防和面对矿井火灾？生产中常见的火险事故隐患有哪些？ / 191
81. 什么是焊工应遵守的“十不焊割”原则？ / 193
82. 使用施工升降机作业应注意哪些事项？ / 195
83. 使用起重机进行吊装、搬运作业应注意哪些事项？ / 197
84. 从业人员在高处作业时，应注意哪些事项？ / 199
85. 如何应对和有效预防坍塌事故？ / 201
86. 如何有效预防物体打击事故？ / 203
87. 在井下行走或乘车时，有哪些安全注意事项？ / 205
88. 如何预防瓦斯和煤尘爆炸事故？ / 206

第九章　职业病防治与危害

89. 职业病的法定种类有哪些？ / 211
90. 国家在职业病防治方面应当采取哪些措施？ / 219

91. 用人单位应当采取哪些职业病防治管理措施？/ 222
92. 劳动者应如何申请职业病诊断及鉴定？/ 224
93. 当事人对职业病诊断有异议的，该如何救济？/ 227
94. 在职业病前期预防方面，企业有哪些义务？/ 229
95. 劳动者享有哪些职业卫生保护权利？/ 231
96. 劳动者拒绝被调至具有职业病危害岗位的，用人单位可以将其解雇吗？/ 233
97. 对劳动者进行职业卫生培训是用人单位的法定义务吗？/ 235
98. 什么是职业健康检查，包括什么内容？/ 237
99. 生产性粉尘对人体有哪些危害？/ 239
100. 粉尘危害的防护原则有哪些？综合防尘和降尘措施有哪些？/ 242
101. 粉尘涉爆企业在粉尘防爆方面应落实好哪些工作？/ 245
102. 生产性毒物会对人体造成哪些伤害？/ 248
103. 常见职业中毒会出现哪些典型症状？/ 251
104. 在生产中应如何预防职业中毒？/ 254
105. 生产性噪声危害有哪些，如何降低噪声危害？/ 256
106. 高温作业会对人体产生哪些不利影响，如何防护？/ 258
107. 作业场所内的放射源会对人体造成哪些危害，如何防护？/ 261
108. 矿山行业的职业病危害因素主要有哪些？/ 264
109. 机械制造业的职业病危害主要有哪些？/ 266

第十章 工伤认定与赔偿

110. 试用期内的劳动者因工作受伤,可以认定为工伤吗? / 273
111. 对于已经与用人单位存在事实劳动关系的劳动者,有因公受伤情况的,能否被认定为工伤? / 275
112. 代妻子上班时被砸伤,能否被认定为工伤? / 277
113. 工作人员在活动结束撤场时被砸伤,能否被认定为工伤? / 279
114. 员工下班时在单位楼道内摔伤,能否被认定为工伤? / 280
115. 在工作休息期间受伤,能否被认定为工伤? / 282
116. 下班后,骑电动车去附近市场购物时撞伤,属于工伤吗? / 284
117. 长期从事同种工作而患上职业病,能否被认定为工伤? / 286
118. 劳动合同中约定"由劳动者自行承担伤亡损失"的条款是否有效? / 287
119. 如果用人单位没有为劳动者缴纳工伤保险,应当由谁承担赔偿责任? / 289
120. 在未与原单位解除劳动合同的情况下,劳动者在新单位受伤,工伤责任由谁承担? / 292
121. 农民工跟随包工头干活,受伤应当由谁承担责任? / 294
122. 工作时被第三人打伤,是不是因为有具体侵权人就不能得到工伤赔偿? / 296
123. 劳动者因工作原因下落不明的,是否能享受相应的工伤待遇? / 298
124. 本应成立工伤,但是具有哪些情形时不能被认定为工伤? / 300

125. 工伤职工在家养伤期间，工资照发吗？／ 301
126. 对工伤认定结论不服，是需要先申请行政复议，再提起行政诉讼吗？／ 303
127. 对于因安全事故而伤亡的人员，工伤保险不够赔偿的，生产经营单位需要赔偿吗？／ 304

第十一章 安全生产消防义务

128. 建设工程在消防设计、施工方面应符合哪些要求？／ 309
129. 企业应当履行的消防安全职责有哪些？／ 312
130. 关于生产过程中“禁止吸烟”的规定，有法可依吗？／ 314
131. 关于生产经营危险品的企业，法律对其在消防方面有何特别要求？／ 316
132. 企业不拿消防通道当回事，随便占用的，要承担怎样的责任？／ 318
133. 哪些单位应该配备专职消防队？／ 320
134. 企业对本单位发生的火灾有灭火的义务吗？／ 323
135. 企业因义务救火而遭受的损失只能自己承担吗？／ 325

第十二章 安全生产监督管理

136. 哪些政府部门负有安全生产监督管理的职责？／ 329
137. 负有安全生产监督管理职责的部门应当如何履行审批、验收等职责？／ 331

138. 政府对企业安全生产经营方面的审批、验收收费吗？/ 333
139. 负有安全生产监督管理职责的部门依法具有哪些职权？/ 335
140. 安全生产监督检查人员在工作中应遵守怎样的法律要求？/ 337
141. 生产经营单位应当如何对待安全监督检查？/ 339
142. 生产经营单位拒不执行停产停工决定的，负有安全生产监督管理职责的部门有权怎么办？/ 341
143. 生产经营单位未采取措施消除事故隐患的，要承担怎样的法律责任？/ 343
144. 生产经营单位被依据《安全生产法》处以罚款后，拒不改正，还会继续被罚款吗？/ 346
145. 安全生产的社会监督在法律上是如何体现的？/ 348
146. 安全评价机构出具失实报告的，需要承担什么样的法律责任？/ 351
147. 居委会、村委会发现其所在区域内的生产经营单位存在安全生产违法行为的，应如何处理？/ 353
148. 应如何鼓励群众报告重大事故隐患或者举报安全生产违法行为？/ 355
149. 什么是安全生产违法行为信息库？它的作用是什么？/ 359

第十三章　生产事故应急与救援

150. 生产经营单位有义务制定生产安全事故应急救援预案并演练吗？/ 365
151. 高危生产经营企业在应急准备中有哪些特别义务？/ 367

152. 生产经营单位如何履行事故报告及救援义务？/ 370
153. 发生安全生产事故后，负有安全生产监督管理职责的部门应遵循怎样的报告程序？/ 372
154. 接到事故报告后，有关地方政府及相关部门应当如何展开救援？/ 375
155. 发生安全事故后，相关部门应当采取哪些措施，从而防止事故再次发生？/ 378
156. 事故调查组应由哪些单位派员组成，其职责有哪些？/ 381
157. 发生安全生产事故后，责任单位的罚款数额一般为多少？/ 383

第一章

安全生产基本法律制度

1. 如何制定和执行安全生产标准？

案例聚焦

李某为某建筑公司的项目经理。在某建筑公司承建某住宅楼的过程中，李某私下找人借用吊车吊运塔吊，连夜赶工。由于夜晚施工，照明条件不够，施工人员发现塔吊的塔身首尾方向装反了，无法与塔基座对上，塔身太长转不过头。这时，安装组人员建议采用人力压住塔身一侧的方法进行挪动和矫正。于是，李某便叫来几个工人压住塔身一侧，开始作业。在挪动的过程中，由于铅丝挣脱，钢绳滑出吊钩，塔身另一侧立即向下倾斜，由工人压住的这侧塔身突然向上升高，导致压住塔身的工人全部被甩出。最终造成2人死亡、1人重伤、3人轻伤。

分析点评

《安全生产法》第11条规定："国务院有关部门应当按照保障安全生产的要求，依法及时制定有关的国家标准或者行业标准，并根据科技进步和经济发展适时修订。生产经营单位必须执行依法制定的保障安全生产的国家标准或者行业标准。"

第43条规定："生产经营单位进行爆破、吊装、动火、临时用电以及国务院应急管理部门会同国务院有关部门规定的其他危险作业，应当安排专门人员进行现场安全管理，确保操作规程的遵守和安全措施的落实。"

本案中,生产安全事故的发生纯属违反安全操作规程,违章指挥所致。某建筑公司及李某既不执行安全生产法律法规和标准及操作规程,又没有加强劳动安全管理,完全是在无知和混乱中进行施工。安全生产监管机关应当按照有关法律规定,对某建筑公司施以行政处罚;对违章指挥的李某送检察机关立案,依法追究其刑事责任。

核心提示

根据《标准化法》第二章的规定,对保障人身健康和生命财产安全、国家安全、生态环境安全以及满足经济社会管理基本需要的技术要求,应当制定强制性国家标准。对满足基础通用、与强制性国家标准配套、对各有关行业起引领作用等需要的技术要求,可以制定推荐性国家标准。推荐性国家标准由国务院标准化行政主管部门制定。对没有推荐性国家标准、需要在全国某个行业范围内统一的技术要求,可以制定行业标准。行业标准由国务院有关行政主管部门制定,报国务院标准化行政主管部门备案。为满足地方自然条件、风俗习惯等特殊技术要求,可以制定地方标准。企业可以根据需要自行制定企业标准,或者与其他企业联合制定企业标准。推荐性国家标准、行业标准、地方标准、团体标准、企业标准的技术要求不得低于强制性国家标准的相关技术要求。国家鼓励社会团体、企业制定高于推荐性标准相关技术要求的团体标准、企业标准。

2. 谁是生产经营单位的安全生产第一责任人？

案例聚焦

2021 年 4 月 21 日 13 时 43 分，绥化安达市黑龙江凯伦达科技有限公司发生一起中毒窒息事故，造成 4 人死亡、9 人中毒受伤，直接经济损失达 873.3 万元。经事故调查组现场勘查、检验检测后综合认定，该公司在 4 个月的停产期间，制气釜内气态物料未进行退料，也未进行隔离和置换，一直处于静置状态，制气釜内氧硫化碳（分子量 60.07）与空气（分子量 28.9）形成了气相分离，制气釜底部聚集了高浓度的氧硫化碳与硫化氢混合气体。维修作业时，两名作业人员在没有采取任何防护措施的情况下，进入制气釜底部作业，吸入有毒气体，造成中毒窒息；两名救援人员进入制气釜底部施救过程中，因防护措施不当，也造成中毒窒息。在抢救过程中，制气釜内残留气体受到扰动，打破了气相平衡，部分救援人员在没有防护措施的情况下多次向釜内探身、呼喊、拖拽施救，致使现场 9 人不同程度中毒受伤。①

该事故暴露出诸多问题：企业安全生产主体责任不落实；风险辨识和隐患排查治理不到位；安全生产管理混乱；涉事企业对作业人员岗位培训不到位，应急处置能力严重不足；地方党委和政府未统筹好发展和安全的关系。

---

① 案例来源：2021 年全国生产安全事故十大典型案例。

分析点评

《安全生产法》第5条规定："生产经营单位的主要负责人是本单位安全生产第一责任人，对本单位的安全生产工作全面负责。其他负责人对职责范围内的安全生产工作负责。"生产经营单位的主要负责人处于企业安全生产工作的中心和负责人的地位，对本单位的安全生产工作负有第一位的、主要的负责人责任，是其单位的安全生产第一责任人。《安全生产法》第21条以法律形式确定了生产经营单位主要负责人对安全生产负有下列7项职责：

（1）建立健全并落实本单位全员安全生产责任制，加强安全生产标准化建设；

（2）组织制定并实施本单位安全生产规章制度和操作规程；

（3）组织制定并实施本单位安全生产教育和培训计划；

（4）保证本单位安全生产投入的有效实施；

（5）组织建立并落实安全风险分级管控和隐患排查治理双重预防工作机制，督促、检查本单位的安全生产工作，及时消除生产安全事故隐患；

（6）组织制定并实施本单位的生产安全事故应急救援预案；

（7）及时、如实报告生产安全事故。

从本案中所暴露出的问题可以推断出，涉事企业的主要负责人并没有真正履行好其负有的安全生产法律职责，没有当好安全生产第一责任人。

核心提示

生产经营单位主要负责人应切实遵守法律规定，履行对安全生产的法定职责；否则，要承担一定的法律责任。

《安全生产法》第94条规定："生产经营单位的主要负责人未履行本法规定的安全生产管理职责的，责令限期改正，处二万元以上五万元以下的罚款；逾期未改正的，处五万元以上十万元以下的罚款，责令生产经营单位停产停业整顿。

"生产经营单位的主要负责人有前款违法行为，导致发生生产安全事故的，给予撤职处分；构成犯罪的，依照刑法有关规定追究刑事责任。

"生产经营单位的主要负责人依照前款规定受刑事处罚或者撤职处分的，自刑罚执行完毕或者受处分之日起，五年内不得担任任何生产经营单位的主要负责人；对重大、特别重大生产安全事故负有责任的，终身不得担任本行业生产经营单位的主要负责人。"

第95条规定："生产经营单位的主要负责人未履行本法规定的安全生产管理职责，导致发生生产安全事故的，由应急管理部门依照下列规定处以罚款：

"（一）发生一般事故的，处上一年年收入百分之四十的罚款；

"（二）发生较大事故的，处上一年年收入百分之六十的罚款；

"（三）发生重大事故的，处上一年年收入百分之八十的罚款；

"（四）发生特别重大事故的，处上一年年收入百分之一百的罚款。"

3. 还没具备安全生产条件，能开工生产吗？

案例聚焦

2022年10月18日，某市应急管理局的执法人员对该市某建材公司

(非煤矿山企业)展开了执法检查。在检查过程中,执法人员发现,某建材公司并没有对采矿区露天采场边坡进行稳定性分析,并且,该矿区采场上部有一个人工水塘,该水塘规模较大,存在重大的安全隐患。在存在安全隐患的前提下,某建材公司却没有履行将相关隐患的排查治理情况向应急管理部门和职工大会报告的义务。于是,某市应急管理局对某建材公司进行了立案调查。最终于同年12月20日,因不具备安全生产条件和未报告重大安全隐患排查治理情况,某市应急管理局对某建材公司作出暂扣安全生产许可证、罚款5万元的行政处罚决定。

分析点评

《安全生产法》第20条规定:“生产经营单位应当具备本法和有关法律、行政法规和国家标准或者行业标准规定的安全生产条件;不具备安全生产条件的,不得从事生产经营活动。”

生产经营单位在进行生产时,除了要取得安全生产许可证外,还需要具备相应的安全生产条件,并且不得因已取得安全生产许可证而放松标准,降低本单位的安全生产条件。生产经营单位必须持续加强对安全生产条件的管理,制定相应的管理措施,提升管理水平,对安全生产条件实施“动态监控”,随时掌握相关情况,并依据具体情况对安全生产条件作出调整。

此外,《安全生产法》第41条第2款还规定:“生产经营单位应当建立健全并落实生产安全事故隐患排查治理制度,采取技术、管理措施,及时发现并消除事故隐患。事故隐患排查治理情况应当如实记录,并通过职工大会或者职工代表大会、信息公示栏等方式向从业人员通报。其中,重大事故隐患排查治理情况应当及时向负有安全生产监督管理职责的部门和职工大会或者职工代表大会报告。”生产经营单位负有对本单位重大安全事故隐患排查治理情况进行报告的义务，如果未履行此义务，则需要根据《安全生产法》第101条“生产经营单位有下列行为之一的，责令限期改正，处十万元以下的罚款；逾期未改正的，责令停产停业整顿，并处十万元以上二十万元以下的罚款，对其直接负责的主管人员和其他直接责任人员处二万元以上五万元以下的罚款；构成犯罪的，依照刑法有关规定追究刑事责任：……（五）未建立事故隐患排查治理制度，或者重大事故隐患排查治理情况未按照规定报告的”的规定承担法律责任。

在本案中，某建材公司主要有两方面的违法行为：一是不具备安全生产条件；二是在有重大安全隐患的前提下，未将重大安全隐患的排查治理情况进行报告。某建材公司并未依法履行其作为生产经营单位应当履行的义务，应当承担行政处罚责任。

核心提示

安全生产条件是生产经营单位进入市场的“门槛”和国家对安全生产实施监督管理的依据。安全生产条件业经法定，具有法律强制性，具备安全生产条件则成为生产经营单位的法定义务和责任。具体来说，生产经营单位必须在生产经营设施、设备、人员素质、管理制度、采用的工艺技术等方面都达到相应的要求，即具备必要的安全生产条件，否则，不得从事生产经营活动。只有这样，才能保证生产经营活动安全地进行，防止和减少生产安全事故的发生。

4. 安全生产方面的资金投入是必需的吗？

案例聚焦

某煤矿建立后开始招工，陈某带领他的老乡一共20人参加了招工面试，被录用。陈某等人曾在其他煤矿工作过，对煤矿工作环境较为熟悉。此次，陈某等人在矿上主要从事采剥作业。他们发现，该煤矿的安全防护措施极其不到位：既不提供劳动防护用品，也无安全标志，更不进行安全检查；矿场采剥顺序混乱，采剥工作面凹凸不平；在浮石区作业，有时夜间从事爆破作业等。陈某等人向当地劳动争议仲裁委员会提出申诉，要求企业为工人提供安全卫生的劳动条件，保障安全生产秩序等。最后经仲裁委员会调解，某煤矿投入了资金专门用于安全生产，完善了相应的安全生产措施和劳动条件。

分析点评

《安全生产法》第23条第1款规定："生产经营单位应当具备的安全生产条件所必需的资金投入，由生产经营单位的决策机构、主要负责人或者个人经营的投资人予以保证，并对由于安全生产所必需的资金投入不足导致的后果承担责任。"对于生产经营单位来说，必须准备相应的保证安全生产条件的资金，并且要将该资金实际投入安全生产中；任何企业都不得以资金短缺为由拒绝投入，否则将承担相应的责任。

资金投入是安全生产的重要保障。安全生产资金投入一般包括：

(1)安全设施及应急救援器材的购置、改造、维护费用;(2)安全教育宣传、教育、培训费用;(3)安全生产技术措施使用费用;(4)安全评估、论证、检测、整改、检控费用,职业危害防治及劳动防护用品购置费用;(5)专职安全管理人员工资、奖金、福利等;(6)其他与安全生产条件相关的费用。

核心提示

安全投入直接决定企业安全生产设施、设备等技术装备能否达到法定的安全生产条件以及能否满足安全保障的需求。对于安全投入不足的法律责任,《安全生产法》第93条规定:"生产经营单位的决策机构、主要负责人或者个人经营的投资人不依照本法规定保证安全生产所必需的资金投入,致使生产经营单位不具备安全生产条件的,责令限期改正,提供必需的资金;逾期未改正的,责令生产经营单位停产停业整顿。有前款违法行为,导致发生生产安全事故的,对生产经营单位的主要负责人给予撤职处分,对个人经营的投资人处二万元以上二十万元以下的罚款;构成犯罪的,依照刑法有关规定追究刑事责任。"

5. 生产经营单位违规提取和使用安全生产费用,要承担怎样的责任?

案例聚焦

某企业因本年度实际使用的安全生产费不足年度应计提金额的

60%，为避免提交书面说明，某企业便将全体职工进行年度体检所花费的费用共计4万元列入了安全生产费的支出项目中。当地应急管理局在对某企业进行检查的过程中，发现了其违规使用安全生产费的事实。随后，应急管理局对该企业进行立案调查，确定其违法行为属实。根据法律的规定，当地应急管理局对某企业处以罚款2万元的行政处罚。

分析点评

《安全生产法》第23条第2款规定："有关生产经营单位应当按照规定提取和使用安全生产费用，专门用于改善安全生产条件。安全生产费用在成本中据实列支。安全生产费用提取、使用和监督管理的具体办法由国务院财政部门会同国务院应急管理部门征求国务院有关部门意见后制定。"

安全生产费用是专门用于改善安全生产条件的费用，提取和使用应当符合法律的规定，不得私自挪用。关于安全生产费用的提取和使用，不仅存在于《安全生产法》中，其他法律中也有明确规定。如《矿山安全法》第32条规定："矿山企业必须从矿产品销售额中按照国家规定提取安全技术措施专项费用。安全技术措施专项费用必须全部用于改善矿山安全生产条件，不得挪作他用。"

现实中，除了针对具体行业的规定以外，各区域之间根据本区域内的不同情况，对安全生产费用的使用与管理问题有着更为具体的规定。但共同的一点是，生产经营单位只有在为了改善安全生产条件的情况下，才可以提取安全生产费用，否则将承担相应的法律后果。对于生产经营单位违规提取和使用安全生产费用的责任，则由各级人民政府针对本区域的具体情况，在不违反法律法规规定的前提下，作出相应的处罚规定。在本案中，该公司擅自挪用安全生产费用为员工缴纳社保费用，这样的行为会导致安全生产费用无法发挥其真正的作用，从而致使安全生产条件得不到保障。

核心提示

财政部、原国家安全生产监督管理总局[1]联合制定发布了《企业安全生产费用提取和使用管理办法》。该办法规定了不同行业提取安全费用的不同标准、安全费用的使用范围以及对安全费用提取和使用问题的监督管理制度等，对生产经营单位具有指导性作用。

6. 生产经营单位把安全生产管理人员当摆设，违法了吗？

案例聚焦

某单位经济效益提升后，计划扩大厂房。由于单位的面积有限，如果扩大整体面积，需要取得另外的建筑用地使用权。为了节省成本，某单位决定直接在原有建筑的基础上进行扩大。某单位的安全生产管理人员张某发现了一个问题：如果扩大厂房，将会导致厂房与原来的员工宿舍距离过近，不符合安全生产的需要。为了避免发生安全事故，张某将此事报告给了某单位。然而，某单位却认为张某的考虑没有必要，不仅没有理会他的提议，还认为他是故意与本单位生产发展作对。张某气不过在某单位遭受的待遇，愤而离职。

---

① 2018年机构改革后撤并为应急管理部。

分析点评

《安全生产法》第26条规定："生产经营单位的安全生产管理机构以及安全生产管理人员应当恪尽职守，依法履行职责。生产经营单位作出涉及安全生产的经营决策，应当听取安全生产管理机构以及安全生产管理人员的意见。生产经营单位不得因安全生产管理人员依法履行职责而降低其工资、福利等待遇或者解除与其订立的劳动合同。危险物品的生产、储存单位以及矿山、金属冶炼单位的安全生产管理人员的任免，应当告知主管的负有安全生产监督管理职责的部门。"

在生产经营单位中，安全生产管理人员往往有着最为专业的安全生产知识，最能考虑到本单位的生产状况是否符合安全生产的要求。为了避免发生生产安全事故，生产经营单位应当听取安全生产管理人员的意见，并且按照该意见对本单位进行管理。对于安全管理人员恪尽职守的行为，生产经营单位不得予以针对和限制。同时，对于某些危险行业来说，安全生产管理人员的任免不得由生产经营单位私自作出决定；而是应当告知相关部门，以确保相关部门及时备案。

本案中，某单位一意孤行，无视安全生产管理人员张某的建议，不仅不重视严峻的安全生产问题，还认为张某的建议是与本单位的发展"作对"。这样的行为无疑体现了某单位法律意识与安全生产意识的淡薄。某单位应当听取张某的意见，重新考虑扩大厂房的问题，以免发生安全事故。

核心提示

安全生产管理人员虽然隶属生产经营单位，但是其履行职责的行为受到法律保护；生产经营单位不能横加干涉，更不能置之不理。当发现本单位存在安全生产问题时，安全生产管理人员可以直接向相关部门进行报告，生产经营单位不得因此而解除劳动合同。对于安全生产管理人员来说，在面对生产安全问题时，必须恪尽职守，不能睁一只眼闭一只眼，不能使安全检查与安全管理流于形式。

7. 如何理解安全生产中的“三同时”原则？

案例聚焦

某选矿厂尾矿库发生垮坝事故，共造成28人死亡、56人受伤，直接经济损失340万元。经调查，事故的直接原因为基础坝不透水、尾矿库长期人为蓄水过多而干滩长度不够、坝体始终处于浸泡状态等。但是，事故的间接原因更多，其中包括：严重违反基本建设程序，审批把关亦不严，如没有对尾矿库的选址进行安全认证，也没有对尾矿库进行正规设计，基础坝建成后也未经安全验收即投入使用；企业急功近利，降低安全投入，超量排放尾砂，人为使库内蓄水增多；安全生产责任制落实不到位，没能及时发现隐患，从业人员素质低、安全意识差等。

分析点评

可以肯定，该尾矿库的建设严重违反国家有关基本建设程序和建设项目安全实施“三同时”的规定，未委托安全评价机构进行预评价，未委托设计部门进行正规设计，建成后未经安全验收即投入使用。《安全生产法》第31条规定：“生产经营单位新建、改建、扩建工程项目（以下统称建设项目)的安全设施,必须与主体工程同时设计、同时施工、同时投入生产和使用。安全设施投资应当纳入建设项目概算。”“三同时”原则是指建设项目的安全设施必须与主体工程同时设计、同时施工、同时投入生产和使用。“三同时”原则也是我国安全生产实践中长期坚持的一项制度。

核心提示

“三同时”原则对于从源头上清除各类项目可能造成的生产安全事故危险因素,从而防止事故发生、保护职工生命安全、保障新工程项目正常投产使用等具有重要的意义。

通常,根据“三同时”原则的要求,建设项目的相关单位或部门要做到以下几点:

(1)编制项目设计文件的同时,应按照法律、法规、国家标准或者行业标准,编制安全设施的设计文件;

(2)编制建设项目投资计划和财务计划的同时,应将安全设施所需投资一并纳入计划进行编报;

(3)在报批需要报经主管部门批准的建设项目的同时,应当报送安全设施设计文件;

(4)具体的施工单位要严格按照安全设施的施工图纸和设计要求施工;

(5)调试生产设备的同时,应对安全设施进行调试和考核、评价;

(6)预验收建设项目的同时,应对安全设施进行验收;

(7)主体工程投入生产和使用的同时,安全设施也应当投入使用。

8. 生产经营单位发包、出租项目应遵守什么安全规定?

案例聚焦

某工程公司在工人于施工公路上作业时,不提供有效的沥青使用工具,也不准备卫生设施。某日,刘某等工人向当地劳动争议仲裁委员会提出申请,要求某工程公司改善劳动条件,为作业提供必要的工具,并完善工作现场的卫生设施。仲裁委员会受理此案后,经调查,刘某等人在某工程公司筑路队工作,常年接触沥青,但搬运、装卸时都要靠人力,缺少机械化设施,工作结束后工地没有洗澡设备。而该公司则称,筑路工程为招标承包,承包者又将具体作业层层分包,机械设施和洗澡设备应由具体施工者自己解决。此案后经调解,相关机械化设施和洗澡设备被落实。

分析点评

《安全生产法》第49条第1款和第2款规定:"生产经营单位不得将生产经营项目、场所、设备发包或者出租给不具备安全生产条件或者相应资质的单位或者个人。生产经营项目、场所发包或者出租给其他单位的,生产经营单位应当与承包单位、承租单位签订专门的安全生产管理协议,或者在承包合同、租赁合同中约定各自的安全生产管理职责;生产经营单位对承包单位、承租单位的安全生产工作统一协调、管理,定期进行安全检查,发现安全问题的,应当及时督促整改。"也就是说,即使生产经营项目已经被其他单位或个人承包了,但原来的生产单位仍然具有保障安全生产的责任,要对具体的安全生产工作进行相应的监督、管理。

《安全生产法》第4条第1款规定:"生产经营单位必须遵守本法和其他有关安全生产的法律、法规,加强安全生产管理,建立健全全员安全生产责任制和安全生产规章制度,加大对安全生产资金、物资、技术、人员的投入保障力度,改善安全生产条件,加强安全生产标准化、信息化建设,构建安全风险分级管控和隐患排查治理双重预防机制,健全风险防范化解机制,提高安全生产水平,确保安全生产。"改善安全生产条件、确保安全生产是生产经营单位的法定职责。生产经营单位的劳动条件不符合现实的,应予改善。如今,机械化作业已是常态,而在本案中还存在"搬运、装卸时都要靠人力,缺少机械化设施"的情形,显然不符合现实情况,应予改善。而工地缺少洗澡设备,则是劳动卫生条件不到位,违反了对职工实施劳动安全保护的规定,应该改正。

核心提示

《安全生产法》第49条是关于生产经营单位发包、出租生产经营项目、场所、设备的安全生产管理职责的规定。

第49条第1款规定:"生产经营单位不得将生产经营项目、场所、设备发包或者出租给不具备安全生产条件或者相应资质的单位或者个人。"该款虽为禁止性规定,但从另一角度说明:法律并不禁止生产经营单位将生产经营项目、场所、设备发包或者出租给具备安全生产条件或者相应资质的单位或个人,即是否具备安全生产条件或者相应资质,是决定生产经营单位能否将生产经营项目、场所、设备发包或者出租给单位或者个人的前提条件。

第49条第2款规定:"生产经营项目、场所发包或者出租给其他单位的，生产经营单位应当与承包单位、承租单位签订专门的安全生产管理协议，或者在承包合同、租赁合同中约定各自的安全生产管理职责；生产经营单位对承包单位、承租单位的安全生产工作统一协调、管理，定期进行安全检查，发现安全问题的，应当及时督促整改。”该款是有关安全生产管理协议、责任的规定。生产经营单位在生产经营过程中，为了经济利益或更便于完成操作项目常常会把生产经营项目发包、出租给多个承包单位、承租单位，此时就会产生安全生产管理责任的具体、详细承担问题。而签订专门的安全生产管理协议就是有针对性地解决这一问题，即通过文字材料来明确责任，对彼此间的职责进行划分，使之各司其职、各负其责，共同来搞好安全生产管理工作。专门的安全生产管理协议应当包括生产经营单位与承包或承租单位各自的安全生产管理职责、专门的安全防范措施、发生安全生产纠纷时的处理办法等。

生产经营单位违反上述两款规定的，要承担相应的法律责任。《安全生产法》第 103 条第 1 款和第 2 款规定：“生产经营单位将生产经营项目、场所、设备发包或者出租给不具备安全生产条件或者相应资质的单位或者个人的，责令限期改正，没收违法所得；违法所得十万元以上的，并处违法所得二倍以上五倍以下的罚款；没有违法所得或者违法所得不足十万元的，单处或者并处十万元以上二十万元以下的罚款；对其直接负责的主管人员和其他直接责任人员处一万元以上二万元以下的罚款；导致发生生产安全事故给他人造成损害的，与承包方、承租方承担连带赔偿责任。生产经营单位未与承包单位、承租单位签订专门的安全生产管理协议或者未在承包合同、租赁合同中明确各自的安全生产管理职责，或者未对承包单位、承租单位的安全生产统一协调、管理的，责令限期改正，处五万元以下的罚款，对其直接负责的主管人员和其他直接责任人员处一万元以下的罚款；逾期未改正的，责令停产停业整顿。”

9.生产经营单位未对重大危险源登记建档的,要承担什么法律责任?

案例聚焦

某矿山安全监察局对辖区内某矿业集团展开执法检查,发现某矿业集团不仅未组织综合应急预案演练或专项应急预案演练,而且未对所属煤矿重大危险源进行登记建档。某矿山安全监察局依法对某矿业集团的违法事实进行了公告,并对其处以相应的行政处罚。

分析点评

《安全生产法》第40条规定:"生产经营单位对重大危险源应当登记建档,进行定期检测、评估、监控,并制定应急预案,告知从业人员和相关人员在紧急情况下应当采取的应急措施。生产经营单位应当按照国家有关规定将本单位重大危险源及有关安全措施、应急措施报有关地方人民政府应急管理部门和有关部门备案。有关地方人民政府应急管理部门和有关部门应当通过相关信息系统实现信息共享。"

第117条第3款规定:"重大危险源,是指长期地或者临时地生产、搬运、使用或者储存危险物品,且危险物品的数量等于或者超过临界量的单元(包括场所和设施)。"

也就是说,大量的危险物品共同组成重大危险源。一旦重大危险源发生事故,无疑会造成较大的人员及财产损害。因此,生产经营单位必须对重大危险源加强管理，并应当向相关部门备案，便于相关部门掌握本辖区内重大危险源的信息。

《安全生产法》第101条规定了生产经营单位未履行对重大危险源登记建档等义务所需要承担的法律责任：生产经营单位对重大危险源未登记建档，未进行定期检测、评估、监控，未制定应急预案，或者未告知应急措施的，责令限期改正，处十万元以下的罚款；逾期未改正的，责令停产停业整顿，并处十万元以上二十万元以下的罚款，对其直接负责的主管人员和其他直接责任人员处二万元以上五万元以下的罚款；构成犯罪的，依照《刑法》有关规定追究刑事责任。

在本案中，煤矿业本就属于危险性较高的行业。某矿业集团在有重大危险源的情况下，并没有对其进行登记建档，其行为很可能会给本集团从业人员以及附近其他居民、企业等造成难以预计的损害。因此，某矿业集团应当为其违法行为承担责任。

核心提示

相关部门应当建立重大危险源信息系统，并通过信息系统实现重大危险源的信息共享。这是《安全生产法》新增的内容。实现重大危险源信息共享，有助于各级政府联合起来，更加全方位地对重大危险源进行监测，以便于风险预警与控制。同时，对于重大危险源的严格控制和管理，还可以减少生产安全事故的发生频率，进一步保障生产安全。

10. 生产经营单位未建立安全事故隐患排查治理制度的，需要承担怎样的责任？

案例聚焦

某日，某公司接受了本地应急管理局执法中队的执法检查。执法人员在现场发现以下几个问题：第一，未在有较大危险因素的生产经营场所和有关设施、设备上设置明显的安全警示标志；第二，未建立事故隐患排查治理制度；第三，未将事故隐患排查治理情况如实记录也未向从业人员通报。随后，执法人员依法向某公司发出责令限期整改指令书，责令其限期整改完毕。因某公司存在的安全生产违法问题，应急管理局依法向其作出罚款处罚。

分析点评

《安全生产法》第41条规定："生产经营单位应当建立安全风险分级管控制度，按照安全风险分级采取相应的管控措施。生产经营单位应当建立健全并落实生产安全事故隐患排查治理制度，采取技术、管理措施，及时发现并消除事故隐患。事故隐患排查治理情况应当如实记录，并通过职工大会或者职工代表大会、信息公示栏等方式向从业人员通报。其中，重大事故隐患排查治理情况应当及时向负有安全生产监督管理职责的部门和职工大会或者职工代表大会报告。县级以上地方各级人民政府负有安全生产监督管理职责的部门应当将重大事故隐患纳入相关信息系统,建立健全重大事故隐患治理督办制度,督促生产经营单位消除重大事故隐患。"

该条规定所注重的主要是生产安全事故的预防问题。从生产经营单位的角度来说,需要履行的义务包含两个方面的内容:第一,要建立安全风险分级管控制度,并采取相应的管控措施。安全风险,是指生产经营单位在生产经营活动中发生安全事故的可能性,和因此给人员或财产造成损害的可能性。生产经营活动往往环节众多;在具体实施中,生产经营单位要对各环节全面考量,制定具体详细的管控制度。第二,要建立健全并落实安全生产事故隐患排查治理制度。一方面,要对事故隐患的排查治理情况如实进行记录,便于日后翻阅查找;另一方面,应当将相关记录向从业人员通报,其中的重大事故隐患排查的治理情况应当向负有安全生产监督管理职责的部门和职工大会或职工代表大会报告。

县级以上地方各级人民政府负有安全生产监督管理职责的部门如各级应急管理局,应当履行的职责为对生产经营单位进行监督,确保其落实相关制度,并采取相应的措施排除事故隐患,避免安全事故发生。

《安全生产法》第 101 条规定:"生产经营单位有下列行为之一的,责令限期改正,处十万元以下的罚款;逾期未改正的,责令停产停业整顿,并处十万元以上二十万元以下的罚款,对其直接负责的主管人员和其他直接责任人员处二万元以上五万元以下的罚款;构成犯罪的,依照刑法有关规定追究刑事责任:……(四)未建立安全风险分级管控制度或者未按照安全风险分级采取相应管控措施的;(五)未建立事故隐患排查治理制度,或者重大事故隐患排查治理情况未按照规定报告的。"

该条规定了生产经营单位不履行上述义务应当承担的法律责任。在本案中,某公司并没有建立事故隐患排查治理制度,也没有将事故隐患排查治理情况如实记录也未向从业人员通报。其行为违反了安全生产的法律规定,应当受到相应处罚。

核心提示

生产经营单位应当建立安全风险管控制度是2021年修正的《安全生产法》中新增加的内容。这一规定是为了提高生产经营单位对生产安全风险的防范能力,防止风险最终演变成生产安全事故。对于那些重大的安全风险,生产经营单位要全方位地进行评估和预防,采取分级管理、分级控制的方式,对可能发生的安全风险予以化解。此外,生产经营单位在建立安全风险管控制度的同时,还要重视制度的落实工作,明确不同部门之间的不同分工,使制度能够切实发挥作用。需要注意的是,建立安全风险管控制度是生产经营单位必须履行的法定义务,必须予以重视。

11. 生产经营单位与从业人员订立协议规避伤亡事故责任的,要承担怎样的法律责任?

案例聚焦

某肉联厂建厂多年,突然接到工厂附近要铺设铁路的消息。由于生产需要,某肉联厂有两个储存了15吨液化氨的金属罐,至今一直正常运行。如果铁路投入使用,火车经过地面产生的震动很可能使输送液化氨的管道破裂,造成液化氨泄漏,进而导致爆炸事故,届时将对全厂职工的生命安全造成巨大危害。某肉联厂考虑到,如果发生爆炸事故,将面临对全厂职工的伤亡赔偿,这将是很大一笔支出。于是,某肉联厂召集全体职工,要求职工补签一份劳动合同,并在合同上注明“厂区因生产需要储存易燃易爆原料，如果发生爆炸造成职工伤亡，厂方概不承担责任”。职工不愿意签订此合同，某肉联厂便采取威逼利诱的方式，强迫职工签订。此事一经报道，在社会上产生了非常大的舆论影响，某肉联厂厂长因此被撤职。

分析点评

《安全生产法》第52条规定：“生产经营单位与从业人员订立的劳动合同，应当载明有关保障从业人员劳动安全、防止职业危害的事项，以及依法为从业人员办理工伤保险的事项。生产经营单位不得以任何形式与从业人员订立协议，免除或者减轻其对从业人员因生产安全事故伤亡依法应承担的责任。”

第106条规定：“生产经营单位与从业人员订立协议，免除或者减轻其对从业人员因生产安全事故伤亡依法应承担的责任的，该协议无效；对生产经营单位的主要负责人、个人经营的投资人处二万元以上十万元以下的罚款。”

在某些具有较大危险性的行业，如建筑行业、采矿行业等，生产经营单位为了避免承担赔偿责任，有时会与从业人员签订所谓的“生死状”，即写明从业人员发生伤亡事故与生产经营单位没有关系。实际上，根据法律的规定，生产经营单位有义务对本单位的生产安全事故承担责任，并对因生产安全事故遭受伤亡的职工进行赔偿。签订“生死状”的行为属于逃避法定义务的行为，违反了法律的强制性规定，在法律上是无效的。也就是说，即使签订了“生死状”，生产经营单位依然不能免除对伤亡职工的赔偿责任，并且可能会因为此种违法行为而承担相应的法律后果。

本案中，某肉联厂为了避免发生安全事故时对职工进行赔偿，便要求职工签订免责协议，以逃避赔偿责任。显而易见，某肉联厂的行为是违法的。该厂职工有权利拒绝签订该协议；即使已经签订了该协议，该协议也不具备法律效力。对于某肉联厂的主要负责人，则应当处以2万元以上10万元以下的罚款。

核心提示

上述两条规定是为了保障从业人员的正当权利，避免发生从业人员权利受损而无处申诉的情况。要贯彻上述两条规定，必须找到正确的追责主体。根据《安全生产法》第106条的规定，需要承担罚款的法律后果的主体有两种：一种是生产经营单位的主要负责人，另一种是个人经营的投资人。可以看出，对于此种违法行为，生产经营单位本身并不是处罚的对象。这是因为在生产经营单位中，主要负责人所负责的是本单位的决策性工作，与签订"生死状"的行为有着直接的关系。此外，在某些民营企业中，投资人对企业的重大事项掌握最后的决策权，因此，在处罚对象中特别列出个人经营的投资人，即直接由老板负责，而不是由老板招用的管理人员负责。

12. 平台经济等新兴行业、领域的生产经营单位在安全生产管理方面有何法定义务?

案例聚焦

某人民检察院在办案中发现某网约车平台管理较为混乱，平台中包含大量缺乏正规资质的司机，并且对于司机疲劳驾驶问题并未采取措施管理，导致存在比较重大的事故隐患。该平台的一名司机在没有从业资质的情况下，因疲劳驾驶引发了交通事故致人死亡。在办理此案的过程中，检察院发现该平台自2021年起已经发生多次因司机或车辆未取得从业资质而受到行政处罚的事实。该平台既没有采取措施对司机与车辆进行资质审核，也没有采取措施防止司机疲劳驾驶的问题发生。检察院对该平台进行了约谈，同时暂停其在本市的网约车服务，进行为期一周的集中整改。经过整改后，该平台恢复网约车运营服务。

分析点评

《安全生产法》第4条第2款规定："平台经济等新兴行业、领域的生产经营单位应当根据本行业、领域的特点，建立健全并落实全员安全生产责任制，加强从业人员安全生产教育和培训，履行本法和其他法律、法规规定的有关安全生产义务。"

随着社会的发展、网络力量的兴起，各平台经济在市场中开始占据一席之地。但是，由于平台与其名下的服务人员并不是雇用关系，在监管上往往存在力度不够、措施没有效果等问题。在落实安全生产的问题上，平台经济等新兴行业的生产经营单位同样需要尽到一份责任。其责任主要体现在以下两个方面：

(1)建立健全并落实全员安全生产责任制。明确考核标准与管理制度，针对存在安全隐患的事项着重加以整改，采取有效措施对隐患进行消除。

(2)加强从业人员安全生产教育和培训。平台与其名下的服务人员虽然并未签订劳动合同，但仍然需要对这些服务人员的行为负责，有义务加强对服务人员的安全生产培训，避免出现安全事故。

本案中,该网约车平台在审核司机与车辆资质方面存在疏忽,对于司机疲劳驾驶的问题也没有采取有效措施制止,没有将其作为平台应当履行的义务履行到位,故被整改。该网约车平台应当发挥其在安全生产中的职责,对问题积极改进,为社会的安全出一份力。

核心提示

在平台经济等新兴行业快速发展的大背景下,要落实安全生产,不仅需要生产经营单位的自觉,还需要政府及相关部门的监管。当发现生产经营单位存在问题时,负有安全生产监督管理职责的部门应当立即制止其违法行为,并责令其限期整改。由于平台经济等新兴行业中从业人员的资质良莠不齐,对安全生产的意识也有强有弱;要从根本上解决这一问题,就要加强对全社会的安全生产教育,从而促使从业人员提高安全意识。

13. 什么是安全生产权力和责任清单?其对安全生产有何作用或意义?

案例聚焦

2023年3月14日,广州市黄埔区科学技术局发布了安全生产工作权力和责任清单。该清单载明了黄埔区科学技术局的行业监管责任与行业监管内容。其中,行业监管责任包括:(1)按照“管行业必须管安全、管业务必须管安全、管生产经营必须管安全”的责任制要求,落实上级和区委、区政府以及区安委会安全生产工作部署要求，结合本行业（领域）实际，研究制定安全生产工作方案。（2）监管对象包括经认定的科技孵化器、加速器内科学研究和技术服务企业和事业单位，经认定的科技企业孵化器及加速器运营机构。（3）认真组织区科技企业孵化器、加速器开展安全生产领域安全风险分级管控和事故隐患排查治理行动，堵塞安全监管漏洞，强化安全监管举措，有效提升防范化解安全风险能力水平，促进安全生产形势持续稳定向好，坚决守住安全生产底线。（4）落实区安委会成员单位相关职责以及其他法律、法规、规章和文件规定的相关责任。

行业监管内容包括：（1）贯彻落实法律法规以及上级关于行业领域的要求和指示精神，制定相关安全生产监督检查方案、计划，并按照方案、计划进行监督检查，发现事故隐患应当及时处理。（2）依据行业领域相关的安全生产法律、法规、国家标准、行业标准对监管对象进行监督检查，调阅相关资料，向相关人员了解情况，具体包括：安全生产主体责任落实情况，安全生产组织架构、制度建设情况；消防设施管理和配置情况，各消防疏散通道是否符合要求；排查其他有可能导致安全事故发生的隐患问题等。（3）对检查中发现的事故隐患或安全生产违法行为，责令其排除、整改，同时依照有关法律法规的规定上报相关部门处理。（4）协助区相关部门对园区涉及危险化学品生产、经营（带储存）、使用等各环节开展安全检查。（5）督促监管对象制定应急预案或者专项工作方案，并定期开展演练。①

① 内容来源：广州市黄埔区科学技术局（广州开发区科技创新局）。

分析点评

《安全生产法》第 17 条规定:“县级以上各级人民政府应当组织负有安全生产监督管理职责的部门依法编制安全生产权力和责任清单,公开并接受社会监督。”

该条是对政府部门权责清单制度的规定。实行安全生产权力和责任清单制度,其作用主要体现在以下两个方面:第一,能够确保负有安全生产监督管理职责的部门在行使公权力时有法可依、有法必依,有利于政府部门更好地用权、履职和追责;第二,安全生产权力和责任清单需要向社会进行公开,这有利于政府部门在行使职权时能够更好地接受群众的监督,从而提高与安全生产相关的监督管理行为的社会公信力。

要落实政府部门权责清单制度,必须重视权责清单的编制工作,可以从以下两个方面入手:第一,充分发挥各级政府与负有安全生产监督管理职责的部门之间的领导与协调作用,确保政府与部门之间能够协调统一;第二,在编制权责清单的过程中,不仅要重视基础的编制工作,还要重视公开权责清单后的后续工作。在编制权责清单时,要找准重点,确保权责清单内容明确、全面、具体。

核心提示

政府部门权责清单制度不仅能够落实安全生产,还可以贯彻落实党的十九届三中、四中全会精神,推进国家在安全生产方面的治理体系与治理能力向更加现代化的方向迈进。这一制度是《安全生产法》修正后的新增内容,体现了新时代在安全生产监管方面对政府部门的新要求。

14. 安全生产责任保险是怎么回事？哪些生产经营单位应该投保？

案例聚焦

郑某为某加油站的站长。为了节省用人成本，该加油站与员工商量，如果有员工愿意放弃投保生产责任险，则可以额外为该名员工每月多发放100元工资。郑某为起到“表率作用”，率先表示自愿放弃购买生产责任险，其他几名员工见状也纷纷附和。当地应急管理局的执法人员对某加油站进行执法检查时，发现该加油站没有为包含郑某在内的5名员工购买安全生产责任险。执法人员对郑某进行了询问，并且当场采集了相关证据，对此事进行了立案调查。经过一系列法定程序后，应急管理局确认某加油站存在违法事实，并依法对某加油站作出罚款等行政处罚。

分析点评

《安全生产法》第51条规定：“生产经营单位必须依法参加工伤保险，为从业人员缴纳保险费。国家鼓励生产经营单位投保安全生产责任保险；属于国家规定的高危行业、领域的生产经营单位，应当投保安全生产责任保险。具体范围和实施办法由国务院应急管理部门会同国务院财政部门、国务院保险监督管理机构和相关行业主管部门制定。”

由此可见，生产经营单位必须为从业人员参加的保险为工伤保险。

根据生产经营单位所从事领域的不同,还应当根据具体情况为从业人员投保安全生产责任保险。对于高危行业、领域来说,发生生产安全事故的可能性会增大。一旦发生生产安全事故,给从业人员造成的伤亡结果也会更加严重。除了工伤保险以外,为从业人员投保安全生产责任保险能够更加全面地保障从业人员的权利。如果生产经营单位属于应当投保安全生产责任保险的行业而不投保,则需要承担一定的法律责任。

《安全生产法》第109条规定:“高危行业、领域的生产经营单位未按照国家规定投保安全生产责任保险的,责令限期改正,处五万元以上十万元以下的罚款;逾期未改正的,处十万元以上二十万元以下的罚款。”

该条规定了负有投保安全生产责任保险的生产经营单位不投保时需要承担的法律责任。在本案中,某加油站属于高危行业,依法应当为职工投保安全生产责任保险。郑某作为站长,更要有这方面的意识,不能为了节约用人成本而罔顾法律的规定。

核心提示

安全生产责任保险,是指保险机构对投保的生产经营单位发生的生产安全事故造成的人员伤亡和有关经济损失等予以赔偿,并且为投保的生产经营单位提供生产安全事故预防服务的商业保险。与工伤保险一样,安全生产责任保险也是为了保障从业人员的权利。为了落实安全生产责任保险的投保目的,在实践中要注意安全生产责任保险与工伤保险的衔接问题。《安全生产责任保险实施办法》第3条规定:“按照本办法请求的经济赔偿,不影响参保的生产经营单位从业人员(含劳务派遣人员,下同)依法请求工伤保险赔偿的权利。”也就是说,在投保了安全生产责任保险的前提下,如果从业人员因生产安全事故遭受损伤,既可以请求工伤保险赔偿,也可以请求安全生产责任保险进行赔偿。

15. 国家怎样奖励在参加抢险救护等方面取得显著成绩的单位和个人?

案例聚焦

2020年4月14日,山西省大同市发生一起煤矿事故,造成5人被困井下。救援处置工作在事故发生后立即展开,国家矿山应急救援大同队的105名队员与其他专业力量一起参加了救援行动。在救援过程中,救援队始终坚持科学决策、安全救援的方针,采取有效措施控制冒落区域的扩大,为救援行动提供了强有力的安全保障。在对被困人员进行救援时,救援队坚持以人为本、生命至上,不仅保证了被困人员的身体健康状况,还对被困人员的心理进行了疏导,稳定了被困人员的情绪。在多方面的努力下,救援队在近30小时的不断努力下,将5名被困人员全部救出。①

分析点评

《安全生产法》第19条规定:"国家对在改善安全生产条件、防止生产安全事故、参加抢险救护等方面取得显著成绩的单位和个人,给予奖励。"

① 案例来源:2020年全国应急救援、生产安全事故十大典型案例。

该条规定了对在安全生产方面取得显著成绩的单位和个人的奖励政策。这样规定一方面可以对该单位和个人予以肯定,加强其继续落实安全生产的自信心;另一方面可以向全社会表达国家及法律对安全生产的重视程度,在社会中树立起重视安全生产的良好风气,鼓舞其他生产经营单位遵守安全生产的相关法律规定。

受奖励的主体既可以是单位,也可以是个人,并且二者之间不发生冲突。在安全生产方面取得显著成绩的单位中,如果有表现突出的个人,也应当对其给予奖励。奖励既可以是物质方面的,也可以是荣誉方面的;主要目的在于让被奖励的对象感受到光荣感与自豪感,从而进一步促进安全生产的落实。

在本案中,该救援队在重大事故面前保持冷静的态度,不抛弃、不放弃,将受困人员全部救出,还兼顾被困人员的心理疏导;该救援行为非常值得参考与借鉴,也值得社会大众乃至国家的鼓励与表扬。

核心提示

国家给予奖励的范围主要体现在三个方面:第一,在改善安全生产条件方面取得显著成绩的。例如,发明了新设备、新技术,使生产经营活动更为安全和高效。第二,在防止生产安全事故方面取得显著成绩的。例如,及时发现重大安全隐患并予以排除,从而避免了重大安全事故发生。第三,参加抢险救护取得显著成绩的。例如,在生产安全事故的抢险救援工作中不怕牺牲、勇往直前,对抢险救援工作作出了巨大的贡献。在这几种情况下,国家应当对相关单位或个人予以奖励。

第二章

安全生产设备、场所的使用与维护

16. 安全设备的安装、使用、检测、改造和报废不符合国家标准或者行业标准的，有怎样的法律后果？

案例聚焦

某县应急管理局根据本年度执法检查计划，联合第三方专家对某木业公司展开了执法检查。在执法检查过程中，第三方专家查看了某木业公司的生产作业现场，发现该公司生产车间内多项设备在使用时没有按照规定安装防护罩，属于安全设施设备使用违法行为。于是，应急管理局责令该公司限期改正，并对其作出罚款处罚。

分析点评

《安全生产法》第 36 条第 1 款规定："安全设备的设计、制造、安装、使用、检测、维修、改造和报废，应当符合国家标准或者行业标准。"

安全设备在生产经营活动中的作用主要体现在两个方面：第一，能够保护从业人员的安全，防止生产安全事故的发生；第二，如果发生生产安全事故，部分安全设备可以用于救援。可以看出，安全设备在安全生产中是必不可少的。要确保安全设备在生产经营活动中发挥最大效用，必须保证其各方面均符合国家标准和行业标准。否则，安全设备不仅不能起到作用，反而会成为安全事故的催化剂。

《安全生产法》第 99 条规定，生产经营单位安全设备的安装、使用、检测、改造和报废不符合国家标准或者行业标准的，责令限期改正，处五万元以下的罚款;逾期未改正的,处五万元以上二十万元以下的罚款,对其直接负责的主管人员和其他直接责任人员处一万元以上二万元以下的罚款;情节严重的,责令停产停业整顿;构成犯罪的,依照《刑法》有关规定追究刑事责任。

可以看出,使安全设备各方面符合国家标准与行业标准,是生产经营单位应尽的法定义务之一。在本案中,某木业公司存在安全设备使用违法问题,如果不及时改正,安全设备就将会变成安全隐患。当地应急管理局对某木业公司作出的行政处罚决定是合法合理的,有利于督促某木业公司及时改正违法行为,恢复安全生产。

核心提示

在生产实践中,因安全设备使用不规范而导致的生产安全事故时有发生。要防止此类事故再次发生,必须加强对安全设备的管理,通过明确安全设备的标准,来统一安全设备的设计、制造、安装、使用、检测、维修、改造和报废活动,从而减少安全事故发生的可能性。同时,监管部门同样需要尽职尽责,定期对生产经营单位展开检查,及时发现违法行为,并督促生产经营单位改正。

17. 对安全设备进行定期维护、保养、检测，是生产经营单位的法定义务吗？

案例聚焦

某区应急管理局的执法人员对某公司进行安全生产事故检查过程中，执法人员发现该公司并未对包含一台空压机储气罐的安全阀和压力表在内的安全设备进行定期的维护、保养和检测。对于该公司的违法行为，执法人员当场下达了责令限期整改指令书。随后，某区应急管理局对此进行立案调查，最终对某公司处以罚款2万元的行政处罚。

分析点评

《安全生产法》第36条第2款规定："生产经营单位必须对安全设备进行经常性维护、保养，并定期检测，保证正常运转。维护、保养、检测应当作好记录，并由有关人员签字。"

任何设备都不能保持永恒的完美运转，安全设备也一样。由于安全设备在安全生产中极为重要，一旦安全设备出现问题，很可能会给整个生产活动造成重大的不利影响；因此，生产经营单位必须对安全设备进行定期的维护、保养、检测等，并且对相关工作做好记录，便于日后查询。

《安全生产法》第99条规定："生产经营单位有下列行为之一的，责令限期改正，处五万元以下的罚款；逾期未改正的，处五万元以上二十万元以下的罚款，对其直接负责的主管人员和其他直接责任人员处一万元以上二万元以下的罚款;情节严重的,责令停产停业整顿;构成犯罪的,依照刑法有关规定追究刑事责任:……(三)未对安全设备进行经常性维护、保养和定期检测的。……”

如果生产经营单位没有对安全设备进行经常性的维护、保养和定期检测,将根据该条规定承担相应的法律责任。在本案中,某公司没有履行此义务,违反了安全生产的相关规定,某区应急管理局所作出的行政处罚决定是完全合理的。

核心提示

除上述规定外,其他法律也对安全设备的维护、保养和检测问题作出了相关规定。例如,《矿山安全法》第16条规定:“矿山企业必须对机电设备及其防护装置、安全检测仪器,定期检查、维修,保证使用安全。”《危险化学品安全管理条例》第20条第1款规定:“生产、储存危险化学品的单位,应当根据其生产、储存的危险化学品的种类和危险特性,在作业场所设置相应的监测、监控、通风、防晒、调温、防火、灭火、防爆、泄压、防毒、中和、防潮、防雷、防静电、防腐、防泄漏以及防护围堤或者隔离操作等安全设施、设备,并按照国家标准、行业标准或者国家有关规定对安全设施、设备进行经常性维护、保养,保证安全设施、设备的正常使用。”这些法律规定与《安全生产法》第36条第2款的内容是相一致的,共同保障各行业的生产安全。

18. 关闭生产安全相关设施或系统等，要承担怎样的责任？

案例聚焦

某市应急管理局在对某加油站进行检查时发现该加油站存在以下违法问题：第一，关闭直接关系安全生产的监控设备；第二，经营、储存危险物品未按规定采取可靠的安全措施。执法人员当即对现场进行拍照、调取监控视频等取证行为，同时下达《责令改正通知书》，责令某加油站改正。最终，应急管理局对某加油站作出罚款4万元的行政处罚决定。

分析点评

《安全生产法》第36条第3款规定："生产经营单位不得关闭、破坏直接关系生产安全的监控、报警、防护、救生设备、设施，或者篡改、隐瞒、销毁其相关数据、信息。"

与生产安全直接相关的设施、设备等，所起到的是监控生产安全、防止安全事故发生、当事故发生后及时报警并帮助在场人员及时撤离等作用。在现实生活中，部分生产经营单位出于节约成本等目的，擅自关闭此类设备，认为并不会造成严重后果；这一行为是缺乏安全生产意识的表现，违反了法律的规定。如果生产经营单位擅自关闭此类设备，就需要对其违法行为承担相应的责任。

《安全生产法》第99条规定："生产经营单位有下列行为之一的，责令限期改正，处五万元以下的罚款；逾期未改正的，处五万元以上二十万元以下的罚款，对其直接负责的主管人员和其他直接责任人员处一万元以上二万元以下的罚款；情节严重的，责令停产停业整顿；构成犯罪的，依照刑法有关规定追究刑事责任：……（四）关闭、破坏直接关系生产安全的监控、报警、防护、救生设备、设施，或者篡改、隐瞒、销毁其相关数据、信息的。"

从该条规定可以看出，当发生此类违法行为时，不仅生产经营单位要接受处罚，直接负责的主管人员和其他责任人员也需要承担责任。甚至，如果其行为情节严重，还可能构成犯罪。在本案中，某加油站关闭直接关系生产的监控设备，会使生产经营活动失去监测与记录，一旦发生安全事故，将很难溯源。因此，某加油站应当接受行政处罚。

核心提示

《刑法》第134条之一规定："在生产、作业中违反有关安全管理的规定，有下列情形之一，具有发生重大伤亡事故或者其他严重后果的现实危险的，处一年以下有期徒刑、拘役或者管制：（一）关闭、破坏直接关系生产安全的监控、报警、防护、救生设备、设施，或者篡改、隐瞒、销毁其相关数据、信息的……"由此可见，如果关闭或破坏直接关系生产安全的设备、设施等，造成严重后果或现实危险的，将成立危险作业罪。2022年，浙江省某公司的副总经理张某某明知公司存在重大火灾隐患，仍然擅自决定让维修人员将消防设备带走维修，并在维修期间让企业继续从事生产经营活动。在此期间，张某某并未采取任何有效措施，导致该公司的火灾自动报警系统、自动喷水灭火系统和消火栓系统无法工作。虽然其行为没有造成实质性的危害结果，但已经造成了发生重大伤亡事故的现实危险。因此张某某因危险作业罪，被法院判处拘役5个月，缓刑9个月。这起事件是我国第一起因关闭直接关系生产安全的设备而获刑的案例，值得广大生产经营单位引以为戒。

19. 应当安装燃气报警装置的餐厅，未按照要求安装的，发生事故后需要承担什么责任？

案例聚焦

老张做得一手好菜，他和妻子在某工业区盘下了一间小餐厅，主要服务于工业区内的工作人员。该餐厅之前已经经营了一段时间，老张夫妇接手时已经有部分设备老化。为了节约前期成本，经过一番简单的改造之后就投入了使用。一天，老张的妻子发现燃气报警器不能正常使用，如果燃气泄漏无法及时发现。但是老张觉得燃气泄漏是小概率事件，安装燃气报警器就是花钱买个安心，也没什么大用。几个月后，餐厅的燃气发生了泄漏，餐厅内因油烟味道过重没有及时发现。由于房间空气不流通，客人在点烟的一瞬间引发了爆炸，老张夫妇连同餐厅内3名顾客被炸伤。

分析点评

燃气泄漏是一种非常危险的安全事故，可能会造成中毒、着火甚至爆炸等非常严重的后果。为了防止燃气泄漏给相关人员人身财产造成损害，使用燃气的家庭或者生产经营单位应当安装可燃气体报警装置，并保障其正常使用。

《安全生产法》第36条第4款规定："餐饮等行业的生产经营单位使用燃气的,应当安装可燃气体报警装置,并保障其正常使用。"同时,该法第99条规定:"生产经营单位有下列行为之一的,责令限期改正,处五万元以下的罚款;逾期未改正的,处五万元以上二十万元以下的罚款,对其直接负责的主管人员和其他直接责任人员处一万元以上二万元以下的罚款;情节严重的,责令停产停业整顿;构成犯罪的,依照刑法有关规定追究刑事责任:……(八)餐饮等行业的生产经营单位使用燃气未安装可燃气体报警装置的。"

这样规定,有利于使用燃气的主体加深对于安装有效报警装置的重视程度,从而保障燃气使用的安全。在本案中,餐厅经营者老张在燃气报警装置损坏的情况下,没有及时维修或者更换,存在侥幸心理,从而导致事故的发生,造成了严重的后果,应当承担相应的法律责任。

核心提示

燃气在现代生产生活中是一种必不可少的能源;但是在日常使用时一定要注意操作和使用规范,避免燃气泄漏给人身和财产造成损害。安装燃气报警装置是一种非常有效的预防燃气泄漏造成损害的方式:它可以在短时间内迅速检测出燃气泄漏并发出警报,提示人员尽快处置相关险情,预防中毒、火灾、爆炸等事故的发生。

为了保证使用燃气安全,《安全生产法》第99条规定餐厅等使用燃气的人员较为密集的公共场所必须安装燃气报警装置,否则将根据情节严重程度追究生产经营者相应的法律责任。

20.《安全生产法》是如何规定安全生产设备淘汰制度的?

案例聚焦

吴某为某纸品厂职工,从事纸张切割工作。某日,吴某在切割纸的时候,发现需要开切的一刀样品不够整齐,准备拿出来重新摆整齐。本来切割机处于停机状态,不料,机器突然运转起来,发生失控,切纸刀自行切下,吴某躲闪不及,右手手掌、左手食指第一指节被切断。经调查,某纸品厂使用的液压切割机设备老化、工艺落后,属于国家淘汰落后生产能力、工艺和产品名录中明令淘汰的设备,并且,该设备一个已损坏的光电保险装置未能及时更换,属于带"病"运转。

分析点评

本案涉及生产企业使用已经淘汰的设备的问题。

《安全生产法》第38条规定:"国家对严重危及生产安全的工艺、设备实行淘汰制度,具体目录由国务院应急管理部门会同国务院有关部门制定并公布。法律、行政法规对目录的制定另有规定的,适用其规定。省、自治区、直辖市人民政府可以根据本地区实际情况制定并公布具体目录,对前款规定以外的危及生产安全的工艺、设备予以淘汰。生产经营单位不得使用应当淘汰的危及生产安全的工艺、设备。"

上述法律规定中谈到了"严重危及生产安全"和"危及生产安全"这

两个层次的问题。其中,严重危及生产安全的工艺、设备,是指不符合生产安全标准,极有可能导致生产事故发生,致使人民群众生命和财产安全遭受重大损失的落后工艺、设备;危及安全的工艺、设备,是指达不到现有的工艺、设备要达到的一般水平、技术标准的工艺、设备。对于具有"严重危及"情形的,国家通过法律法规等形式制定淘汰目录。对于不具有"严重危及"情形的,各省、自治区、直辖市人民政府可以自己制定淘汰目录。不管是何种淘汰目录,生产经营单位都应该严格遵守,不能使用应当淘汰的危及生产安全的工艺、设备。这里的不得使用,是指不得以任何方式使用,包括不得租借给别人使用、不得偶尔使用、不得以不知道为借口使用等。

核心提示

安全生产设备淘汰制度在安全生产中具有重要意义;任何生产经营单位都应该严格遵守该制度,否则,应承担法律责任。根据《安全生产法》第99条的规定,生产经营单位使用应当淘汰的危及生产安全的工艺、设备的,责令限期改正,处五万元以下的罚款;逾期未改正的,处五万元以上二十万元以下的罚款,对其直接负责的主管人员和其他直接责任人员处一万元以上二万元以下的罚款;情节严重的,责令停产停业整顿;构成犯罪的,依照《刑法》有关规定追究刑事责任。

21. 引进新技术、新设备时，是否必须对从业人员进行相关培训？

案例聚焦

某科技有限公司重氮盐生产过程中发生爆炸，造成多人伤亡，直接经济损失约500万元。经调查，事故的直接原因为：重氮盐反应釜在保温过程中被继续加热，釜内重氮盐剧烈分解，发生化学爆炸。而导致这一事故发生的原因为操作人员对公司新引进的重氮盐反应釜设备不了解，既不熟悉操作规范，也不知晓安全注意事项，在进行试车投料过程中，没有将加强蒸汽阀门关到位，在重氮盐反应釜保温时，未能及时发现重氮盐反应釜内温度升高而及时调整控制。

分析点评

在引进新工艺、技术、材料、设备设施时，应当切实加强相关的安全管理工作，进行细致的知识和技术操作等培训工作。对此，《安全生产法》第29条规定："生产经营单位采用新工艺、新技术、新材料或者使用新设备，必须了解、掌握其安全技术特性，采取有效的安全防护措施，并对从业人员进行专门的安全生产教育和培训。"生产经营单位采用新工艺、新技术、新材料、新设备，但却未依法对从业人员进行专门的安全生产教育和培训的，根据《安全生产法》第97条的规定，应责令生产经营单位限期改正，处十万元以下的罚款；逾期未改正的，责令停产停业整顿，并处十万元以上二十万元以下的罚款,对其直接负责的主管人员和其他直接责任人员处二万元以上五万元以下的罚款。

核心提示

在生产过程中,工艺、技术、材料、设备在不断地更新;任何一个人的从业知识都是有限的,不可能掌握所有的知识和技术,更何况面对的是新的知识和技术。如果不重视、不及时对从业人员进行专门的安全生产教育和培训,他们在面对新设备、新技术时,很可能坚持老一套的操作手法,从而极有可能发生生产安全事故。因而,在引进新工艺、新技术、新材料、新设备时,必须对从业操作人员进行专门的安全生产教育和培训,使他们了解、掌握必要安全技术特性和操作要领,防止事故的发生。

22. 两个以上生产经营单位在同一作业区域内进行生产经营活动可能危及对方安全的,应该如何解决?

案例聚焦

某应急管理局的执法人员在对某加油站进行检查时,发现该加油站与某油库储运公司共用一条站内道路,两者距离较近,存在一定的安全隐患。经调查,执法人员得知该加油站与某油库储运公司并没有签订安全生产管理协议,未明确双方在安全生产中需要承担的责任。对于这一问题,执法人员非常重视,当即对两者下达了责令限期整改指令书。最终,某应急管理局依法对两公司作出责令限期改正和罚款处罚。

分析点评

《安全生产法》第 48 条规定:“两个以上生产经营单位在同一作业区域内进行生产经营活动,可能危及对方生产安全的,应当签订安全生产管理协议,明确各自的安全生产管理职责和应当采取的安全措施,并指定专职安全生产管理人员进行安全检查与协调。”

随着经济的发展和社会的进步,生产经营单位的数量也一直在稳步提升。但由于建筑用地有限,生产经营单位分布越来越密集,距离也越来越小。在这种情况下,如果各生产经营单位之间距离较近,一旦发生生产安全事故,很可能同时对其他单位造成难以预计的损害。为了避免事后发生纠纷,难以确定各生产经营单位之间的责任分配,各生产经营单位之间应当履行签订安全生产管理协议的义务。如果不履行此义务,则需要承担相应的法律责任。

《安全生产法》第 104 条规定:“两个以上生产经营单位在同一作业区域内进行可能危及对方安全生产的生产经营活动,未签订安全生产管理协议或者未指定专职安全生产管理人员进行安全检查与协调的,责令限期改正,处五万元以下的罚款,对其直接负责的主管人员和其他直接责任人员处一万元以下的罚款;逾期未改正的,责令停产停业。”

本案中,某加油站与某油库储运公司距离较近,且都属于有一定生产安全风险的企业,双方之间进行生产经营活动时,很可能危及对方的安全。因此,某加油站与某油库储运公司之间应当依法签订安全生产管理协议。

核心提示

安全生产管理协议是必须签订的,这是法律的强制性规定。但是,安全生产管理协议的内容可以由各生产经营单位之间根据具体情况自由约定，且不得包含违反法律、法规强制性规定的内容。在实践中，安全生产管理协议很可能被各生产经营单位视为不必要的“累赘”。要解决这一问题，必须提高各生产经营单位的安全生产意识，同时加强对生产经营单位的监管，督促各生产经营单位履行签订此协议的义务。

23. 某些生产经营单位的安全警示标志设置得“不明显”，也违法吗？

案例聚焦

某市应急管理局的执法人员对辖区内某饮料公司展开安全生产执法检查。在检查过程中，执法人员发现该公司的应急池、废水池、果糖罐三处存在较大安全生产风险的场所中设置的警示标志不明显。执法人员取证后，当场开具责令限期整改指令书。某市应急管理局对该公司的违法行为进行立案调查，并最终依法对其作出罚款 1.9 万元的行政处罚决定。

分析点评

《安全生产法》第 35 条规定：“生产经营单位应当在有较大危险因素的生产经营场所和有关设施、设备上，设置明显的安全警示标志。”

对于那些存在较大危险因素的场所、设施、设备等，生产经营单位不仅需要设置安全警示标志，还要确保安全警示标志足够明显，否则同样会违反法律的规定。在生产活动中,如果安全警示标志不够明显,从业人员很可能因工作繁忙而注意不到警示标志的存在,从而增加发生安全事故的可能性。并且,生产经营单位所设置的安全警示标志内容应当清晰明确,不得模糊不清。

《安全生产法》第99条规定:“生产经营单位有下列行为之一的,责令限期改正,处五万元以下的罚款;逾期未改正的,处五万元以上二十万元以下的罚款,对其直接负责的主管人员和其他直接责任人员处一万元以上二万元以下的罚款;情节严重的,责令停产停业整顿;构成犯罪的,依照刑法有关规定追究刑事责任:(一)未在有较大危险因素的生产经营场所和有关设施、设备上设置明显的安全警示标志的……”

该条规定了生产经营单位不履行上述义务时需要承担的法律责任。在本案中,某饮料公司的应急池、废水池、果糖罐这三个场所都可能对职工的生命安全造成威胁,依法应当设置明显的安全警示标志,提醒职工注意安全,避免发生人员伤亡事故。某饮料公司虽然设置了安全警示标志,但并不明显,依法应当接受行政处罚。

核心提示

一般来说,为了引起他人注意,安全警示标志上的图形以及文字内容应当色彩明亮鲜艳,避免模糊不清,让他人能够快速了解警示标志所传达的内容。为了能够使安全警示标志的使用更加规范,我国颁布了《安全标志及其使用导则》《矿山安全标志》等标准,生产经营单位在设置安全警示标志时可以参考以上标准。

24. 法律对生产经营单位的员工宿舍有哪些限制性规定?

案例聚焦

某街道执法人员对某科技公司开展安全生产执法检查时,发现该科技公司存在下列违法问题:第一,生产经营场所和员工宿舍没有设置符合紧急疏散需要、标志明显、保持畅通的出口,部分出口被锁闭或封堵;第二,没有按照规定设置安全生产管理机构或者配备安全生产管理人员。执法人员向某科技公司发出责令限期整改指令书,责令限期对违法问题进行改正。当地应急管理局对某科技公司的违法问题进行立案调查,并对其处以2万元罚款,对法定代表人高某处以2000元罚款。

分析点评

《安全生产法》第42条规定:"生产、经营、储存、使用危险物品的车间、商店、仓库不得与员工宿舍在同一座建筑物内,并应当与员工宿舍保持安全距离。生产经营场所和员工宿舍应当设有符合紧急疏散要求、标志明显、保持畅通的出口、疏散通道。禁止占用、锁闭、封堵生产经营场所或者员工宿舍的出口、疏散通道。"

在现实生活中,有的生产经营单位为了减少用地成本,会将员工宿舍与车间、仓库等安排在同一建筑物内。在这种情况下,一旦发生安全事故,员工宿舍中的员工很可能会受到波及,从而造成人员伤亡。此外,部分生产经营单位为了防止员工随意进出、偷拿本单位财产等,还会封堵生产经营场所或员工宿舍的出口与疏散通道。这样的行为是十分危险的,很可能会延误员工在发生安全事故后的黄金逃生时间。如果生产经营单位采取了以上行为,必须对其进行处罚,以督促其提高安全意识。

《安全生产法》第105条规定:“生产经营单位有下列行为之一的,责令限期改正,处五万元以下的罚款,对其直接负责的主管人员和其他直接责任人员处一万元以下的罚款;逾期未改正的,责令停产停业整顿;构成犯罪的,依照刑法有关规定追究刑事责任:(一)生产、经营、储存、使用危险物品的车间、商店、仓库与员工宿舍在同一座建筑内,或者与员工宿舍的距离不符合安全要求的;(二)生产经营场所和员工宿舍未设有符合紧急疏散需要、标志明显、保持畅通的出口、疏散通道,或者占用、锁闭、封堵生产经营场所或者员工宿舍出口、疏散通道的。”

生产经营单位有上述行为的,不仅要对其本身进行处罚,还要对直接负责的主管人员和其他责任人员进行处罚。如果其行为成立犯罪,还要追究其刑事责任。在本案中,某科技公司封堵了生产经营场所与员工宿舍的出口,这是对员工的生命安全极其不负责任的表现,应当为此承担责任。

核心提示

在我国,曾多次发生因生产经营场所或员工宿舍出口被封堵而造成的人员伤亡事故。建筑物出口封闭,一旦发生事故,造成人员伤亡的可能性极大增加。对此类行为必须严加控制,才能够保障从业人员以及其他社会公众的生命财产权利。需要注意的是,生产经营单位不仅不得封堵出口,还需要设置疏散通道,并不得占用疏散通道;这样才能在发生事故时保证救援人员在第一时间赶到现场,减少不必要的损失。

第三章

高危行业安全生产特别规定

25. 矿山、金属冶炼、建筑施工等高危行业如何保障安全生产?

案例聚焦

某建筑公司近两年的效益一直不太好,公司领导开会研究后决定裁员,减少经济支出。考虑到近几年工地也没有发生过什么大事故,大家一致认为“安全部存不存在”意义不大。于是,安全部被撤销,其中的安全管理人员,有的被裁员,有的被安排到其他部门工作。而相应的安全管理工作由工会中的两人负责。此后,某建筑公司安全生产管理混乱,经常发生人员伤亡事故。经举报,行政部门对相关事故进行了调查,并责令某建筑公司依法恢复安全生产管理机构,或者配备专职安全生产管理人员。

分析点评

安全生产是不可能自然出现的,必须有人管、有人负责;在发生安全生产事故的生产经营单位中,没有专门的安全生产管理机构和安全生产管理人员是其中很重要的一个原因。建筑施工单位本来就是事故多发、危险性较大、生产安全问题比较突出的领域,更应将安全生产放在首要位置来抓,否则难免出现安全问题甚至发生安全生产事故。《安全生产法》第24条规定:“矿山、金属冶炼、建筑施工、运输单位和危险物品的生产、经营、储存、装卸单位,应当设置安全生产管理机构或者配备专职安全生产管理人员。前款规定以外的其他生产经营单位,从业人员超过一百人的,应当设置安全生产管理机构或者配备专职安全生产管理人员;从业人员在一百人以下的,应当配备专职或者兼职的安全生产管理人员。"该条规定对于提高生产经营单位对安全生产的重视程度、健全生产经营单位的安全生产管理机构具有重要意义。在本案中,某建筑公司撤销安全生产管理机构又无专职安全管理人员,违反了《安全生产法》的上述规定,应当承担相应的法律责任。

核心提示

矿山、金属冶炼、建筑施工、运输单位和危险物品的生产、经营、储存、装卸单位具有比一般生产经营单位更为危险的作业环境和灾害威胁,极易发生生产安全事故。所以,法律明确规定这些单位必须设置安全生产管理机构或者配备专职安全生产管理人员。这些人员要对企业的安全生产状况进行经常性的检查;如果发现安全问题,要及时处理,及时排除事故隐患。

根据《安全生产法》第97条的规定,未按照规定设置安全生产管理机构或者未配备安全生产管理人员的,生产经营单位会被责令限期改正,处十万元以下的罚款;逾期未改正的,责令停产停业整顿,并处十万元以上二十万元以下的罚款,其直接负责的主管人员和其他直接责任人员会被处二万元以上五万元以下的罚款。

26. 矿山、金属冶炼等高危险性建设项目必须进行安全评价吗？

案例聚焦

某化肥有限公司在脱砷精制磷酸试生产过程中发生硫化氢中毒事故，造成6人死亡、29人中毒。根据事故调查组的初步分析判断，脱砷精制工艺设计存在缺陷，硫化钠水溶液配置槽出口管道没有配置能够自动显示和控制硫化钠水溶液流量的装置，只能靠作业人员观察液位下降的速度，通过手动调节阀门来控制硫化钠水溶液的流量；而正是由于阀门失控，导致硫化钠水溶液配置槽中的硫化钠水溶液全部流入磷酸槽，产生大量硫化氢，是这起事故的直接原因。磷酸槽顶未封闭，没有配备有害气体收集处理设施和检测（报警）仪器；向磷酸槽加入硫化钠水溶液的管口安装在磷酸槽液面的上部，致使反应产生的硫化氢气体迅速在空气中扩散，是这起事故的重要原因。①

分析点评

本起事故暴露出该公司生产经营操作过程有以下违法行为：(1)在改建项目没有正规设计、未经安全许可、没有安全设施的情况下，自行组

① 内容来源：《国家安全监管总局关于云南省昆明市安宁齐天化肥有限公司“6·12”硫化氢中毒事故的通报》（安监总危化〔2008〕129号）。

织设备制作、施工和安装，属于非法建设项目。（2）直接将实验工艺用于工业生产，对伴有硫化氢气体产生的危险工艺在没有进行安全论证的情况下直接建成化工装置并组织生产。试生产过程安全管理混乱，在没有完成全部设备安装、没有指定周密试车方案的情况下，边施工，边组织试生产；没有对试生产过程中可能产生的危险因素进行辨识，没有任何安全措施，没有应急预案，贸然组织试生产，导致事故发生。（3）现场操作人员安全意识差，缺乏对工艺技术危险性的认识和应急救援相关知识，在阀门失控后没有采取应急措施。救援人员在施救过程中，未采取防范措施，盲目施救，导致伤亡进一步扩大。

《安全生产法》第32条对特殊建设项目的安全要求作出了明确规定："矿山、金属冶炼建设项目和用于生产、储存、装卸危险物品的建设项目，应当按照国家有关规定进行安全评价。"建设项目安全评价，主要是指在建设项目的可行性研究阶段的安全预评价，即根据建设项目可行性研究报告的内容，从技术、经济、社会的角度对建设项目的安全情况进行评价，分析和预测该建设项目存在的危险、危害因素及危害程度等，并提出防治对策和措施，为项目决策提供科学依据。

核心提示

在建设项目前期对项目进行安全评价，可以为生产经营单位安全设施设计以及安全生产管理提供依据，对防止和减少生产安全事故的发生有着重要意义。《安全生产法》第32条将矿山、金属冶炼建设项目和用于生产、储存、装卸危险物品的建设项目纳入安全评价法定范畴，有极大的必要性。这里的危险物品，是指易燃易爆物品、危险化学品、放射性物品等能够危及人身安全和财产安全的物品。

根据《安全生产法》第98条的规定，未按照规定对矿山、金属冶炼建设项目或者用于生产、储存、装卸危险物品的建设项目进行安全评价的，生产经营单位会被责令停止建设或者停产停业整顿、限期改正，并处十万元以上五十万元以下的罚款，其直接负责的主管人员和其他直接责任人员会被处二万元以上五万元以下的罚款；逾期未改正的，处五十万元以上一百万元以下的罚款，对其直接负责的主管人员和其他直接责任人员处五万元以上十万元以下的罚款；构成犯罪的，依照《刑法》有关规定追究刑事责任。

27. 法律对矿山、金属冶炼等特殊建设项目的安全设计和验收有何规定？

案例聚焦

甲煤矿发生煤与瓦斯突出事故，造成多人伤亡。该煤矿在停产后，没有经过验收即擅自恢复生产。初步分析，该起事故是掘进面防突措施不落实，放炮诱发煤与瓦斯突出。

乙煤矿开工后发生突出事故，造成 6 人死亡。该煤矿证照齐全有效。事故发生后，经调查分析，该起事故的主要原因是未采取有效防突措施，掘进到煤柱应力集中区时，发生了突出事故。

分析点评

案例中这些煤矿事故的发生，是由于复产验收工作不严格、不落实，未经复产验收、违法违规生产、仓促恢复生产而导致的。煤矿开采项目建设中安全设施的设计、建设和验收都十分重要,其既是后面具体施工的依据,也是保障。

《安全生产法》第34条就是关于安全设施施工和竣工验收制度的专门规定,该条第1款强调:“矿山、金属冶炼建设项目和用于生产、储存、装卸危险物品的建设项目的施工单位必须按照批准的安全设施设计施工,并对安全设施的工程质量负责。”第2款则对矿山、金属冶炼建设项目和危险物品建设项目的竣工验收制度作出了明确规定:“矿山、金属冶炼建设项目和用于生产、储存、装卸危险物品的建设项目竣工投入生产或者使用前,应当由建设单位负责组织对安全设施进行验收;验收合格后,方可投入生产和使用。负有安全生产监督管理职责的部门应当加强对建设单位验收活动和验收结果的监督核查。”

核心提示

矿山、金属冶金建设项目和用于生产、储存、装卸危险物品的建设项目的施工单位必须按照批准的安全设施设计施工,任何单位和个人不得擅自决定不按批准的设计文件施工或者擅自更改设计文件。施工安全质量关乎整体项目质量,从实践来看,很多项目建设的质量问题都发生在施工阶段。严把施工安全质量关是重中之重。而上述项目中安全设施的验收工作,则是把关程序,是安全设施质量检控的一个重要环节。验收工作做得好,对于保证安全设施的质量具有重要意义。

《安全生产法》第98条规定:“生产经营单位有下列行为之一的,责令停止建设或者停产停业整顿,限期改正,并处十万元以上五十万元以下的罚款,对其直接负责的主管人员和其他直接责任人员处二万元以上五万元以下的罚款;逾期未改正的,处五十万元以上一百万元以下的罚款,对其直接负责的主管人员和其他直接责任人员处五万元以上十万元以下的罚款;构成犯罪的,依照刑法有关规定追究刑事责任:……(三)矿山、金属冶炼建设项目或者用于生产、储存、装卸危险物品的建设项目的施工单位未按照批准的安全设施设计施工的;(四)矿山、金属冶炼建设项目或者用于生产、储存、装卸危险物品的建设项目竣工投入生产或者使用前,安全设施未经验收合格的。”

28. 金属冶炼建设单位能否将其承包的项目全部转包给第三方?

案例聚焦

某市拥有丰富的稀有金属资源。近期,该市的金属冶炼建设项目经过招标,最终确定由该行业领军企业S公司承包,双方签订了项目承包合同。T公司是金属冶炼行业的后起之秀,该公司的大股东是S公司董事长高某的亲侄子,也是高某亲手培养的业内新星。为了帮助侄子巩固行业地位,加上S公司现有项目已经接近饱和,如果将某市的金属冶炼建设项目转包给T公司,对T公司的发展更为有利。于是,经过董事会研究决定,S公司将某市的金属冶炼建设项目全部转包给T公司。后来,该事件被举报。

分析点评

矿山建设项目、金属冶炼项目在我国均属于高危行业,必须要由专业的、规范的、有相应资质的承包单位进行施工建设。如果随意分包、转包，很容易出现管理混乱、无证施工等问题，从而给项目施工建设带来极大的安全隐患，造成安全事故的发生。

《安全生产法》第49条第3款明确规定："矿山、金属冶炼建设项目和用于生产、储存、装卸危险物品的建设项目的施工单位应当加强对施工项目的安全管理，不得倒卖、出租、出借、挂靠或者以其他形式非法转让施工资质，不得将其承包的全部建设工程转包给第三人或者将其承包的全部建设工程支解以后以分包的名义分别转包给第三人，不得将工程分包给不具备相应资质条件的单位。"

第103条第3款规定了违反规定的施工单位需要承担的法律责任："矿山、金属冶炼建设项目和用于生产、储存、装卸危险物品的建设项目的施工单位未按照规定对施工项目进行安全管理的，责令限期改正，处十万元以下的罚款，对其直接负责的主管人员和其他直接责任人员处二万元以下的罚款；逾期未改正的，责令停产停业整顿。以上施工单位倒卖、出租、出借、挂靠或者以其他形式非法转让施工资质的，责令停产停业整顿，吊销资质证书，没收违法所得；违法所得十万元以上的，并处违法所得二倍以上五倍以下的罚款，没有违法所得或者违法所得不足十万元的，单处或者并处十万元以上二十万元以下的罚款；对其直接负责的主管人员和其他直接责任人员处五万元以上十万元以下的罚款；构成犯罪的，依照刑法有关规定追究刑事责任。"

由此可知，为了保障高危行业从业者以及生产活动的安全，矿山、金属冶炼建设项目和用于生产、储存、装卸危险物品的建设项目，都不允许全部分包、转包，分包、转包的单位也必须要有相应的资质，同时，发包单位也必须切实履行安全生产的监管职责，确保生产过程的安全。在本案中，S公司将某市的金属冶炼建设项目全部转包给T公司的行为是违法的，应当立即整改并承担相应的法律责任。

核心提示

在实践中,一些大型工程项目在建设过程中会存在分包或者转包的情况,在一定情况下分包或者转包可以提高生产效率,促进项目顺利推进。但是,高危行业的分包、转包是被严格限制的,比如,矿山、金属冶炼建设项目和用于生产、储存、装卸危险物品的建设项目,分包、转包是被严格限制的。这类高危行业的承包单位一般都是资质健全、生产条件完备的单位,发包方出于对承包方本身的信任将项目交与其施工,如果承包方擅自将项目全部分包、转包,就违背了发包方的初衷。同时,如果承包方将项目全部分包、转包,就不能有效地履行对后续生产工作的安全监督职责,出现安全事故的概率将大大增加。

29. 哪些生产企业应当申请取得安全生产许可证?

案例聚焦

2023年10月的一天,某村许某的胶水生产场地迎来了市应急管理局执法人员的执法检查。在检查过程中,执法人员发现,该生产场地的房屋构造以及生产设备都较为简陋。场地内存储着几十桶生产完毕的胶水,以及使用过的生产原料。同时,执法人员还在经营者许某的电动汽车上发现了送(销)货单发票以及销货清单发票。执法人员抽取了胶水桶中生产完毕的胶水作为样品,进行了化学品危险性分类鉴定,鉴定结果显示该胶水样品属于危险化学品。经过执法人员的调查,许某从2022年10月起,在未取得安全生产许可证的情况下生产胶水这一危险化学品,违法所得共计 3270 元。市应急管理局依法责令其停止生产,没收全部违法所得,并对其处以 12 万元的罚款。

分析点评

《安全生产许可证条例》第 2 条规定:“国家对矿山企业、建筑施工企业和危险化学品、烟花爆竹、民用爆炸物品生产企业(以下统称企业)实行安全生产许可制度。企业未取得安全生产许可证的,不得从事生产活动。”

在本案中,许某在未取得安全生产许可证的情况下,擅自生产属于危险化学品的胶水,违反了法律的规定,应当依法受到行政处罚。《安全生产许可证条例》第 19 条规定:“违反本条例规定,未取得安全生产许可证擅自进行生产的,责令停止生产,没收违法所得,并处 10 万元以上 50 万元以下的罚款;造成重大事故或者其他严重后果,构成犯罪的,依法追究刑事责任。”许某应当为其违法生产行为承担行政处罚责任。但由于其违法所得较少,尚未达到构成犯罪的程度,因此无须承担刑事责任。

《安全生产许可证条例》将发证对象确定为三类六种高危生产企业。三类企业是指三类危险性较大的高危生产企业,即矿山企业、建筑施工企业和危险物品生产企业。《安全生产许可证条例》将三类高危生产企业具体分为六种,必须具备法定的安全生产条件,依法申请领取安全生产许可证后,方可从事生产建设活动。这六种高危生产企业为:(1)煤矿;(2)非煤矿山;(3)建筑施工企业;(4)危险化学品生产企业;(5)烟花爆竹生产企业;(6)民用爆炸物品生产企业。

核心提示

为了依法建立安全生产准入制度，进一步规范企业的安全生产条件，加强监督管理，预防和减少生产安全事故，2014年7月29日，《国务院关于修改部分行政法规的决定》对《安全生产许可证条例》进行了第二次修订。《安全生产许可证条例》是我国第一部对煤矿企业、非煤矿矿山企业、建筑施工企业和危险化学品、烟花爆竹、民用爆炸物品生产企业实施行政许可的行政法规。在安全生产领域，企业是否具备基本安全生产条件，是衡量其是否符合安全生产准入资格的主要标准。

30. 企业取得安全生产许可证，应当具备哪些安全生产条件？

案例聚焦

某日，某省应急管理厅的行政执法人员对某矿业公司展开了执法检查。在检查过程中，执法人员发现该矿业公司存在非法组织采矿的行为。执法人员立即联系第三方机构对该矿业公司的非法采矿规模进行评估。评估结果显示，该矿业公司非法采矿的规模高达3.61万吨。该矿业公司的非法采矿行为违反了法律规定，执法人员对其进行了立案调查。经调查，执法人员认定该矿业公司在生产时并没有取得安全生产许可证。依据法律的规定，执法人员对该矿业公司下达了现场处理措施决定书，并责令其暂时停产停业，将作业人员从危险区域内撤出。某省应急管理厅依法对某矿业公司作出责令停止生产，罚款50万元的行政处罚决定。

分析点评

《安全生产许可证条例》规定的安全生产条件是最基本的、最低的安全生产条件,不是高危生产企业应当具备的全部生产条件。企业安全生产条件的全面改善固然需要较长的过程,规定基本安全生产条件就是为了提升高危生产企业的整体安全素质,不能因为有些企业不具备安全生产条件而降低要求,同时,基本安全生产条件并不取代和排斥不同企业应当具备的其他安全生产条件。

根据《安全生产许可证条例》第6条的规定,企业取得安全生产许可证,应当具备下列安全生产条件:

(1)建立、健全安全生产责任制,制定完备的安全生产规章制度和操作规程;

(2)安全投入符合安全生产要求;

(3)设置安全生产管理机构,配备专职安全生产管理人员;

(4)主要负责人和安全生产管理人员经考核合格;

(5)特种作业人员经有关业务主管部门考核合格,取得特种作业操作资格证书;

(6)从业人员经安全生产教育和培训合格;

(7)依法参加工伤保险,为从业人员缴纳保险费;

(8)厂房、作业场所和安全设施、设备、工艺符合有关安全生产法律、法规、标准和规程的要求;

(9)有职业危害防治措施,并为从业人员配备符合国家标准或者行业标准的劳动防护用品;

(10)依法进行安全评价;

(11)有重大危险源检测、评估、监控措施和应急预案;

(12)有生产安全事故应急救援预案、应急救援组织或者应急救援人员，配备必要的应急救援器材、设备；

（13）法律、法规规定的其他条件。

核心提示

法律规定严格的安全生产条件将为企业安全生产设定具体行为规则，迫使那些不具备基本安全生产条件的企业进行整顿改造，力争在较短时间内具备法定条件；根本无法具备基本安全生产条件的企业，必须关闭或者取缔，不得从事生产活动。同时，要落实行政法规规定的基本安全生产条件，还应当结合各类企业的实际情况依法补充具体条件和特殊条件，使基本的安全生产条件与具体的安全生产条件有机结合。

因而，《安全生产许可证条例》又对制定和补充某些具体的、特殊的安全生产条件留有法律空间。《安全生产许可证条例》第6条规定的13项安全生产条件中能够直接适用的是前12项，第13项关于"法律、法规规定的其他条件"的规定，确切地说不是一项具体的安全生产条件，而是一项准用性规定，它可以与分散于相关法律、行政法规中的有关规范联结为一体，更具有可操作性，既能体现普遍性，又能体现特殊性。

31. 特种设备必须满足哪些条件才能使用？

案例聚焦

某日，某区市场监督管理局对其辖区内的某钢铁集团有限公司所使用的特种设备展开了专项检查。检查结束后，执法人员发现该公司存在多项违法行为：第一，以自用为目的，使用氩气作为充装介质，在未取得许可证的情况下，擅自从事移动式压力容器充装；第二，叉车未经首次检验便直接投入使用；第三，压力管道未经检验便直接投入使用；第四，蒸汽锅炉未经检验便直接投入使用；第五，起重机械未经检验便直接投入使用；第六，储气罐在投入使用后，并未依法定期进行检验，而是继续使用未检验的储气罐。并且，在检查中所提到的特种设备在投入使用30日内均没有办理相关的使用登记手续。执法机关依法对某钢铁集团有限公司作出了责令停止使用有关特种设备、罚款的行政处罚决定。

分析点评

特种设备是各种设备中技术性最为复杂和用途最为特殊的一种设备类型，需要较高的安全性能和操作技术，一旦特种设备在使用过程中发生意外，很可能会造成重大的人员伤亡和财产损失。经常或定期对特种设备进行检验，是保证特种设备性能良好、运行正常的重要措施。

《安全生产法》第37条规定：“生产经营单位使用的危险物品的容器、运输工具，以及涉及人身安全、危险性较大的海洋石油开采特种设备和矿山井下特种设备，必须按照国家有关规定，由专业生产单位生产，并经具有专业资质的检测、检验机构检测、检验合格，取得安全使用证或者安全标志，方可投入使用。检测、检验机构对检测、检验结果负责。”

由此可见，特种设备要投入使用，需要符合以下两个条件：第一，由专业生产单位生产；第二，经相关机构检测、检验合格且取得安全使用证或安全标志。未经依法检验的特种设备是不能投入使用的，否则生产经营单位将承担相应的法律责任。

《安全生产法》第99条规定：“生产经营单位有下列行为之一的，责令限期改正，处五万元以下的罚款；逾期未改正的，处五万元以上二十万元以下的罚款，对其直接负责的主管人员和其他直接责任人员处一万元以上二万元以下的罚款；情节严重的，责令停产停业整顿；构成犯罪的，依照刑法有关规定追究刑事责任：……（六）危险物品的容器、运输工具，以及涉及人身安全、危险性较大的海洋石油开采特种设备和矿山井下特种设备未经具有专业资质的机构检测、检验合格，取得安全使用证或者安全标志，投入使用的。”在本案中，某钢铁集团有限公司将未经检验的特种设备直接投入使用的行为违反了法律规定，将面临相应的行政处罚。

核心提示

在特种设备的使用问题上，除了要保证特种设备本身符合法律所规定的投入使用条件以外，还应当保证操作特种设备的人员具备相关资质。根据《特种设备安全生产法》第35条的规定，特种设备使用单位应当建立特种设备安全技术档案。安全技术档案应当包括以下内容：(1)特种设备的设计文件、产品质量合格证明、安装及使用维护保养说明、监督检验证明等相关技术资料和文件；(2)特种设备的定期检验和定期自行检查记录;(3)特种设备的日常使用状况记录;(4)特种设备及其附属仪器仪表的维护保养记录;(5)特种设备的运行故障和事故记录。此外,在使用特种设备的过程中,还应当具有相应的安全防护措施,避免发生安全事故。

32. 法律对危险行业单位安全生产管理人员有何"硬性"规定?

案例聚焦

某建筑工地发生一起施工升降机轿厢坠落的重大事故,此次事故造成10人死亡、2人受伤,直接经济损失高达1600万元。经调查,该建筑工地除施工升降机故障外,还存在安全教育培训不到位、项目经理"挂证"等行为。最终,相关部门对该建筑工地处以降低资质、暂扣或吊销安全生产许可证、罚款等行政处罚决定。同时,有关责任人员也受到了罚款、撤职、党纪处分、吊销资格证书、终身不予注册等处罚。

分析点评

《安全生产法》第27条规定:"生产经营单位的主要负责人和安全生产管理人员必须具备与本单位所从事的生产经营活动相应的安全生产知识和管理能力。危险物品的生产、经营、储存、装卸单位以及矿山、金属冶炼、建筑施工、运输单位的主要负责人和安全生产管理人员,应当由主管的负有安全生产监督管理职责的部门对其安全生产知识和管理能力考核合格。考核不得收费。危险物品的生产、储存、装卸单位以及矿山、金属冶炼单位应当有注册安全工程师从事安全生产管理工作。鼓励其他生产经营单位聘用注册安全工程师从事安全生产管理工作。注册安全工程师按专业分类管理,具体办法由国务院人力资源和社会保障部门、国务院应急管理部门会同国务院有关部门制定。”

在生产经营活动中,生产经营单位的主要负责人和安全生产管理人员对生产安全问题直接负责,所起到的是对本单位的安全生产工作进行领导和管理、保障生产安全的作用。如果主要负责人和安全生产管理人员不具备过硬的安全生产知识基础和管理能力,必将造成生产活动秩序混乱的结果,难以保障生产安全。尤其是对于某些危险行业来说,其主要负责人和安全生产管理人员需要具备更高的专业素养,需要经过考核合格或者拥有专门的资质证书。

某些生产经营单位为了降低用人成本,同时又为了在表面上保证主要负责人与安全生产管理人员具备法律所规定的能力和资质,往往会采取“挂证”的方式,招揽具有资质的人将相关证件挂靠在本单位。实际上,这是一种掩耳盗铃的行为。虽然生产经营单位在表面上拥有具备资质和能力的人员,但实际上该人员并不在该单位工作。在生产活动中,真正具备资质的人员并不能发挥作用。这种“挂证”的行为不仅不会对生产安全有所帮助,反而会加重部分生产经营单位的侥幸心理,使其更加忽视生产安全。在本案中,某建筑工地的主要负责人和安全生产管理人员并不具备相应的安全生产知识与管理能力,违反了法律的相关规定,应当承担相应的法律后果。

核心提示

危险物品的生产、经营、储存、装卸单位以及矿山、金属冶炼、建筑施工、运输单位的主要负责人和安全生产管理人员需要通过考核,并且考核不得收费。这样规定有两方面的考虑:第一,避免因考核收费而可能产生的重收费、轻考核,致使通过考核的门槛降低的现象;第二,有利于减轻生产经营单位的负担,鼓励更多人参加考核,提高生产经营单位对考核的重视程度。

危险物品的生产、储存、装卸单位以及矿山、金属冶炼单位应当有注册安全工程师从事安全生产管理工作。注册安全工程师是经全国统一考试合格,并且已经取得注册安全工程师职业资格证书和执业证书的人员。与其他人员相比,注册安全工程师在生产安全方面更为专业,更具备安全管理的能力,从而更能帮助生产经营单位减少安全事故发生的概率。

33. 生产经营单位进行哪些作业时,应当安排专门人员进行现场安全管理?

案例聚焦

某建设公司开展了一项宾馆广告牌拆除维修项目,当地应急管理局对此开展了安全检查。经检查,执法人员发现该建设公司在作业时存在多种不规范行为,如使用汽车吊挂钩载人作业、吊装作业未安排专门人员进行现场安全管理等。执法人员当场收集了相关证据。当地应急管理局调查核实后,确定某建设公司存在违法行为,对该公司作出责令限期改正、罚款4万元的行政处罚决定。

分析点评

《安全生产法》第 43 条规定："生产经营单位进行爆破、吊装、动火、临时用电以及国务院应急管理部门会同国务院有关部门规定的其他危险作业，应当安排专门人员进行现场安全管理，确保操作规程的遵守和安全措施的落实。"

本条规定中提到的几种作业类型，危险程度较高、难度较大，对作业人员的专业性也有较高的要求。在这种情况下，如果在作业时出现疏忽，导致安全事故，很可能造成较为严重的损害后果。因此，在进行此类作业时，不仅需要作业人员本人按章操作，严格遵守安全生产规定，生产经营单位还必须安排专门人员进行现场安全管理，确保作业正常进行，避免安全事故发生。这是生产经营单位必须履行的义务，如果不履行则需要承担相应的法律后果。

根据《安全生产法》第 101 条的规定，生产经营单位在进行爆破、吊装、动火、临时用电以及国务院应急管理部门会同国务院有关部门规定的其他危险作业，未安排专门人员进行现场安全管理的，应被责令限期改正，处十万元以下的罚款；逾期未改正的，应被责令停产停业整顿，并处十万元以上二十万元以下的罚款，对其直接负责的主管人员和其他直接责任人员处二万元以上五万元以下的罚款；构成犯罪的，依照《刑法》有关规定承担刑事责任。

在本案中，某建筑公司从事的是吊装作业，必须安排专门人员。对于某建筑公司的违法行为，应当采取相应的处罚措施，督促其改正。

核心提示

《安全生产法》第 43 条具体列举了爆破、吊装、动火、临时用电这几项危险作业,但生产经营单位应当履行安排专门人员进行现场安全管理义务的范围却不止这些。对于应急管理部会同国务院有关部门规定的其他危险作业,生产经营单位同样需要履行此项义务。这样的兜底性规定更为灵活,也更有利于及时对危险作业的范围进行调整,从而对生产经营单位的生产安全进行动态监测和管理。

34. 煤矿有哪些安全隐患时,应当立即停止生产?

案例聚焦

一天,某煤矿3号矿井当班共32人入井作业。在作业过程中,工作面溜子反复发生故障。溜子修好后,两名工人在启动采煤机试运行时,采煤机附近的煤壁突然发生煤与瓦斯压出事故。监控平台发现瓦斯超限报警后,立即向井下发出通知,要求紧急撤退。由于事故发生突然,部分人员未及时撤出。该事故造成2人死亡,1人受伤,直接经济损失549.36万元。

事故发生后,有关部门共同组成事故调查组,对事故的发生原因展开调查。调查结果显示,该事故发生的直接原因是局部地质构造导致煤层增厚变软,且未及时采取有效的防范措施,采煤机在割煤时诱发了煤与瓦斯压出。此外,从煤矿的角度,对灾害的认识不足,采取的治理措施不当,技术管理存在缺失,生产管理、安全管理混乱,法治意识淡薄等,都间接造成了此次事故的发生。司法机关对该煤矿的4名管理人员采取了刑事强制措施,并建议将3名直接责任人员移送司法机关。同时,某煤矿也依法受到了当地政府对其作出的行政处罚。

分析点评

由于煤矿环境较为封闭，一旦发生安全事故，很可能会造成非常严重的人员伤亡。因此，当发生重大安全事故时，必须立即停止生产活动，撤出相关人员，并及时排除安全隐患。

根据《国务院关于预防煤矿生产安全事故的特别规定》第8条的规定，煤矿的通风、防瓦斯、防水、防火、防煤尘、防冒顶等安全设备、设施和条件应当符合国家标准、行业标准，并有防范生产安全事故发生的措施和完善的应急处理预案。

煤矿有下列重大安全生产隐患和行为的，应当立即停止生产，排除隐患：

(1)超能力、超强度或者超定员组织生产的；

(2)瓦斯超限作业的；

(3)煤与瓦斯突出矿井，未依照规定实施防突出措施的；

(4)高瓦斯矿井未建立瓦斯抽放系统和监控系统，或者瓦斯监控系统不能正常运行的；

(5)通风系统不完善、不可靠的；

(6)有严重水患，未采取有效措施的；

(7)超层越界开采的；

(8)有冲击地压危险，未采取有效措施的；

(9)自然发火严重，未采取有效措施的；

(10)使用明令禁止使用或者淘汰的设备、工艺的；

(11)年产6万吨以上的煤矿没有双回路供电系统的；

(12)新建煤矿边建设边生产，煤矿改扩建期间，在改扩建的区域生产，或者在其他区域的生产超出安全设计规定的范围和规模的；

(13)煤矿实行整体承包生产经营后，未重新取得安全生产许可证，从事生产的，或者承包方再次转包的，以及煤矿将井下采掘工作面和井巷维修作业进行劳务承包的；

(14) 煤矿改制期间，未明确安全生产责任人和安全管理机构的，或者在完成改制后，未重新取得或者变更采矿许可证、安全生产许可证和营业执照的；

(15) 有其他重大安全生产隐患的。

在本条规定所提到的情形中，煤矿企业必须严格遵守规定，立即停止生产，保障矿井内人员的安全，同时采取相应的紧急措施，防止损害发生或进一步扩大。

《国务院关于预防煤矿生产安全事故的特别规定》第 10 条规定："煤矿有本规定第八条第二款所列情形之一，仍然进行生产的，由县级以上地方人民政府负责煤矿安全生产监督管理的部门或者煤矿安全监察机构责令停产整顿，提出整顿的内容、时间等具体要求，处 50 万元以上 200 万元以下的罚款；对煤矿企业负责人处 3 万元以上 15 万元以下的罚款。对 3 个月内 2 次或者 2 次以上发现有重大安全生产隐患，仍然进行生产的煤矿，县级以上地方人民政府负责煤矿安全生产监督管理的部门、煤矿安全监察机构应当提请有关地方人民政府关闭该煤矿，并由颁发证照的部门立即吊销矿长资格证和矿长安全资格证，该煤矿的法定代表人和矿长 5 年内不得再担任任何煤矿的法定代表人或者矿长。"

如果煤矿在发生重大安全生产隐患后，依然继续从事生产活动，则需要根据本条规定承担相应的法律责任。在本案中，某煤矿的应急措施不健全，在出现安全隐患后，未及时发现隐患的存在，而是继续进行生产活动，导致安全隐患进一步扩大，最终导致安全事故的发生，并造成了极为严重的后果，某煤矿应当依法承担相应后果，并引以为戒，避免再次发生安全事故。

核心提示

《国务院关于预防煤矿生产安全事故的特别规定》第9条规定:“煤矿企业应当建立健全安全生产隐患排查、治理和报告制度。煤矿企业应当对本规定第八条第二款所列情形定期组织排查,并将排查情况每季度向县级以上地方人民政府负责煤矿安全生产监督管理的部门、煤矿安全监察机构写出书面报告。报告应当经煤矿企业负责人签字。煤矿企业未依照前款规定排查和报告的,由县级以上地方人民政府负责煤矿安全生产监督管理的部门或者煤矿安全监察机构责令限期改正;逾期未改正的,责令停产整顿,并对煤矿企业负责人处3万元以上15万元以下的罚款。”

对于安全隐患问题,煤矿企业不仅要注重隐患出现后的治理和报告,更要注重隐患出现前的排查工作,从根源上预防隐患的出现,从而避免安全事故的发生。同时,对安全隐患进行排查和报告也是煤矿企业必须履行的义务。如果不履行此义务,则需要依法承担相应的行政责任。

35. 危险化学品仓库应注意符合怎样的消防条件?

案例聚焦

某化工厂是一家村办企业,厂内分为三个车间,位于中间的是备料车间,内存有1吨左右的氯酸钠和二硝基苯胺、1.5吨从沉淀池挖出的废溴化物等。最近一个月,该化工厂处于停工状态,一部分本地工人回家居住,另一部分外地工人在厂内居住,但一般不进入车间。一天下午,有工人发现备料车间北面西侧窗户往外冒黑烟，便大声呼喊救火。听到喊声后，厂长及在宿舍的工人集体出动奔向冒烟的车间，有人发现是备料车间的氯酸钠冒烟，于是向着火点泼了几桶水，但灾情继续发展。厂长喊人组织灭火，正在大家忙碌灭火之际，传来两声巨响，发生爆炸，一股黑烟冲向天空。经调查，该厂在危险化学品的生产许可、储存管理、安全配套设施建设方面存在严重缺陷。火灾发生后，职工缺乏基本救灾知识，多人盲目冲向已经冒烟的车间，并向燃烧处泼水，加速了化学反应导致爆炸，造成多人伤亡的重大事故。

分析点评

《危险化学品安全管理条例》第 24 条规定："危险化学品应当储存在专用仓库、专用场地或者专用储存室（以下统称专用仓库）内，并由专人负责管理；剧毒化学品以及储存数量构成重大危险源的其他危险化学品，应当在专用仓库内单独存放，并实行双人收发、双人保管制度。危险化学品的储存方式、方法以及储存数量应当符合国家标准或者国家有关规定。"第 26 条规定："危险化学品专用仓库应当符合国家标准、行业标准的要求，并设置明显的标志。储存剧毒化学品、易制爆危险化学品的专用仓库，应当按照国家有关规定设置相应的技术防范设施。储存危险化学品的单位应当对其危险化学品专用仓库的安全设施、设备定期进行检测、检验。"这是法律对危险化学品仓库建设的总体要求。

危险化学品仓库具有严格的标准，国家对危险化学品储存场所的要求很多，在消防安全方面，一般要达到以下条件：

（1）仓库的耐火等级、层数、占地面积、安全疏散和防火间距应符合国家有关规定，不得有地下室或其他地下建筑。

（2）仓库内应配备符合安全要求的输配电线路、灯具、火灾事故照明和疏散指示标志。

(3)仓库内必须有足够的自然通风或机械通风条件,防止可燃空气或有害空气的积聚。

(4)仓库内应安装自动监测和火灾报警系统,并设置相应的降温措施,对仓库内的温度、湿度要做好监控。

(5)储存危险化学品时,应考虑其禁忌关系,对互为禁忌物的化学品通常采用隔离层或隔开一段距离,或在不同的房间内存放。

(6)危险化学品仓库的储存量不得超过国家标准,堆垛不得过高、过密,堆垛之间以及堆垛与墙壁之间应该留出一定距离、通道及通风口。

(7)禁止电器设备、电动车辆进入仓库内使用,严格执行出入库及安全装卸规范。

(8)禁止在危险化学品储存区域内堆积可燃废弃物品;泄漏和渗漏化学品的包装容器应迅速移至安全区域。

(9)储存仓库工作人员应进行培训,经考核合格后持证上岗。日常中,仓库工作人员要对仓库内情形以及存货情况做好监控管理,发生安全隐患要及时上报处理。

(10)根据危险化学品仓库所涉及储存的具体情况,制定切合实际的应急预案,维护好相关消防设施、保证消防通道的畅通。

(11)企业可以根据仓库及其危险品的特性,做好制定其他有关消防安全的处置。

核心提示

企业应定期对危险化学品的储存场所内各工作区域的化学品进行普查和审核。审核内容包括:储存或使用的化学品的名称;化学品类别及危险性分类;化学品数量、质量及性质;化学品的危害程度;与化学品使用或储存有关的危害;需要的个体防护设备;职工培训及考核信息;化学品周边禁止性规定;接触、泄漏或火灾时采取的应急程序和设备等。通过规范性的审核,可以有效排除危险化学品可能出现的事故隐患,杜绝危险化学品事故的发生。

36. 运输危险化学品时应当遵守哪些安全规定?

案例聚焦

某日,一辆载着2吨多黄磷的汽车起火并发生爆炸,造成2人死亡。在这起事故中,危险化学品管理、运输以及灾情的处置和抢救都存在严重的操作不规范或操作失误问题。并且,事故发生时,该辆运输危险化学品的汽车上并没有配备专门的押车员,而司机不具备任何装载、运输危险化学品的安全知识和操作经验。

分析点评

危险化学品在运输中发生事故比较常见,全面了解化学品的安全运输,掌握有关化学品的安全运输规定,对降低运输事故具有重要意义。根据《危险化学品安全管理条例》的相关规定可知,运输危险化学品时一般应当遵守下列安全规定:

(1)国家对危险化学品的运输实行资质认定制度,未取得运输许可的,不得运输危险化学品。

(2)危险化学品道路运输企业、水路运输企业不仅应当配备专职安全管理人员，其驾驶人员、船员、装卸管理人员、押运人员、申报人员、集装箱现场检查员应当经交通运输主管部门考核合格，取得从业资格。他们还应当了解所运输的危险化学品的危险特性及其包装物、容器的使用要求和出现危险情况时的应急处置方法。

(3)危险化学品的装卸作业应当遵守安全作业标准、规程和制度，并在装卸管理人员的现场指挥或者监控下进行。

(4)运输危险化学品，应当根据危险化学品的危险特性采取相应的安全防护措施，并配备必要的防护用品和应急救援器材。用于运输危险化学品的槽罐以及其他容器应当封口严密，能够防止危险化学品在运输过程中因温度、湿度或者压力的变化发生渗漏、洒漏；槽罐以及其他容器的溢流和泄压装置应当设置准确、起闭灵活。

(5)通过道路运输危险化学品的，应当按照运输车辆的核定载质量装载危险化学品，不得超载。危险化学品运输车辆应当具备符合国家标准要求的安全技术条件，并按照国家有关规定定期进行安全技术检验，应当悬挂或者喷涂符合国家标准要求的警示标志。

(6)通过道路运输危险化学品的，应当配备押运人员，并保证所运输的危险化学品处于押运人员的监控之下。运输危险化学品途中因住宿或者发生影响正常运输的情况，需要较长时间停车的，驾驶人员、押运人员应当采取相应的安全防范措施；运输剧毒化学品或者易制爆危险化学品的，还应当向当地公安机关报告。

(7)未经公安机关批准，运输危险化学品的车辆不得进入危险化学品运输车辆限制通行的区域。危险化学品运输车辆限制通行的区域由县级人民政府公安机关划定，并设置明显的标志。

(8)通过道路运输剧毒化学品的，托运人应当向运输始发地或者目的地县级人民政府公安机关申请剧毒化学品道路运输通行证。

(9)剧毒化学品、易制爆危险化学品在道路运输途中丢失、被盗、被抢或者出现流散、泄漏等情况的，驾驶人员、押运人员应当立即采取相应的警示措施和安全措施，并向当地公安机关报告。

（10）托运危险化学品的，托运人应当向承运人说明所托运的危险化学品的种类、数量、危险特性以及发生危险情况的应急处置措施，并按照国家有关规定对所托运的危险化学品妥善包装，在外包装上设置相应的标志。运输危险化学品需要添加抑制剂或者稳定剂的，托运人应当添加，并将有关情况告知承运人。

（11）托运人不得在托运的普通货物中夹带危险化学品，不得将危险化学品匿报或者谎报为普通货物托运。任何单位和个人不得交寄危险化学品或者在邮件、快件内夹带危险化学品，不得将危险化学品匿报或者谎报为普通物品交寄。邮政企业、快递企业不得收寄危险化学品。

（12）通过水路运输危险化学品的，应当遵守法律、行政法规以及国务院交通运输主管部门关于危险货物水路运输安全的规定。通过铁路、航空运输危险化学品的安全管理，依照有关铁路、航空运输的法律、行政法规、规章的规定执行。

核心提示

在装载运输危险化学品时，除了要遵守上述规定外，在实际操作时，还应特别注意：

（1）危险物品的装卸人员应按照装运危险物品的性质，佩戴相应的防护用品，装卸时必须轻装、轻卸，严禁摔拖、重压和摩擦，不得损毁包装容器，并注意标志，堆放稳妥。

（2）危险物品装卸前后，应对车（船）及搬运工具进行必要的通风和清扫，不得留有残渣，对装有剧毒物品的车（船），卸车后必须洗刷干净。

（3）装运爆炸、剧毒、放射性等物品和易燃液体、可燃气体时，必须使用符合安全要求的运输工具,禁止用电瓶车、翻斗车、铲车等运输爆炸物品。

(4)运输强氧化剂、爆炸品及用铁桶包装的一级易燃液体时,没有采取可靠的安全措施,不得用铁底板车及汽车挂车。

(5)禁止用叉车、铲车、翻斗车搬运易燃、易爆液化气体等危险物品。

(6)温度较高地区装运液化气体和易燃液体等危险物品,要有防晒设施。

(7)遇水燃烧物品及有毒物品,禁止用小型机帆船、小木船和水泥船承运。

(8)司机驾驶运输危险物品的车辆,必须保持安全车速,保持车距,严禁超车、超速和强行会车,禁止人货混载。

第四章

劳动者依法享有的安全生产权利

37. 劳动者在签订劳动合同时应注意哪些事项？

案例聚焦

谭某在某建筑队从事沥青熬炒工作，入职前与建筑队所属的建筑工程公司签订了为期半年的《劳动合同》。谭某工作以后，发现有的工友穿着工作服，戴着防护镜，而自己和新招进来的几个工友却没有。谭某和工友向工长反映，要求发放工作服及防护镜等用品。工长向建筑队负责人汇报之后得知，因谭某等人属于临时招用工人，只签订了半年的《劳动合同》，因此公司规定不发放工作服和其他用品，且《劳动合同》中也约定工作服等由工人自己解决。谭某等人不服，找到建筑工程公司相关负责人，得到的是同样的答复。后来，谭某等人向当地劳动争议仲裁委员会提出申诉，要求该建筑工程公司发放个人劳动防护用品。劳动争议仲裁委员会受理此案后，调查得知谭某等人所诉情况属实。后此案经调解，建筑工程公司同意发放工作服、防护镜、手套等个人防护用品，谭某等人撤回仲裁申请。

分析点评

《安全生产法》第 45 条规定："生产经营单位必须为从业人员提供符合国家标准或者行业标准的劳动防护用品，并监督、教育从业人员按照使用规则佩戴、使用。"根据该规定，《安全生产法》并没有从《劳动合同》有效期长短的问题上限制生产经营单位向职工发放个人劳保防护用品。因此,本案中建筑工程公司以《劳动合同》有效期时间短为由不发放个人劳保防护用品是不成立的。另外,《劳动合同》中约定的个人劳动防护用品由个人解决的条款无效,因为其违反了《安全生产法》第52条第1款的规定:“生产经营单位与从业人员订立的劳动合同,应当载明有关保障从业人员劳动安全、防止职业危害的事项,以及依法为从业人员办理工伤保险的事项。”此外,《劳动合同法》第26条第1款规定,“下列劳动合同无效或者部分无效:……(二)用人单位免除自己的法定责任、排除劳动者权利的……”,也印证了《劳动合同》无效。

同时,《安全生产法》第52条第2款还规定了订立劳动合同时的禁止性条款:“生产经营单位不得以任何形式与从业人员订立协议,免除或者减轻其对从业人员因生产安全事故伤亡依法应承担的责任。”在安全生产中,生产经营企业对安全生产负有不可推卸的责任,应依法对从业人员因生产安全事故造成的伤亡承担责任。生产经营单位无论是以强制还是非强制的方式订立协议,只要在与从业人员订立的协议中有免除或减轻其对从业人员因生产安全事故伤亡依法应承担的责任的条款,或者单独订立免除或者减轻其对从业人员因生产安全事故伤亡依法应承担的责任的合同,都属于合同内容违法。

核心提示

劳动者在与用人单位订立劳动合同时,遇到以下合同不要签:

(1)“生死合同或条款”:典型的如“发生伤亡事故,单位概不负责”“员工在本单位发生的一切危险、疾病由员工自己负责”。此类条款常出现于危险性较高的行业,劳动者在签订劳动合同时要擦亮眼睛。

(2)“卖身合同或条款”:典型的如“劳动者需无条件听从用人单位

的安排”。用人单位可以任意要求劳动者加班加点工作，强迫其劳动，使其完全失去人身自由。

(3)“霸王合同或条款”：典型的如“本合同条款由用人单位解释”。此类条款只强调用人单位的自身利益，无视劳动者的权益。

(4)“暗箱合同”：用人单位在劳动合同中故意隐瞒工作过程中的职业病危害，或者采用欺骗手段剥夺劳动者的合法权利。

(5)“双面合同”：一些用人单位在与劳动者签订合同时准备了两份合同，一份合同用来应付有关部门的检查，另一份合同用来约束劳动者。

38. 什么是安全生产中从业人员的知情权、建议权以及批评、检举、控告权？

案例聚焦

某公司所属的电器组装车间厂房近300平方米，四周墙壁只有一排不到一米高的小窗户，车间里工作台与成品、半成品、废料堆放杂乱，车间无有效通风设施，无下水道。年复一年，日复一日，有些员工忍无可忍。于是，公司员工段某等10人以其工作场所采光差、通风差、卫生差，严重影响身体健康为由提起劳动仲裁，请求公司立即改善工作场所中的不良状况，保证员工的身体健康。后此案经过调解，公司同意在1个月内安装通风装置，并采取有效措施改善采光条件，为员工提供整洁的劳动环境。

分析点评

安全生产工作应当坚持安全第一、预防为主、综合治理的方针，从源头上防范化解重大安全风险。《安全生产法》第53条规定："生产经营单位的从业人员有权了解其作业场所和工作岗位存在的危险因素、防范措施及事故应急措施，有权对本单位的安全生产工作提出建议。"第54条第1款规定："从业人员有权对本单位安全生产工作中存在的问题提出批评、检举、控告；有权拒绝违章指挥和强令冒险作业。"

上面两条规定列明了从业人员在安全生产中的知情权、建议权以及批评、检举、控告权。其中，知情权，是指从业人员有权了解其作业场所和工作岗位存在的危险因素、防范措施及事故应急措施；建议权，是指从业人员有权对本单位的安全生产工作提出建议；批评、检举、控告权，则是指从业人员有权对本单位安全生产工作中存在的问题提出批评、检举、控告。相较于建议权，批评、检举、控告权更有力度，同时也更有可能激化从业人员与用人单位的矛盾。因此，《安全生产法》第54条第2款特别强调："生产经营单位不得因从业人员对本单位安全生产工作提出批评、检举、控告或者拒绝违章指挥、强令冒险作业而降低其工资、福利等待遇或者解除与其订立的劳动合同。"

本案中，某公司确实存在采光、通风以及卫生没有达到法律规定标准的问题，属于劳动安全条件不符合法律规定，存在危害员工身体健康的因素，这种危害是不容忽视的。员工有权对其提出建议，甚至是批评、检举、控告。

核心提示

从业人员在安全生产中所享有的知情权、建议权以及批评、检举、控告权不仅是对自身安全和健康的保障，也是对企业生产经营的负责。这些权利，可以让员工更好地参与到企业的建设中，可以充分调动员工关心安全生产的积极性和主动性，从而可以有效地消除许多事故隐患和不安全因素，避免或者减少事故的发生。用人单位应特别重视从业人员的知情权和建议权，并加以充分、有效地利用；如果有员工对安全生产问题提出批评、检举、控告，切不可因此对员工进行打压，否则可能要承担不利的法律后果。

39. 职工遇到违章指挥和强令冒险作业时，有权怎么办？

案例聚焦

路某等人是某煤矿的职工，一天，在执行露天矿场爆破作业时，遇到1个“哑炮”（没有响）。众人静候了一会儿，仍然没有动静。管理人员以工程进度急，没有响的炮是“瞎炮”，不会有事为借口，命令路某等8人进入采矿面作业。路某等人担心“哑炮”会再次爆炸，不敢前去，拒绝进入采矿面采矿。管理人员见此情景，威胁扣除大家的工资和奖金。路某等人没把管理人员的话当回事儿，以为只是说说气话而已，谁知，到发工资的时候，大家真的被扣了当天工资和当月应发的奖金。路某等人不服，去找该煤矿理论，未果，遂向当地劳动争议仲裁委员会提出仲裁申请。最终，劳动争议仲裁委员会支持了路某等人要求补发工资、奖金并赔偿经济损失的要求。

分析点评

违章指挥是生产经营单位的管理人员不顾从业人员生命安全和健康,指挥从业人员进行生产的行为。强令冒险作业是指生产经营单位管理人员对于存在危及作业人员人身安全的危险因素,而又没有相应的安全保护措施的情况下,不顾从业人员的生命健康和安全,强迫命令其进行生产作业。

《安全生产法》第54条规定:“从业人员有权对本单位安全生产工作中存在的问题提出批评、检举、控告;有权拒绝违章指挥和强令冒险作业。生产经营单位不得因从业人员对本单位安全生产工作提出批评、检举、控告或者拒绝违章指挥、强令冒险作业而降低其工资、福利等待遇或者解除与其订立的劳动合同。”

《劳动法》第56条第2款规定:“劳动者对用人单位管理人员违章指挥、强令冒险作业,有权拒绝执行;对危害生命安全和身体健康的行为,有权提出批评、检举和控告。”

《劳动合同法》第32条第1款规定:“劳动者拒绝用人单位管理人员违章指挥、强令冒险作业的,不视为违反劳动合同。”

从业人员是生产经营单位的主人,他们对安全生产情况尤其是安全管理中的问题和事故隐患最了解、最熟悉,具有他人不能替代的作用。只有依靠他们并且赋予他们必要的安全生产监督权和自我保护权,才能防患于未然,才能保障他们的人身安全和健康。

此外,对于企业来说,如果具有违章指挥或者强令冒险作业的行为,可能要承担相应的法律责任。例如,《劳动法》第93条规定:“用人单位强令劳动者违章冒险作业,发生重大伤亡事故,造成严重后果的,对责任人员依法追究刑事责任。”《劳动合同法》第88条规定:“用人单位有下列情形之一的,依法给予行政处罚;构成犯罪的,依法追究刑事责任;给劳动者造成损害的,应当承担赔偿责任:……(二)违章指挥或者强令冒险作业危及劳动者人身安全的……”

核心提示

从业人员享有的拒绝违章指挥和强令冒险作业的权利,是法律保护从业人员生命安全和身体健康的重要体现。同时,这样权利的存在,不仅可以保护从业人员的人身安全,也能在一定程度上制约生产经营单位,警示企业负责人和管理人员必须照章指挥,保证生产安全。同时,企业不得因从业人员拒绝违章指挥和强令冒险作业而对其进行打击报复和处罚。

40. 职工发现危及人身安全的紧急情况时有权停止作业并紧急撤离吗?

案例聚焦

某石料场与某爆破工程公司签订了采石场爆破合同,约定由某爆破工程公司根据某石料场提供的开采设计方案,共同拟定爆破方案并报行政主管部门审批。但实际情况是,某石料场在不存在开采设计的情况下,自行拟定爆破方案并报审批。此后,在某石料场开采期间,当地应急管理局多次发出书面整改要求,提出某石料场开采方法、设施、环境存在重大事故隐患。某石料场的负责人收到指令书后,组织人员对部分危石进行了清理,但清理不彻底,甚至在没有设立其他必要安全设施情况下仍组织继续从中下部进行开采。某日8时许,因某爆破公司驻某石料场人员违章爆破,某石料场东侧山脚下作业上方发生边坡滑落迹象。此处正在干活的石料场的职工见状,纷纷放下手中的工作准备撤离现场。而监工却觉得大家是大惊小怪,命令众人继续干活。最终,不幸的事还是发生了:土方滑坡,3名职工被土石方掩埋。

分析点评

本案中,某石料场违章作业,在接到管理部门的整改要求后,未彻底清理事故隐患,在明知改进整改措施未落实的情况下继续违章开采,强令冒险作业,造成事故,导致石料场3名员工被土石方掩埋。这里,不得不说的是,如果某石料场职工坚持撤离现场,应该不会导致悲剧的发生。

《安全生产法》第55条规定:"从业人员发现直接危及人身安全的紧急情况时,有权停止作业或者在采取可能的应急措施后撤离作业场所。生产经营单位不得因从业人员在前款紧急情况下停止作业或者采取紧急撤离措施而降低其工资、福利等待遇或者解除与其订立的劳动合同。"当遇到危险紧急情况并且无法避免时,最大限度地保护现场作业人员的生命安全是第一位的,因而法律赋予从业人员享有停止作业和紧急撤离的权利。

需要注意的是,从业人员行使停止作业和紧急撤离权利的前提条件,是发现直接危及人身安全的紧急情况,如不撤离就会对其生命安全和健康构成直接威胁。例如,在矿山井下开采中,出现矿压活动频繁剧烈、巷道或者工作面底板突然鼓起、支架破坏等情况,以及煤(岩)层变软、湿润等瓦斯突出的预兆时,井下作业人员有权停止作业,及时撤离。当建筑施工工地发生物体坍塌、爆炸等直接危及人身安全的情况时,有关人员应当立即停止作业,并视发生情况的严重程度作出恰当处理,在采取可能的应急措施后,迅速撤离作业现场。

核心提示

从业人员在行使此项紧急情况处置权的时候,必须明确以下四点:一是危及从业人员人身安全的紧急情况不能是个人猜测或误判,应有确实可靠的直接根据;二是紧急情况必须直接危及人身安全,不能是间接的情况;三是停止作业后可以采取应急措施的,要采取应急措施,采取应急措施无效时,再撤离作业场所;四是该项权利不适用于某些从事特殊职业的从业人员,如车辆驾驶人员、飞行人员、船舶驾驶人员等,根据有关法律、国际公约和职业惯例,在发生危及人身安全的紧急情况时,他们不能先行撤离从业场所或者岗位。

41. 工会在安全生产中有哪些职权?

案例聚焦

某市一矿业公司发生一起较大生产安全事故,造成4人死亡,直接经济损失100万元。事故发生后,所在省相关管理单位组成了事故调查组对事故进行调查。但矿业公司对事故调查处理不予积极配合,认为调查组成员之一“市工会”不是行政管理部门,不应当参加事故调查。一名公司负责人甚至对参与调查的工会同志不理不睬,声称:“这事跟你们工会有什么关系,瞎掺和什么?”在召开事故调查有关会议时,公司负责人坚持不让工会的同志参加。事故调查组的调查人员一直向公司负责人讲解工会有权依法参加事故调查处理的道理,但公司负责人拒不接受。事故调查处理因此受到阻挠。

分析点评

这是一起生产经营单位干扰工会参加生产安全事故调查的案例。工会是职工阶级的群众组织,代表从业人员的利益,依法维护从业人员的合法权益。《安全生产法》第60条已经明确规定,工会有权依法参加事故调查,向有关部门提出处理意见,并要求追究有关人员的责任。《劳动法》《工会法》《生产安全事故报告和调查处理条例》等法律、行政法规对此也作了明确规定。工会有权依法参加事故调查,任何单位和个人都无权非法干涉。本案中,某矿业公司不允许工会参加事故调查,侵犯了工会的权利,是错误的,应当予以纠正。

《安全生产法》第60条对工会在安全生产中的职权作出了细致的规定:"工会有权对建设项目的安全设施与主体工程同时设计、同时施工、同时投入生产和使用进行监督,提出意见。工会对生产经营单位违反安全生产法律、法规,侵犯从业人员合法权益的行为,有权要求纠正;发现生产经营单位违章指挥、强令冒险作业或者发现事故隐患时,有权提出解决的建议,生产经营单位应当及时研究答复;发现危及从业人员生命安全的情况时,有权向生产经营单位建议组织从业人员撤离危险场所,生产经营单位必须立即作出处理。工会有权依法参加事故调查,向有关部门提出处理意见,并要求追究有关人员的责任。"

核心提示

工会是中国共产党领导的职工自愿结合的工人阶级群众组织,是中国共产党联系职工群众的桥梁和纽带。维护职工合法权益、竭诚服务职工群众是工会的基本职责。维护职工在安全生产方面的合法权益，保证职工在生产经营活动中的人身安全，是各级工会履行其基本职责的重要内容。各级工会组织应当依照法律的规定，在安全生产方面替职工说话，为职工办事，认真履行自己在保证职工生产安全方面的合法权益的职责。

42. 用人单位必须为劳动者提供劳动防护用品吗？

案例聚焦

徐某等人在某皮革厂工作。他们所在的工作场所皮臭刺激相当严重，徐某等人自进厂工作后，每人只领到工作服一套、手套一副、防水高筒靴一双。大家多次要求厂里换发工作服，定期发放手套、N95 口罩等防护用品，厂里都以给生皮加工车间职工每人每月增加了 30 元的劳保补贴为由拒绝。大家认为，本来工资就不高，即使每月多发 30 元，自己购买劳保防护用品也不合适，大家都不愿意自己花钱购买。但厂里始终坚持不发放劳保用品。于是，徐某等人向劳动争议仲裁委员会提出申请，要求某皮革厂按规定发放工作服和其他相关劳动防护用品。劳动争议仲裁委员会认为，该厂违反了国家关于向职工发放劳动防护用品的规定，裁决该厂立即向徐某等人按规定发放劳动防护用品。

分析点评

某皮革厂违法事实主要有两点：一是对职工劳动防护用品采用一次性发放，此后不进行清洗、修补和补发；二是用发放工作服补贴的方法来代替发放劳动防护用品。

《安全生产法》第 45 条规定："生产经营单位必须为从业人员提供符合国家标准或者行业标准的劳动防护用品，并监督、教育从业人员按照使用规则佩戴、使用。"因此，发放劳动防护用品是企业的责任而不是劳动者的责任，企业不能推卸这一法定责任。并且，劳动防护用品的发放要依照国家规定，既不能不发，也不能滥发。劳动防护用品是一种安全卫生措施，不是职工福利，金钱不能代替劳动安全措施。

根据《安全生产法》第 99 条的规定，生产经营单位未为从业人员提供符合国家标准或者行业标准的劳动防护用品的，责令限期改正，处五万元以下的罚款；逾期未改正的，处五万元以上二十万元以下的罚款，对其直接负责的主管人员和其他直接责任人员处一万元以上二万元以下的罚款；情节严重的，责令停产停业整顿；构成犯罪的，依照《刑法》有关规定追究刑事责任。

核心提示

劳动防护用品，是指劳动者在劳动过程中为免遭或减轻事故伤害或职业病危害所配置的防护装置。生产经营单位应当为劳动者免费提供符合国家规定的劳动防护用品，不得以货币或者其他物品替代应当配备的劳动防护用品，购买的劳动防护用品须经本单位的安全技术部门检查验收。同时，生产经营单位还要教育和监督本单位劳动者按照劳动防护用品的使用要求进行佩戴和使用，在使用前对其防护功能进行必要的检查。劳动者在正确掌握劳动防护用品使用方法的同时,也有义务对其进行维护和保养。

43. 能否无限延长劳动者的工作时间?

案例聚焦

刘某系农村进城从业人员,应聘到某肉食加工厂工作。他希望在工作期间能提高收入,获取更高的劳动报酬,自愿每日加班。某肉食加工厂同意刘某提出的加班要求。双方签订为期一年的劳动合同,约定:刘某于工作日每天工作12小时,其中4小时为加班,该4小时某肉食加工厂按加班工资向刘某支付。半年之后,刘某自觉身体疲劳,要求不再加班。某肉食加工厂因岗位定员,如果刘某不再加班会造成岗位缺员,便以早已在劳动合同中有约定为由,拒绝了刘某的要求。双方为此产生纠纷。

刘某为此向当地劳动争议仲裁委员会提出申请,要求确认双方所签订的劳动合同中有关加班的约定条款无效。劳动争议仲裁委员会经审理后认为,某肉食加工厂与刘某所签劳动合同中有关加班的约定违反国家法律、法规的强制性规定,该条款系无效条款。

分析点评

本案是一起因劳动者自愿加班而引发的纠纷。本案争议的核心问题是,劳动者自愿加班,并就此与用人单位在劳动合同中进行了约定,其加班时间是否仍受法律规定的延长工作时间限制。答案是肯定的。

《劳动法》第41条规定:“用人单位由于生产经营需要,经与工会和劳动者协商后可以延长工作时间,一般每日不得超过一小时;因特殊原因需要延长工作时间的,在保障劳动者身体健康的条件下延长工作时间每日不得超过三小时,但是每月不得超过三十六小时。”也就是说,确属生产经营需要的可以延长,但一般每日不得超过1小时,最多不得超过3小时,每月累计不得超过36小时。

此外,《劳动法》第42条规定:“有下列情形之一的,延长工作时间不受本法第四十一条规定的限制:(一)发生自然灾害、事故或者因其他原因,威胁劳动者生命健康和财产安全,需要紧急处理的;(二)生产设备、交通运输线路、公共设施发生故障,影响生产和公众利益,必须及时抢修的;(三)法律、行政法规规定的其他情形。”

本案中,某肉食加工厂与刘某虽然在劳动合同中对工作时间进行了约定,刘某亦认可该约定条款为自愿,但某肉食加工厂是实行标准工时制度的用人单位,且不存在法律法规所规定的加班加点不受标准工作时间限制的例外情形。因而,某肉食加工厂与刘某在劳动合同中约定每日工作12小时违反了《劳动法》的规定,属于无效条款。

核心提示

通常所说的工作时间,又称劳动时间,是衡量每个劳动者的劳动贡献和给付劳动报酬的计算单位。我国目前实行的是劳动者每日工作8小时、每周工作40小时标准的工时制度,且用人单位应当保证劳动者每周至少完整地休息1日。在正常的情况下,任何单位和个人不得擅自延长劳动者的工作时间。

44. 从业人员有哪些职业健康权利？

案例聚焦

某县化工厂未经当地卫生行政部门审核批准即竣工投产，对从事接触职业病危害作业的劳动者没有依法组织岗前、岗中的职业卫生知识培训和职业健康检查。为此，自建厂以来，多名员工患病，闹得人心惶惶。以陈某为首的20名员工联名给某县卫生健康局写了举报信，称该厂自成立以来，拒绝对劳动者进行职业健康检查，县卫生监督机构先后3次对该厂的职业卫生工作提出整改意见，并送达卫生监督意见书，均未能引起该厂负责人重视，劳动者对此反映强烈。接报后县卫生健康局负责人十分重视，立即组织人员负责对本案进行调查处理，在调查取证与合议后，对该厂发出《卫生行政处罚事先告知书》，要求该厂立即改正违法行为，并对其处以罚款。

分析点评

根据《职业病防治法》的相关规定，对从事接触职业病危害作业的劳动者，用人单位应当按照国务院卫生行政部门的规定组织上岗前、在岗期间和离岗时的职业健康检查，并将检查结果书面告知劳动者。职业健康检查费用由用人单位承担。用人单位不得安排未经上岗前职业健康检查的劳动者从事接触职业病危害的作业；不得安排有职业禁忌的劳动者从事其所禁忌的作业；对在职业健康检查中发现有与所从事职业相关的健康损害的劳动者,应当调离原工作岗位,并妥善安置;对未进行离岗前职业健康检查的劳动者不得解除或者终止与其订立的劳动合同。用人单位未按照规定组织职业健康检查、建立职业健康监护档案或者未将检查结果书面告知劳动者的,由卫生行政部门责令限期改正,给予警告,可以并处5万元以上10万元以下的罚款。

在生产作业过程中,应当保证安全生产,维护劳动者职业健康和安全,从业人员依法享有下列职业健康权利:

(1)获得职业卫生教育、培训;

(2)获得职业健康检查、职业病诊疗、康复等职业病防治服务;

(3)了解工作场所产生或者可能产生的职业病危害因素、危害后果和应当采取的职业病防护措施;

(4)要求用人单位提供符合防治职业病要求的职业病防护设施和个人使用的职业病防护用品,改善工作条件;

(5)对违反职业病防治法律、法规以及危及生命健康的行为提出批评、检举和控告;

(6)拒绝违章指挥和强令进行没有职业病防护措施的作业;

(7)参与用人单位职业卫生工作的民主管理,对职业病防治工作提出意见和建议。

用人单位应当保障劳动者行使这些权利。因劳动者依法行使正当权利而降低其工资、福利等待遇或者解除、终止与其订立的劳动合同的,其行为无效。

核心提示

为保障从业人员的职业健康权利,《劳动法》《安全生产法》《职业病防治法》等对用人单位的生产安全、劳动保护、职业病预防等义务作出了明确规定，切实维护劳动者的劳动人身安全和职业健康。用人单位应当对劳动者进行上岗前的职业卫生培训和在岗期间的定期职业卫生培训，普及职业卫生知识，督促劳动者遵守职业病防治法律、法规、规章和操作规程，指导劳动者正确使用职业病防护设备和个人使用的职业病防护用品。劳动者应当学习和掌握相关的职业卫生知识，增强职业病防范意识，遵守职业病防治法律、法规、规章和操作规程，正确使用、维护职业病防护设备和个人使用的职业病防护用品，发现职业病危害事故隐患应当及时报告。

45. 什么是安全生产中的人身损害赔偿权？

案例聚焦

叶某是某钢厂的职工。某日，叶某上夜班时，突然被同班工友孙某一刀刺死。孙某的杀人动机竟然是：他见叶某和别的工友小声说话，以为他们是在背后议论自己，便拿一把三角刮刀向叶某刺去。当检察院以故意杀人罪对孙某批捕时，其父母提出孙某精神不正常，要求对其进行精神病鉴定。鉴定意见显示："被鉴定人孙某患有精神分裂症，作案时无责任能力，建议加强监护和治疗。"某钢厂比照工伤死伤事故，向叶某父母发放伤亡补助120余万元。

后来，叶某父母在律师的帮助下，将孙某父母、某钢厂一并诉至法院，索赔死亡赔偿金、丧葬费、精神抚慰金等各项损失59万余元。法院两次开庭审理此案。最终，二审法院经过多次调解，促成双方当事人自愿达成调解协议，叶某父母最终获得了51万元的赔偿。

分析点评

本案涉及企业职工在获得工伤保险赔偿后，是否有权要求民事赔偿的问题。针对安全生产事故中的职工伤亡，如果只承认工伤保险责任，否认用人单位的民事赔偿责任，法律便会对用人单位失去制裁功能。《安全生产法》和《职业病防治法》均表明，因为用人单位过错而导致职工工伤，职工在享受工伤保险赔偿后，单位民事侵权赔偿责任不能免除。

《安全生产法》第56条第2款规定："因生产安全事故受到损害的从业人员，除依法享有工伤保险外，依照有关民事法律尚有获得赔偿的权利的，有权提出赔偿要求。"《职业病防治法》第58条规定："职业病病人除依法享有工伤保险外，依照有关民事法律，尚有获得赔偿的权利的，有权向用人单位提出赔偿要求。"

本案中，某钢厂在没有对"凶手"孙某进行体检的情况下便招用其进入单位，而且在案发前未能及时发现他患有精神病，一系列的疏忽，为命案发生埋下了隐患，造成叶某被害，因此某钢厂依法应当承担因过错导致的民事赔偿责任。

核心提示

发生生产安全事故后，受害的从业人员首先依照劳动合同和工伤保险合同的约定，享有相应的工伤保险待遇。如果工伤保险金不足以赔偿受害者的人身损害及经济损失，依照《民法典》等相关规定应当给予赔偿的，受害者或者其亲属有权要求生产经营单位给予赔偿。生产经营单位必须履行相应的赔偿义务，否则，受害者或其亲属有权向人民法院起诉和申请强制执行。

46. 生产经营单位可以让职工分担部分工伤保险费吗?

案例聚焦

某公司积极为公司职工参加工伤保险,参保率达100%。但是,在每月实际发放工资时,公司会扣除每人10元钱,理由为“个人承担工伤保险的费用”。由于金额很小,很多人并没有在意。郭某入职该公司后,跟大家一样,每月被扣除10元钱。后来郭某与上级领导发生矛盾,为了对抗公司,便将公司扣发10元钱作为工伤保险费的事情举报到人社局。后来,某公司被依法处罚,承担了相应的法律责任。

分析点评

《安全生产法》第51条第1款规定:“生产经营单位必须依法参加工伤保险,为从业人员缴纳保险费。”《工伤保险条例》第62条第1款规定:“用人单位依照本条例规定应当参加工伤保险而未参加的,由社会保险行政部门责令限期参加,补缴应当缴纳的工伤保险费,并自欠缴之日起,按日加收万分之五的滞纳金;逾期仍不缴纳的,处欠缴数额1倍以上3倍以下的罚款。”也就是说,为职工参保工伤保险,是用人单位的法定义务。本案中某公司为全体职工都参加了工伤保险,值得肯定,但是其又通过扣发工资的形式让职工承担部分工伤保险费用,这是不符合法律规定的。《工伤保险条例》第10条第1款明确规定:“用人单位应当按时缴纳工伤保险费。职工个人不缴纳工伤保险费。”职工个人不需要承担工伤保险费用。

核心提示

工伤保险是社会保障制度的重要组成部分,可以对受到事故损害的从业人员予以最基本的经济补偿。因此,它的保险费率和相应的赔付保险金都比较低,只能维持最基本的生活需要。凡是有关法律、法规规定必须办理工伤保险的生产经营单位,都要为其从业人员缴纳保险费。这样既可以使他们得到经济补偿,又可以减轻生产经营单位的经济负担。工伤保险费全部由企业缴纳,劳动者(职工)概不负缴费义务,这是我国工伤保险的一个基本原则。生产经营单位不得以任何形式免除该项义务,不得变相以抵押金、担保金、自愿掏钱等任何名义强制从业人员自己缴纳工伤保险费。

47. 关注从业人员心理健康状况,是生产经营单位的义务吗?

案例聚焦

杜某为某化工企业的一名职工,在该企业工作期间,因性格内向孤僻,杜某常与同事产生矛盾。他认为自己不会讨好领导,领导对他有意见,在日常的绩效考核上经常针对他。杜某因此觉得公司内部的制度不公平,对公司高层也心存怨恨。他曾经尝试向上层反映意见,但并未得到公司的重视。长此以往,杜某产生了报复心理。他向领导提出了离职，并在离职前夕，趁车间没有其他人时，在机器中投入螺丝钉，导致机器运行时出现故障。幸而被其他职工及时发现，并未造成其他严重后果。发现机器故障系人为损坏后，某化工企业向当地警方报案。随后，警方对此事件展开了调查，并锁定了杜某为嫌疑人。

分析点评

《安全生产法》第44条规定："生产经营单位应当教育和督促从业人员严格执行本单位的安全生产规章制度和安全操作规程；并向从业人员如实告知作业场所和工作岗位存在的危险因素、防范措施以及事故应急措施。生产经营单位应当关注从业人员的身体、心理状况和行为习惯，加强对从业人员的心理疏导、精神慰藉，严格落实岗位安全生产责任，防范从业人员行为异常导致事故发生。"

无论是什么样的生产经营单位，都需要人力投入。从业人员是安全生产的第一道防线，只有确保从业人员正常工作，才能保证生产安全。从业人员在从事生产活动时的健康状态对生产活动是否能够安全有序进行具有很大影响。与身体健康相比，从业人员的心理健康问题更为隐蔽，也更容易被忽视。然而，从业人员一旦产生心理问题，对生产安全所造成的影响却是巨大的。因此，生产经营单位除了要关注从业人员的身体健康外，更要重视从业人员的心理健康，增加对从业人员的关注度，及时发现其心理问题并予以疏导，避免造成严重后果。

在本案中，杜某对公司不满已久，心中一直对公司充满愤恨，以至于产生报复心理，可见他存在较为严重的心理问题。但是，某化工企业却没有及时注意到杜某的心理问题，或是虽然注意到了，但并没有引起重视，这也导致杜某心中郁结，最终发生了不该发生的事情。

核心提示

在生产经营活动中,从业人员产生心理问题可能是多方面原因造成的。既有可能是因工作内容而产生的消极情绪,也有可能是因企业不合理的制度而造成的逆反心理,还有可能是因私生活所带来的心理负担。无论是哪种心理问题,都有可能对从业人员的正常工作产生影响。

为了解决这一问题,生产经营单位可以从以下几个方面入手:第一,建立健全本单位的管理机制,使管理机制更为合理,避免从业人员出现不公平、不平衡的心理状态。第二,增加对从业人员的人文关怀。人文关怀既可以是福利政策,也可以是通情达理的领导层,注重保障从业人员的权利,及时发现从业人员的不良情绪。第三,要加强安全生产教育培训。生产经营单位要将安全生产意识根植于从业人员的心中,鼓励从业人员不要因其他原因而干扰安全生产。

48. 女职工依法享有哪些特殊劳动保护?

案例聚焦

张某是某公司的职工,从事高空作业。在工作期间,公司并没有就作业风险方面的问题对张某进行过任何培训,也没有进行过任何提示和警告。并且,公司还多次安排正处于生理期的张某从事高空作业。在怀孕期间,公司仍然为她安排夜班工作,并且将3000元的基本工资降到1500元。生下孩子后,张某进入哺乳期,但夜班工作始终没有停止。进入哺乳期后,她每月的基本工资被提高到2000元,但仍未回到怀孕前

3000 元的工资水平。张某对公司的安排非常不满，拒绝服从公司的工作安排，被开除。在律师的帮助下，张某与某公司达成和解。某公司向张某补偿所欠工资，依法支付违法解除劳动合同应当支付的赔偿金，并给予张某相应抚慰金。

分析点评

《劳动法》第 59 条规定："禁止安排女职工从事矿山井下、国家规定的第四级体力劳动强度的劳动和其他禁忌从事的劳动。"

第 60 条规定："不得安排女职工在经期从事高处、低温、冷水作业和国家规定的第三级体力劳动强度的劳动。"

第 61 条规定："不得安排女职工在怀孕期间从事国家规定的第三级体力劳动强度的劳动和孕期禁忌从事的劳动。对怀孕七个月以上的女职工，不得安排其延长工作时间和夜班劳动。"

第 62 条规定："女职工生育享受不少于九十天的产假。"

第 63 条规定："不得安排女职工在哺乳未满一周岁的婴儿期间从事国家规定的第三级体力劳动强度的劳动和哺乳期禁忌从事的其他劳动，不得安排其延长工作时间和夜班劳动。"

这些是《劳动法》关于女职工所应当享受的特殊劳动保护的相关规定。

本案中，某公司不仅为处于生理期的张某安排禁忌从事的劳动种类，还克扣其在孕期和哺乳期的工资，并违法解除劳动合同。其种种行为违反了法律的规定，应当承担相应的法律责任。

核心提示

女职工的身体结构和生理特点决定其应受到特殊劳动保护。2012年4月18日，国务院第200次常务会议通过《女职工劳动保护特别规定》，并于4月28日起公布施行。该规定明确指出，为了减少和解决女职工在劳动中因生理特点造成的特殊困难，保护女职工健康，特制定本规定。中华人民共和国境内的国家机关、企业、事业单位、社会团体、个体经济组织以及其他社会组织等用人单位及其女职工，都适用特别规定。

《女职工劳动保护特别规定》中强调，用人单位应当加强女职工劳动保护，采取措施改善女职工劳动安全卫生条件，对女职工进行劳动安全卫生知识培训；应当遵守女职工禁忌从事的劳动范围的规定，将本单位属于女职工禁忌从事的劳动范围的岗位书面告知女职工；用人单位不得因女职工怀孕、生育、哺乳降低其工资、予以辞退、与其解除劳动或者聘用合同。

同时，女职工在孕期不能适应原劳动的，用人单位应当根据医疗机构的证明，予以减轻劳动量或者安排其他能够适应的劳动。对怀孕7个月以上的女职工，用人单位不得延长劳动时间或者安排夜班劳动，并应当在劳动时间内安排一定的休息时间。怀孕女职工在劳动时间内进行产前检查，所需时间计入劳动时间。

关于女职工产假休养与生育津贴，《女职工劳动保护特别规定》明确规定，女职工生育享受98天产假，其中产前可以休假15天；难产的，增加产假15天；生育多胞胎的，每多生育1个婴儿，增加产假15天。女职工怀孕未满4个月流产的，享受15天产假；怀孕满4个月流产的，享受42天产假。女职工产假期间的生育津贴，对已经参加生育保险的，按照用人单位上年度职工月平均工资的标准由生育保险基金支付；对未参加生育保险的，按照女职工产假前工资的标准由用人单位支付。女职工生育或者流产的医疗费用，按照生育保险规定的项目和标准，对已经参加生育保险的，由生育保险基金支付；对未参加生育保险的，由用人单位支付。

同时，《女职工劳动保护特别规定》还在劳动时间、劳动场所、劳动条件、违规处罚措施等方面作出规定，保障女职工的劳动健康、安全和劳动权益。

49. 用人单位在女职工孕期能否单方改变其工作岗位？

案例聚焦

某月，李某入职了位于宁夏的某公司，并与该公司签订了为期两年的劳动合同。在劳动合同中，该公司与李某约定，由李某担任办公室文员一职。工作一年多后，李某怀孕，因需要保胎，便按照公司规定的程序向公司请了为期两周的保胎假，并正常进行了假期中的工作交接。休完假后，李某正常返岗工作。然而，没过多久，公司突然以李某不符合工作岗位要求为由，将她从文员岗调到了销售岗。李某对此提出了异议，认为以自己目前的身体状况无法胜任销售岗。公司便表示李某不服从公司的工作安排，要求她主动辞职。随后，李某向市总工会职工（农民工）法律援助工作站求助，并在法律援助工作站的帮助下向市劳动人事争议仲裁院提出了劳动仲裁申请。仲裁庭组织了裁前调解。某公司与李某达成协议，同意李某返回原岗位工作。

分析点评

关于劳动合同变更的问题,《劳动法》第 17 条第 1 款规定:“订立和变更劳动合同,应当遵循平等自愿、协商一致的原则,不得违反法律、行政法规的规定。”

《劳动合同法》第 35 条规定:“用人单位与劳动者协商一致,可以变更劳动合同约定的内容。变更劳动合同,应当采用书面形式。变更后的劳动合同文本由用人单位和劳动者各执一份。”

从上述两条规定可以看出,如果要变更处于孕期、哺乳期内女职工的劳动岗位,用人单位必须与该女职工进行平等协商,取得女职工同意后再进行调岗。用人单位在未取得女职工同意的情况下擅自调岗的行为不符合法律的规定。

在本案中,李某在某公司已经工作了长达一年多的时间,一直担任办公室文员一职。而只是因为李某怀孕,某公司便提出她不能胜任原岗位,要将她调到与文员工作性质完全不同的销售岗位,这种行为明显是不合理的,侵犯了李某作为女职工在怀孕期间的劳动权益。对于该公司变相逼迫李某离职的行为,李某有权要求公司继续履行劳动合同。如果李某因此与某公司解除劳动合同,某公司应当承担违法解除劳动合同的法律责任。

核心提示

女职工在“三期”(孕期、产期、哺乳期)中,用人单位单方面调整女职工的工作岗位有以下几种情况:(1)女职工从事的岗位属于“三期”内禁忌的工作岗位。(2)女职工有不胜任工作岗位的表现。(3)双方协商一致且采用书面形式。劳动报酬和工作内容属于劳动合同必备条款,修改这些条款属于对劳动合同的变更，必须双方协商一致而且采用书面形式。如果没有以上情况，用人单位是不能单方面调整女职工的工作岗位的。涉及调整工作岗位问题的，用人单位应当从关爱女职工的角度与女职工进行协商解决。

50. 对于在“三期”期间的女职工，用人单位能否解除劳动合同？

案例聚焦

韩某是某公司的女职工，入职时与该公司签订了为期三年的劳动合同。韩某在怀孕期间，多次向公司请假去产检，公司对此均知情。2023年1月底，韩某通过微信、QQ等线上方式，向人力部门请了产假并填写了员工请假单。此后，韩某便专心在家待产，并未去公司工作。2023年3月，韩某的孩子出生。2023年5月，某公司表示，韩某在未按照规定办理请假手续的情况下，从2023年2月1日起就没有上班，按照无故旷工处理，向她发出了解除劳动合同通知书，要求解除与韩某的劳动合同。韩某不服，向当地劳动人事争议仲裁委员会申请劳动仲裁。裁决书下达后，韩某与某公司均对裁决书不服，向当地法院提起了诉讼。法院经审理后认为，韩某作为女职工，享受产假是她的正当权利，某公司解除劳动合同的行为属于违法解除劳动合同，判决某公司向韩某支付违法解除劳动合同赔偿金。某公司不服判决结果，向上级法院提出上诉。上级法院作出驳回上诉，维持原判的决定。

分析点评

本案是一起用人单位对处在“三期”（孕期、产期、哺乳期）期间的女职工违法解除劳动合同引起的劳动合同纠纷案件。本案的核心问题是，用人单位对处在“三期”期间的女职工是否能够解除劳动合同。

《劳动合同法》第42条规定：“劳动者有下列情形之一的，用人单位不得依照本法第四十条①、第四十一条②的规定解除劳动合同：（一）从事接触职业病危害作业的劳动者未进行离岗前职业健康检查，或者疑似职业病病人在诊断或者医学观察期间的；（二）在本单位患职业病或者因工负伤并被确认丧失或者部分丧失劳动能力的；（三）患病或者非因工负伤，在规定的医疗期内的；（四）女职工在孕期、产期、哺乳期的；（五）在本单位连续工作满十五年，且距法定退休年龄不足五年的；（六）法律、行政法规规定的其他情形。”

由上述法条第4项的规定可知，在女职工无过错的情况下，用人单

---

① 《劳动合同法》第40条规定：“有下列情形之一的，用人单位提前三十日以书面形式通知劳动者本人或者额外支付劳动者一个月工资后，可以解除劳动合同：（一）劳动者患病或者非因工负伤，在规定的医疗期满后不能从事原工作，也不能从事由用人单位另行安排的工作的；（二）劳动者不能胜任工作，经过培训或者调整工作岗位，仍不能胜任工作的；（三）劳动合同订立时所依据的客观情况发生重大变化，致使劳动合同无法履行，经用人单位与劳动者协商，未能就变更劳动合同内容达成协议的。”

② 第41条规定：“有下列情形之一，需要裁减人员二十人以上或者裁减不足二十人但占企业职工总数百分之十以上的，用人单位提前三十日向工会或者全体职工说明情况，听取工会或者职工的意见后，裁减人员方案经向劳动行政部门报告，可以裁减人员：（一）依照企业破产法规定进行重整的；（二）生产经营发生严重困难的；（三）企业转产、重大技术革新或者经营方式调整，经变更劳动合同后，仍需裁减人员的；（四）其他因劳动合同订立时所依据的客观经济情况发生重大变化，致使劳动合同无法履行的。裁减人员时，应当优先留用下列人员：（一）与本单位订立较长期限的固定期限劳动合同的；（二）与本单位订立无固定期限劳动合同的；（三）家庭无其他就业人员，有需要扶养的老人或者未成年人的。用人单位依照本条第一款规定裁减人员，在六个月内重新招用人员的，应当通知被裁减的人员，并在同等条件下优先招用被裁减的人员。”

位不得因其存在不可归责于劳动者自身的原因及用人单位的原因与“三期”期间的女职工解除劳动合同。

除了《劳动合同法》外,《妇女权益保障法》和《女职工劳动保护特别规定》也有相关规定。例如,《妇女权益保障法》第 48 条第 1 款明确指出:“用人单位不得因结婚、怀孕、产假、哺乳等情形,降低女职工的工资和福利待遇,限制女职工晋职、晋级、评聘专业技术职称和职务,辞退女职工,单方解除劳动(聘用)合同或者服务协议。”

《女职工劳动保护特别规定》第 5 条规定:“用人单位不得因女职工怀孕、生育、哺乳降低其工资、予以辞退、与其解除劳动或者聘用合同。”

本案中,韩某怀孕后,通过微信、QQ 等方式向公司提出了休产假的申请,并且填写了员工请假单。韩某在怀孕期间,多次向公司请假进行产检,说明公司对她怀孕的情况是知情的。对于怀孕中的女职工,必然要面临请产假的问题,对此某公司应当知晓并有预见。如果韩某请假的手续存在瑕疵,某公司应当及时提醒韩某,并督促她履行正常的请假手续后依法休产假。而不是在放任韩某休假三个月后,突然以旷工为由要求与她解除劳动合同。因此,某公司的行为违反了法律的规定,应当承担相应的责任。

核心提示

在女职工无过错的情况下,用人单位在女职工孕期、产期、哺乳期是不能由于用人单位的原因与女职工解除劳动合同的。如果用人单位与处于孕期、产期、哺乳期的女职工解除或者终止劳动合同,则需要承担相应的法律责任。

对此,《劳动合同法》第 48 条规定:“用人单位违反本法规定解除或者终止劳动合同,劳动者要求继续履行劳动合同的,用人单位应当继续履行;劳动者不要求继续履行劳动合同或者劳动合同已经不能继续履行的,用人单位应当依照本法第八十七条①规定支付赔偿金。”根据该规定,用人单位违法解除劳动合同,女职工可以要求继续履行劳动合同或者要求用人单位支付违法解除(终止)劳动合同赔偿金。

① 《劳动合同法》第87条规定:“用人单位违反本法规定解除或者终止劳动合同的,应当依照本法第四十七条规定的经济补偿标准的二倍向劳动者支付赔偿金。”第47条规定:“经济补偿按劳动者在本单位工作的年限,每满一年支付一个月工资的标准向劳动者支付。六个月以上不满一年的,按一年计算;不满六个月的,向劳动者支付半个月工资的经济补偿。劳动者月工资高于用人单位所在直辖市、设区的市级人民政府公布的本地区上年度职工月平均工资三倍的,向其支付经济补偿的标准按职工月平均工资三倍的数额支付,向其支付经济补偿的年限最高不超过十二年。本条所称月工资是指劳动者在劳动合同解除或者终止前十二个月的平均工资。”

第五章

劳动者依法应遵循的生产安全义务

51. 严格落实岗位安全责任是从业人员的法定义务吗?

案例聚焦

褚某是某公司的一名维修电工。一天下午,该公司某一作业车间的白班生产结束后,维修班全面进入各机台进行清理和设备维护、保养。褚某被安排维修生产线洗瓶机前某岗位安装的一台挂壁式风扇。他到达作业现场后,先将风扇挂在固定座上,由于装设风扇的输瓶线离地面较高,要顺利操作必须登高。褚某四下寻找,发现旁边正好有一只铁座椅,他便站在座椅的座上进行操作。由于控制电源离操作位置相对较远,为图方便,褚某便在该岗位的检验灯没有停电的情况下直接跨接电源线。不幸的事情发生了,褚某不慎触电身亡。后经调查得知,褚某之所以触电,是因为他在工作中违反安全操作规程和安全用电的有关要求,在没有断电的情况下跨接电源线,违规带电操作,导致手部碰及裸露的电线,并且,褚某没有穿绝缘鞋,进一步造成了事故的发生。

分析点评

严格落实岗位安全责任是从业人员的法定义务。《安全生产法》第57条规定:“从业人员在作业过程中,应当严格落实岗位安全责任,遵守本单位的安全生产规章制度和操作规程,服从管理,正确佩戴和使用劳动防护用品。”

在本案中,褚某作为一名电工,安全意识淡薄,未充分意识到规范作业的重要性，没有规范操作，没有落实岗位安全责任，导致了事故的发生。在生产经营过程中，安全生产规章制度和操作规程必不可少，其既是针对本单位的生产经营特点而制定的规范文件，也是经验和教训的总结，更是从业人员岗位安全责任落实的具体执行依据，从业人员应当严格遵守，对于不遵守的，生产经营单位有关负责人应当指出并要求其改正，从业人员应当服从管理。

在落实岗位安全责任方面，正确佩戴和使用劳动防护用品也是必不可少的。劳动防护用品，是指劳动者在劳动过程中为免遭或者减轻事故伤害或者职业病危害所配备的防护用品。从业人员在作业过程中，应当遵守有关规定，正确佩戴和使用劳动防护用品，以达到防止和减少生产安全事故的目的。生产经营单位应当加强监督和管理，对没有正确佩戴和使用劳动防护用品的从业人员，应立即指出并要求其改正，对经教育仍不正确佩戴和使用劳动防护用品的从业人员应当给予处分。

核心提示

严格落实岗位安全责任，是对生命的负责，从业人员应该谨慎对待、严格落实，如果不落实，要承担法律责任。根据《安全生产法》第107条规定，生产经营单位的从业人员不落实岗位安全责任，不服从管理，违反安全生产规章制度或者操作规程的，由生产经营单位给予批评教育，依照有关规章制度给予处分；构成犯罪的，依照《刑法》有关规定追究刑事责任。

52. 接受安全生产教育和培训是从业人员的法定义务吗?

案例聚焦

邱某是新近被招用进入某工厂工作的职工之一。上岗前,厂里对新招入的职工进行了技术培训和安全生产教育培训,并进行了相关的考核。其中,邱某在安全生产考核中没有达标,但技术考核过关了。这时,厂里要求其再次参加安全生产教育培训,等考核通过了再上岗工作。邱某眼看其他一同培训的人都上岗了,心里很是着急,不愿意接受教育,非要和其他职工一起上岗。为此,某工厂向劳动争议仲裁委员会提出申请,请求邱某按照规定参加安全生产教育培训,并重新进行考核,考核通过才能上岗。如果邱某不同意,将解除劳动合同。仲裁委员会受理此案后,经过调解,邱某接受了再次进行安全生产教育培训的要求。

分析点评

接受安全生产教育和培训是从业人员的法定义务。《安全生产法》第58条规定:"从业人员应当接受安全生产教育和培训,掌握本职工作所需的安全生产知识,提高安全生产技能,增强事故预防和应急处理能力。"从业人员如果不接受安全生产教育和培训,就不懂得这方面的知识,不知道安全生产工作的重要性,不能自觉地遵守安全生产规章制度,从而极易导致生产事故的发生。本案中,邱某被安排安全生产教育培训后，经考核不合格，应重新学习并考核，如果直接上岗，将存在很大的安全隐患。某工厂的做法是正确的。

通过安全生产教育和培训，从业人员应当掌握本职工作所需的安全生产知识。这里的安全生产知识包括安全技术知识和安全卫生知识。其中，安全技术知识通常包括：生产经营单位的基本生产状况、生产过程、操作方法、工艺流程、设备性能及产品结构；工作场所内具有危险性的设备和领域；安全保护基本知识和注意事项等。安全卫生知识通常包括：生产经营单位的职业病产生、发散的特点；相关职业病对人体的危害和影响；紧急情况下的急救措施及平时良好的卫生习惯等。

此外，通过安全生产教育和培训，从业人员还应提高安全生产技能，增强事故预防和应急处理能力。其中，提高安全生产技能具体可以理解为提高运用安全生产知识的能力，增强事故预防和应急处理能力可以通过参加制定和演习应急救援预案来实现。

核心提示

在安全生产中，从业人员作为一线工作人员，需要具有系统的安全知识，熟练的安全生产技能，以及对事故隐患和不安全因素、突发事故的预防、处理能力和经验。要具备这些技能或素质，从业人员必须接受专门的安全生产教育和培训，不断提高自身的安全生产技术知识和能力。接受安全生产教育和培训既是从业人员的法定义务，也是对从业人员生命安全的保障。

53. 被派遣劳动者在生产经营单位中，也有落实安全生产岗位责任的义务吗？

案例聚焦

张某与其他几名劳动者一起被派遣到某化工公司就职。某化工公司对几名被派遣劳动者进行安全生产教育与培训后，将几人分配到车间工作。为图方便，张某在操作设备时并没有按照规定佩戴全套劳保护具，也没有按照安全流程进行操作。车间负责人在巡查时，发现了张某违规操作的情况，对其行为进行了制止，并重新安排张某接受了安全生产教育和培训。

分析点评

《安全生产法》第28条第2款规定："生产经营单位使用被派遣劳动者的，应当将被派遣劳动者纳入本单位从业人员统一管理，对被派遣劳动者进行岗位安全操作规程和安全操作技能的教育和培训。劳务派遣单位应当对被派遣劳动者进行必要的安全生产教育和培训。"

第61条规定："生产经营单位使用被派遣劳动者的，被派遣劳动者享有本法规定的从业人员的权利，并应当履行本法规定的从业人员的义务。"

在生产经营单位中，部分被派遣劳动者与其他正式员工一样，都在一线岗位工作，其安全生产意识的强弱很可能会直接影响生产活动。因此。对于被派遣劳动者的安全教育问题,生产经营单位同样不能忽视。就被派遣劳动者本身而言,也应当建立起与其他正式职工同样的安全生产观念,不仅要享有权利,更要履行应尽的义务。

在本案中,张某作为被派遣劳动者,虽然并不是某化工公司的正式员工,但是其从事的工种以及在岗位上发挥的作用与其他正式员工是一样的。作为在一线岗位工作的人员,无论是否具有正式员工身份,都应当落实其岗位的安全生产职责,确保生产安全,避免发生安全事故。张某的行为违反了其应当履行的安全生产义务,某化工公司有权利对其进行训诫。如果张某在重新接受安全生产教育和培训后,依然违规操作,不履行安全生产岗位职责,某化工公司有权将其退回劳务派遣公司。

核心提示

根据《安全生产法》第三章的规定,被派遣劳动者的义务主要包括:第一,要落实本岗位的安全责任,遵守生产经营单位制定的安全生产规定,遵守法律法规,避免违章操作;第二,接受生产经营单位所提供的安全生产培训;第三,如果在作业时发现事故隐患或其他不安全因素,从业人员应当及时报告。

落实安全生产岗位责任,一方面能够降低生产安全事故的发生风险,另一方面可以保护被派遣劳动者本人的人身安全。生产经营单位要加强对被派遣劳动者的安全生产教育与培训,对被派遣劳动者与其他正式职工一视同仁,重视对被派遣劳动者的管理。从被派遣劳动者的角度,要加强认真履行职务的责任感,提高自身的安全生产意识,规范生产操作。

54. 从业人员在发现事故隐患时，应该怎么办？

案例聚焦

傅某为某建筑工程公司职工，负责操作起重机进行起吊作业。一日，该公司低价购入了一台二手起重机，交由傅某操作。傅某发现，该起重机已经停用两年多，钢丝绳有一定程度的磨损和变形，傅某要求对该起重机进行检修后再使用。但公司认为，起重机虽然经两年停用，但是使用年限较短，问题不大，不可能造成事故，拒绝了傅某要求找维修师傅检修的要求，并且命令傅某赶快上机操作，不得耽误生产进度。傅某担心安全问题，怕发生事故，拒绝使用此起重机作业。公司遂给予傅某行政记过处分，并扣发当月奖金。傅某不服，向当地劳动争议仲裁委员会提出申诉。仲裁委员会认为，在生产经营过程中，从业人员发现存在事故隐患时，有权拒绝作业并及时报告。某建筑工程公司对傅某作出的行政记过处分和扣发奖金的处罚措施是违法的，故裁决该厂撤销对傅某的行政记过处分，并补发所扣奖金。

分析点评

《安全生产法》第59条规定："从业人员发现事故隐患或者其他不安全因素，应当立即向现场安全生产管理人员或者本单位负责人报告；接到报告的人员应当及时予以处理。"这是关于从业人员报告义务的规定。本案中的傅某因起重机停用时间较长、钢丝绳有磨损而担心安全问题，要求进行检修后再使用，是合法合理的，是履行安全义务的表现，值得表扬和鼓励，反而是某建筑工程公司的做法违背了安全生产的初衷。

从业人员直接从事生产经营活动，往往能够首先发现事故隐患或者其他不安全因素，如能及时报告，可以为消除事故隐患赢得时间。然而，在实践中，许多生产安全事故的发生正是由于从业人员在作业现场发现事故隐患后，轻信能够避免，没有及时报告，以致酿成大祸。从业人员应恪尽职责，认真负责，始终怀有一颗敬畏之心，及时发现并报告事故隐患和不安全因素。

核心提示

安全生产管理要坚持安全第一、预防为主、综合治理的方针。生产安全事故虽然具有偶然性、突发性的特点，但有很多事故是由小及大、量变产生质变而发生的。如果能及时发现安全隐患，快速作出应对策略，就能有效避免事故的发生。处于安全生产第一线的从业人员在发现生产事故隐患时负有立即报告的法定义务。可以说，这既是从业人员的义务，也是其权利。接受报告的主体是现场安全生产管理人员或者本单位的负责人。他们接到报告后须及时进行处理，这也是他们的法定义务。

55. 生产经营单位的特种作业人员应符合怎样的条件才能上岗工作?

案例聚焦

秦某是某机械厂职工,被选派去学习电工技能。为期八个月的培训结束后,他因结业考试成绩不合格未取得资格证书。回到厂里,秦某被安排在库管岗位工作,未被安排于工资相对较高的电工岗位。秦某不服,认为自己原来就有电工的业务基础,又经过半年的专门业务培训,完全可以胜任电工的工作。虽然培训结业考试成绩不合格,未取得资格证书,但是这并不代表自己的真实业务水平,理论考试和实际业务是两回事,他坚持要求从事电工工作,某机械厂拒绝了秦某的要求。后来,此案被交到当地劳动争议仲裁委员会,仲裁委员会对厂里的做法予以肯定。

分析点评

本案涉及从事特种作业的人员上岗前必须达到的技能标准的问题。《安全生产法》第 30 条规定:“生产经营单位的特种作业人员必须按照国家有关规定经专门的安全作业培训,取得相应资格,方可上岗作业。特种作业人员的范围由国务院应急管理部门会同国务院有关部门确定。”同时,根据《特种作业人员安全技术培训考核管理规定》的规定,电工作业属于特种作业的范围。所谓特种作业,是指容易发生事故,对操作者本人、他人的安全健康及设备、设施的安全可能造成重大危害的作业。特种作业的范围由特种作业目录规定。特种作业人员,是指直接从事特种作业的从业人员。

在生产劳动过程中,由于特种作业技术性强、危险性大,容易发生人员伤亡和设备损坏事故,所以特种作业人员不仅要具备一定的专业业务能力要求,而且要经过培训、考核,取得相应资格,方可上岗作业。本案中,某机械厂对于虽经过业务培训但未取得相应资格的秦某不予安排从事特种(电工)作业,既是对其本人负责,也是对企业和社会负责。

核心提示

根据《特种作业人员安全技术培训考核管理规定》第4条的规定,特种作业人员应当符合下列条件:

(1)年满18周岁,且不超过国家法定退休年龄;

(2)经社区或者县级以上医疗机构体检健康合格,并无妨碍从事相应特种作业的器质性心脏病、癫痫病、美尼尔氏症、眩晕症、癔病、震颤麻痹症、精神病、痴呆症以及其他疾病和生理缺陷;

(3)具有初中及以上文化程度;

(4)具备必要的安全技术知识与技能;

(5)相应特种作业规定的其他条件。

危险化学品特种作业人员除符合前款第一项、第二项、第四项和第五项规定的条件外,应当具备高中或者相当于高中及以上文化程度。

特种作业人员未按照规定经专门的安全作业培训并取得相应资格,上岗作业的,按照《安全生产法》第97条的规定,相应的生产经营单位会被责令停产停业整顿,并处十万元以上二十万元以下的罚款,其直接负责的主管人员和其他直接责任人员会被处二万元以上五万元以下的罚款。

56. 劳动者在生产和使用易燃、易爆危险物品时，应当注意哪些基本防火要求？

案例聚焦

某公司是一家从事生物化学制品生产的企业，陈某和李某是该公司的职工。二人平时在同一班岗上工作。某天上午，运输酒精的槽罐车到达该公司园区内，由陈某和李某二人进行装卸酒精作业。按照操作要求，陈某负责在装卸平台上观看酒精的液位，李某负责在车辆另一侧的计量表前观察计量。后来，陈某临时有事离开，李某发现酒精灌满并从溢流罐和罐体外部溢出后，连忙关闭了输送泵，又将手伸入驾驶室与罐体之间的空隙内，用铝桶盛接从溢流管流淌出的酒精。不料，铝桶接触汽车电气线路中裸露的接线柱后放电打火，而李某在接了小半桶酒精时才发现衣服着火了，他吓得扔下桶就跑到了灌区外，最终引发火灾事故。事故给某公司造成很大损失，运输酒精的汽车被烧毁，过火面积 40 平方米，直接经济损失约 60 万元。

分析点评

本案事故发生的直接原因是在装卸过程中装卸台上的人员脱岗造成酒精泄漏，并在地面上流淌挥发。作业人员违规操作，在发现酒精泄漏后未采取用水稀释的正确方法，为了节约少量酒精而采取了错误的操作方法，并因操作不当，引燃酒精，造成火灾。

在易燃、易爆等危险物品生产和使用中，应遵循以下基本防火要求：

（1）易燃、易爆危险物品生产企业，应当设在本地区全年最小频率风向的上风侧，并选择在通风良好的地点。《危险化学品安全管理条例》第19条第1款规定："危险化学品生产装置或者储存数量构成重大危险源的危险化学品储存设施（运输工具加油站、加气站除外），与下列场所、设施、区域的距离应当符合国家有关规定：（一）居住区以及商业中心、公园等人员密集场所；（二）学校、医院、影剧院、体育场（馆）等公共设施；（三）饮用水源、水厂以及水源保护区；（四）车站、码头（依法经许可从事危险化学品装卸作业的除外）、机场以及通信干线、通信枢纽、铁路线路、道路交通干线、水路交通干线、地铁风亭以及地铁站出入口；（五）基本农田保护区、基本草原、畜禽遗传资源保护区、畜禽规模化养殖场（养殖小区）、渔业水域以及种子、种畜禽、水产苗种生产基地；（六）河流、湖泊、风景名胜区、自然保护区；（七）军事禁区、军事管理区；（八）法律、行政法规规定的其他场所、设施、区域。"

（2）外商投资建设的生产易燃、易爆危险物品的企业，必须符合我国的法律规定、有关规范和标准，国外设计的工程也必须经过我国有关部门审核。

（3）研制新的易燃、易爆危险物品时，应同时研究其易燃性、爆炸性、氧化性和毒害性等机理，并对其闪点、自燃点、爆炸极限、爆炸威力、灭火方法和适用的灭火剂等进行检测和实验，通过实验对其火灾危险性、中毒危害性等作出科学评价。

（4）凡出厂的易燃、易爆产品，都必须有产品安全说明书。

（5）易燃、易爆危险物品的产品包装，必须符合危险货物运输包装通用技术条件的要求，产品包装不合格者不准出厂。

（6）生产和使用易燃、易爆危险物品的场所，应当根据危险物品的种类和危险特性，设置相应的监测、监控、通风、防晒、调温、防火、灭火、防爆、泄压、防毒、中和、防潮、防雷、防静电、防腐、防泄漏以及防护围堤或者隔离操作等安全设施、设备。生产、储存危险化学品的单位还要按照国家标准、行业标准或者国家有关规定对安全设施、设备进行经常性维护、保养,保证安全设施、设备的正常使用。

(7)生产、储存危险化学品的单位,应当在其作业场所和安全设施、设备上设置明显的安全警示标志,在其作业场所设置通信、报警装置,并保证处于适用状态。

(8)易燃、易爆化学危险品如因质量不合格,或因失效、变态废弃时,要及时进行销毁处理,销毁处理应有可靠的安全措施,并须经当地公安消防机关和生态环境部门同意,禁止随便弃置堆放和排入地面、地下及任何水系。

(9)生产和使用易燃、易爆危险物品的企业和个人,必须遵守消防安全制度和安全操作规程,严格用火管理制度。

核心提示

对盛装易燃、易爆有毒物品的大型容器,应保持其所盛物品的专一性,不宜随便改装他物。如因特殊情况需改装他物时,应进行清洗、置换,并经化验合格,办理审核批准手续后才可改装。对需要长期停用的盛装易燃、易爆化学危险品的容器在停用前和重新使用前,都要进行清洗、置换、化验分析等安全处理。反应槽、反应塔、反应罐等压力容器还应符合国家有关压力容器的规定,并定期进行维护和监测。

第六章

相关主体的安全生产法律责任

57. 在安全生产中，承担法律责任的主体一般有哪些？

案例聚焦

某煤矿井下发生重大火灾事故，造成多人死亡。该矿为国有大矿区范围内的小煤矿，本应当依法关闭。经调查发现，此次重大火灾事故发生的原因主要是煤矿安全生产主体责任未落实，从业人员无相关资格资质、安全责任意识差，煤矿监管部门监管责任不到位、对长期存在的重大事故隐患失察，地方政府监管主体责任落实不到位、未尽到安全生产监管规范责任。事故发生后，相关责任人员均受到了相应的处罚。

分析点评

安全生产违法行为的责任主体，是指实施了安全生产违法行为应予以追究法律责任的组织和公民，主要包括以下 4 种：

(1)负有安全生产监督管理职责部门的工作人员。《安全生产法》明确规定了各级地方人民政府和负有安全生产监督管理职责的部门对其管辖行政区域和职权范围内的安全生产工作进行监督管理。监督管理既是法定职权，又是法定义务。如果有关地方人民政府和负有安全生产监督管理职责的部门领导和负责人违反法律规定而导致重大、特别重大事故，执法机关将依法追究其因失职、渎职行为所应承担的法律责任。

(2)生产经营单位及其主要负责人、有关主管人员。《安全生产法》对生产经营单位安全生产违法行为作出了界定，实施违法行为的，将承担相应的法律责任。例如,《安全生产法》第 21 条规定了生产经营单位的主要负责人对本单位安全生产工作应负的 7 项职责,第 25 条规定了生产经营单位的安全生产管理机构以及安全生产管理人员应负的 7 项职责。生产经营单位及其主要负责人、有关主管人员违法,不履行职责,将成为法律责任的主体。

(3)生产经营单位的从业人员。身在生产一线的从业人员安全意识和安全素质的高低,对安全生产至关重要。因而,《安全生产法》在赋予他们必要的安全生产权利的同时,设定了他们必须履行的安全生产义务。如果从业人员违反安全生产义务而导致重大、特别重大事故,那么必须承担相应的法律责任。

(4)安全生产服务机构和安全生产的专业工程技术人员。《安全生产法》第 15 条第 1 款规定:"依法设立的为安全生产提供技术、管理服务的机构,依照法律、行政法规和执业准则,接受生产经营单位的委托为其安全生产工作提供技术、管理服务。"如果服务机构及其工作人员对其承担的安全评价、认证、监测、检验事项出具虚假证明,视其情节轻重,将被追究行政责任、民事责任和刑事责任。

核心提示

依照《安全生产法》的规定,各类安全生产法律关系的主体必须履行各自的安全生产法律义务,保障安全生产,杜绝事故隐患,防止生产安全事故的发生,否则,要承担相应的法律责任。

58. 负有安全生产监督管理职责的部门的工作人员失职、渎职的，需要承担哪些法律责任？

案例聚焦

某煤矿发生特大瓦斯爆炸事故，造成65名矿工遇难，27人受伤，其中重伤7人，造成直接经济损失5000多万元。该煤矿所在县应急管理局的一名副局长和一名站长、三名安监员均被判处玩忽职守罪，刑期不等。

分析点评

《安全生产法》第90条规定："负有安全生产监督管理职责的部门的工作人员，有下列行为之一的，给予降级或者撤职的处分；构成犯罪的，依照刑法有关规定追究刑事责任：(一)对不符合法定安全生产条件的涉及安全生产的事项予以批准或者验收通过的；(二)发现未依法取得批准、验收的单位擅自从事有关活动或者接到举报后不予取缔或者不依法予以处理的；(三)对已经依法取得批准的单位不履行监督管理职责，发现其不再具备安全生产条件而不撤销原批准或者发现安全生产违法行为不予查处的；(四)在监督检查中发现重大事故隐患，不依法及时处理的。负有安全生产监督管理职责的部门的工作人员有前款规定以外的滥用职权、玩忽职守、徇私舞弊行为的，依法给予处分；构成犯罪的，依照刑法有关规定追究刑事责任。"

第91条规定:"负有安全生产监督管理职责的部门,要求被审查、验收的单位购买其指定的安全设备、器材或者其他产品的,在对安全生产事项的审查、验收中收取费用的,由其上级机关或者监察机关责令改正,责令退还收取的费用;情节严重的,对直接负责的主管人员和其他直接责任人员依法给予处分。"

这两条是关于负有安全生产监督管理职责的部门的工作人员失职、渎职时法律责任的规定。

核心提示

负有安全生产监督管理职责的部门的工作人员失职、渎职的,其法律责任有两种:一是行政责任,二是刑事责任。行政责任如降级或者撤职,刑事责任则主要为滥用职权罪、玩忽职守罪等对应的刑事法律责任。

《刑法》第397条是对滥用职权罪和玩忽职守罪的规定,具体为:"国家机关工作人员滥用职权或者玩忽职守,致使公共财产、国家和人民利益遭受重大损失的,处三年以下有期徒刑或者拘役;情节特别严重的,处三年以上七年以下有期徒刑。本法另有规定的,依照规定。国家机关工作人员徇私舞弊,犯前款罪的,处五年以下有期徒刑或者拘役;情节特别严重的,处五年以上十年以下有期徒刑。本法另有规定的,依照规定。"

59. 生产事故的责任主体一般有哪些？

案例聚焦

某煤矿发生特别重大透水事故，造成多人死亡，直接经济损失4000多万元。该煤矿隶属于某煤炭有限公司，属于民营股份制企业。经事故调查分析，造成事故的主要原因有：一是违法违规，在没有取得采矿许可证等手续的情况下组织生产；二是超能力生产，为了达到多出煤的目的，安排大量人员在井下作业；三是违反法律、法规和煤矿安全规程的规定，安全管理混乱；四是政府有关部门不执行或不正确执行国家有关法律法规的规定，安全生产监督管理不力，一些工作人员失职渎职、玩忽职守；五是煤矿背后诸多违法违纪问题严重，为煤矿长期非法生产提供了保护。经事故调查处理和责任追究，此次事故共有39人被司法机关逮捕或者立案查处。

分析点评

《安全生产法》第87条规定："生产经营单位发生生产安全事故，经调查确定为责任事故的，除了应当查明事故单位的责任并依法予以追究外，还应当查明对安全生产的有关事项负有审查批准和监督职责的行政部门的责任，对有失职、渎职行为的，依照本法第九十条的规定追究法律责任。"该条规定了生产经营单位以及负有安全生产监督管理职责的部门的事故责任。《安全生产法》第90条规定："负有安全生产监督管理职责的部门的工作人员，有下列行为之一的，给予降级或者撤职的处分；构成犯罪的，依照刑法有关规定追究刑事责任：（一）对不符合法定安全生产条件的涉及安全生产的事项予以批准或者验收通过的；（二）发现未依法取得批准、验收的单位擅自从事有关活动或者接到举报后不予取缔或者不依法予以处理的；（三）对已经依法取得批准的单位不履行监督管理职责，发现其不再具备安全生产条件而不撤销原批准或者发现安全生产违法行为不予查处的；（四）在监督检查中发现重大事故隐患，不依法及时处理的。负有安全生产监督管理职责的部门的工作人员有前款规定以外的滥用职权、玩忽职守、徇私舞弊行为的，依法给予处分；构成犯罪的，依照刑法有关规定追究刑事责任。”

如果生产经营单位发生生产安全事故的原因是生产经营单位管理不善，对于一般性质的责任事故，可以要求单位进行整改；整改不符合要求的，可以责令生产经营单位予以关闭，有关部门依法吊销其生产、经营执照；情节严重，造成重大人员伤亡或者财产损失的，依法取缔生产经营单位，并对其处以相应罚款。与此同时，根据责任人的责任大小，一并追究其相应行政责任，构成犯罪的，依法追究刑事责任。

发生生产安全责任事故的，既要依法追究生产经营单位的法律责任，也要追究有关审批、监督管理部门的法律责任，实行双重处罚。根据《安全生产法》第 10 条第 1 款的规定，国务院应急管理部门对全国安全生产工作实施综合监督管理；县级以上地方各级人民政府应急管理部门依照《安全生产法》，对本行政区域内安全生产工作实施综合监督管理。

核心提示

为了切实加强对安全生产的监督管理，必须严格负有安全生产监督管理职责部门的责任。发生生产安全事故，既要依法追究事故单位的责任，也要依法追究负有审批和监督职责的行政部门的责任。

60. 生产经营单位的安全生产管理人员的职责有哪些?

案例聚焦

沈某是某化工厂的锅炉工，他发现该厂某锅炉设备的一些元件、仪表运转不正常，存在事故隐患，便多次要求对该锅炉进行检查，但他的直属领导对他的话并没有太在意，领导总是说，回头让技术人员过去看看，却一直没有付诸行动。沈某一直在不安全的条件下操作。后来，沈某向当地劳动争议仲裁委员会提出申诉，要求该厂尽快对锅炉进行检查维修，更换有关设备，保证锅炉安全运行。仲裁机构经调查认为，该厂锅炉运转中存在危害职工安全的事故隐患，同时该厂存在锅炉管理制度不健全、安全生产管理人员履行职责不到位等情形。经调解，该厂同意立即对问题锅炉进行详细检修，配齐所有仪表，加强对安全生产管理人员履职的监督，建立健全厂内安全监察管理制度。

分析点评

本案中，某化工厂不仅不对锅炉房进行有效的管理，而且当司炉人员发现锅炉有问题提出检修时，厂方仍一拖再拖，暴露出该厂安全生产制度不健全，安全生产管理人员责任心不强、不作为等问题。同时，某化工厂的行为亦违反了法律规定，仲裁机构的处理是合理的。

《安全生产法》第46条规定："生产经营单位的安全生产管理人员

应当根据本单位的生产经营特点，对安全生产状况进行经常性检查；对检查中发现的安全问题，应当立即处理；不能处理的，应当及时报告本单位有关负责人，有关负责人应当及时处理。检查及处理情况应当如实记录在案。生产经营单位的安全生产管理人员在检查中发现重大事故隐患，依照前款规定向本单位有关负责人报告，有关负责人不及时处理的，安全生产管理人员可以向主管的负有安全生产监督管理职责的部门报告，接到报告的部门应当依法及时处理。"

安全生产管理人员，是指生产经营单位配备的负责本单位安全生产管理工作的人员。根据《安全生产法》第 25 条的规定，安全生产管理人员作为关系到生产安全的重要岗位工作人员，除了要履行上述法律职责外，还要履行下列职责：

（1）组织或者参与拟订本单位安全生产规章制度、操作规程和生产安全事故应急救援预案；

（2）组织或者参与本单位安全生产教育和培训，如实记录安全生产教育和培训情况；

（3）组织开展危险源辨识和评估，督促落实本单位重大危险源的安全管理措施；

（4）组织或者参与本单位应急救援演练；

（5）检查本单位的安全生产状况，及时排查生产安全事故隐患，提出改进安全生产管理的建议；

（6）制止和纠正违章指挥、强令冒险作业、违反操作规程的行为；

（7）督促落实本单位安全生产整改措施。

核心提示

生产经营单位的安全生产管理人员应当恪尽职守，依法履行职责，未履行的，责令限期改正，处一万元以上三万元以下的罚款；导致发生生产安全事故的，暂停或者吊销其与安全生产有关的资格，并处上一年年收入百分之二十以上百分之五十以下的罚款；构成犯罪的，依照《刑法》有关规定追究刑事责任。

生产经营单位作出涉及安全生产的经营决策，应当听取安全生产管理机构以及安全生产管理人员的意见。生产经营单位不得因安全生产管理人员依法履行职责而降低其工资、福利等待遇或者解除与其订立的劳动合同。

61. 生产经营单位的主要负责人在发生生产安全事故时有怎样的职责？

案例聚焦

某煤矿发生重大爆炸事故，造成多人伤亡，直接经济损失上千万元。经调查发现，此次爆炸事故的发生是该煤矿安全管理混乱、安全生产措施不落实、长期违章作业、事故隐患不能及时消除的必然结果。马某作为该煤矿所在公司的主要负责人，对全矿安全生产负全面责任。但他在日常组织生产、作业活动中，违反有关安全管理的规定，不认真履行其在安全生产中的职责，疏于管理，怠于职守，造成严重后果。甚至在事故发生后，马某的第一行为不是立刻组织抢救，而是筹划如何推卸责任。马某对事故的发生应承担重要领导责任，被依法判处有期徒刑。其余责任人也被依法判处有期徒刑，刑期不等。

分析点评

《安全生产法》第 50 条规定："生产经营单位发生生产安全事故时，单位的主要负责人应当立即组织抢救，并不得在事故调查处理期间擅离职守。"生产经营单位的主要负责人应对本单位的安全生产负总的责任，在发生生产安全事故时，其第一责任人的身份亦不可替代，对于发生生产安全事故的责任不可推卸。其必须于事故开始即组织参加抢救工作，直至事故彻底解决及事后总结结束，在事故调查处理期间，不得以任何理由、任何方式擅离职守。同时，《安全生产法》第 110 条规定："生产经营单位的主要负责人在本单位发生生产安全事故时，不立即组织抢救或者在事故调查处理期间擅离职守或者逃匿的，给予降级、撤职的处分，并由应急管理部门处上一年年收入百分之六十至百分之一百的罚款；对逃匿的处十五日以下拘留；构成犯罪的，依照刑法有关规定追究刑事责任。生产经营单位的主要负责人对生产安全事故隐瞒不报、谎报或者迟报的，依照前款规定处罚。"

核心提示

生产经营单位的负责人应当能操控层次清楚、分工明确、反应快速的指挥系统，以勇敢的精神、顽强的作风和科学的态度，高效有序地对生产安全事故予以处置。在收到报警系统或者有关人员的报告后，生产经营单位负责人必须毫不迟疑地组织人员进行抢救，尽量避免事态进一步恶化，竭力阻止造成更严重的危害，尽可能地减轻人员伤亡和财产损失，对已经波及的人员和物品应当立即撤离并实施救护。同时，其还应及时向当地政府和有关部门报告，提出救援申请，以得到有关部门及时配合，防止事故扩大，减少人员伤亡和财产损失；待紧急状况缓解，应及时对事故进行调查处理，总结经验，吸取教训，加强管理，保证安全生产。

62. 生产经营单位主要负责人没有履行安全生产管理职责的，应当承担哪些法律责任？

案例聚焦

某县应急管理局接到举报，称某液压机械公司因车间漏电保护装置未能及时起到断电保护作用，险些发生人员触电，但由于营救及时，没有酿成生产安全事故。某县应急管理局经调查取证后认为，该公司的主要负责人乌某未能保证本公司安全生产投入的有效实施，根据《安全生产法》的相关规定，对乌某作出罚款2万元的行政处罚决定。乌某收到行政处罚决定书后，没有申请行政复议和提起行政诉讼，拒不履行处罚决定规定的义务。某县应急管理局申请法院强制执行。法院经过依法组织听证后审查认为，某县应急管理局作出的行政处罚决定认定事实清楚，适用法律正确，处理程序合法，遂作出裁定：某县应急管理局对某液压机械公司主要负责人乌某作出的行政处罚决定合法有效，责令乌某履行罚款2万元。

分析点评

《安全生产法》第21条明确规定，生产经营单位的主要负责人对本单位安全生产工作负有“保证本单位安全生产投入的有效实施”的职责，本案中的乌某却未尽到该职责。

《安全生产法》第94条规定:“生产经营单位的主要负责人未履行本法规定的安全生产管理职责的,责令限期改正,处二万元以上五万元以下的罚款;逾期未改正的,处五万元以上十万元以下的罚款,责令生产经营单位停产停业整顿。生产经营单位的主要负责人有前款违法行为,导致发生生产安全事故的,给予撤职处分;构成犯罪的,依照刑法有关规定追究刑事责任。生产经营单位的主要负责人依照前款规定受刑事处罚或者撤职处分的,自刑罚执行完毕或者受处分之日起,五年内不得担任任何生产经营单位的主要负责人;对重大、特别重大生产安全事故负有责任的,终身不得担任本行业生产经营单位的主要负责人。”

本条即为生产经营单位主要负责人没有履行安全生产管理职责时,应当承担的法律责任的规定,其包括行政责任、刑事责任以及行业职务限制责任。

核心提示

生产经营单位的主要负责人未履行《安全生产法》规定的安全生产管理职责,导致发生生产安全事故,构成犯罪的,依法追究刑事责任。

《刑法》中涉及安全生产管理的规定有以下几条。

《刑法》第134条　【重大责任事故罪】在生产、作业中违反有关安全管理的规定,因而发生重大伤亡事故或者造成其他严重后果的,处三年以下有期徒刑或者拘役;情节特别恶劣的,处三年以上七年以下有期徒刑。

【强令、组织他人违章冒险作业罪】强令他人违章冒险作业,或者明知存在重大事故隐患而不排除,仍冒险组织作业,因而发生重大伤亡事故或者造成其他严重后果的,处五年以下有期徒刑或者拘役;情节特别恶劣的,处五年以上有期徒刑。

《刑法》第134条之一　【危险作业罪】在生产、作业中违反有关安全管理的规定，有下列情形之一，具有发生重大伤亡事故或者其他严重后果的现实危险的，处一年以下有期徒刑、拘役或者管制：

（一）关闭、破坏直接关系生产安全的监控、报警、防护、救生设备、设施，或者篡改、隐瞒、销毁其相关数据、信息的；

（二）因存在重大事故隐患被依法责令停产停业、停止施工、停止使用有关设备、设施、场所或者立即采取排除危险的整改措施，而拒不执行的；

（三）涉及安全生产的事项未经依法批准或者许可，擅自从事矿山开采、金属冶炼、建筑施工，以及危险物品生产、经营、储存等高度危险的生产作业活动的。

《刑法》第135条　【重大劳动安全事故罪】安全生产设施或者安全生产条件不符合国家规定，因而发生重大伤亡事故或者造成其他严重后果的，对直接负责的主管人员和其他直接责任人员，处三年以下有期徒刑或者拘役；情节特别恶劣的，处三年以上七年以下有期徒刑。

《刑法》第136条　【危险物品肇事罪】违反爆炸性、易燃性、放射性、毒害性、腐蚀性物品的管理规定，在生产、储存、运输、使用中发生重大事故，造成严重后果的，处三年以下有期徒刑或者拘役；后果特别严重的，处三年以上七年以下有期徒刑。

《刑法》第137条　【工程重大安全事故罪】建设单位、设计单位、施工单位、工程监理单位违反国家规定，降低工程质量标准，造成重大安全事故的，对直接责任人员，处五年以下有期徒刑或者拘役，并处罚金；后果特别严重的，处五年以上十年以下有期徒刑，并处罚金。

《刑法》第139条　【消防责任事故罪】违反消防管理法规，经消防监督机构通知采取改正措施而拒绝执行，造成严重后果的，对直接责任人员，处三年以下有期徒刑或者拘役；后果特别严重的，处三年以上七年以下有期徒刑。

《刑法》第139条之一 【不报、谎报安全事故罪】在安全事故发生后，负有报告职责的人员不报或者谎报事故情况，贻误事故抢救，情节严重的，处三年以下有期徒刑或者拘役；情节特别严重的，处三年以上七年以下有期徒刑。

63. 从业人员不服从管理、违反安全生产规定的，应承担怎样的法律责任？

案例聚焦

蔡某是某渔业公司的从业人员，平时负责该公司2号渔船的出海作业工作，并在2号渔船担任领导工作，俗称“船老大”。一天，渔业主管部门向各渔场下达通知：因将有9～10级大风，禁止渔船出港作业。蔡某在收到通知后，为抢占生产作业锚地，违反渔业安全生产管理规定，仍下令超载渔具的渔船前往海区作业。后来，因一名船员突发疾病需要回港治疗，蔡某遂下令渔船掉头驶回，后因风浪较大，他又下令渔船抛锚停泊。抛锚后，蔡某未按照规定安排专人值班瞭望。次日凌晨，由于风力增大，导致该渔船严重右倾并大量进水而无法自救，蔡某等14名船员先后进入救生筏逃生，该渔船随后迅速沉没，所幸14名船员被救回，但造成直接经济损失125万元。

分析点评

《安全生产法》第107条明确规定："生产经营单位的从业人员不落实岗位安全责任，不服从管理，违反安全生产规章制度或者操作规程的，由生产经营单位给予批评教育，依照有关规章制度给予处分；构成犯罪的，依照刑法有关规定追究刑事责任。"此条是对于生产经营单位的从业人员不服从管理、违反有关安全生产的规章制度的行为的法律责任的规定。

在本案中，蔡某明知大风来临，为抢占生产作业锚地，违反有关渔业安全生产管理规定，超抗风力、超载渔具驾船出海生产，在渔船遇风浪抛锚停泊中既未安排人员值班瞭望，又未能及时采取抗风浪措施，导致渔船翻沉，造成重大经济损失的严重后果，根据《刑法》第134条之规定，其行为已构成重大责任事故罪。

核心提示

生产经营单位的从业人员不服从管理，违反有关安全生产的规章制度和操作规程规定的行为，可能承担以下责任：

(1)生产单位给予的处分。生产经营单位的从业人员不服从管理，违反规章制度的行为，未造成事故的，属于情节较轻微的违法行为，应当由所属单位给予批评教育，并依照有关规章制度给予处分。本条规定批评教育的处罚措施，更多的是强调生产经营单位应当尽到必要的教育义务。

(2)刑事法律责任。对于因从业人员不服从管理、不遵守规章制度而造成重大事故的行为，情节严重构成犯罪的，应当依照《刑法》有关规定追究刑事责任。所谓"刑法有关规定"，是指《刑法》分则第二章"危害公共安全罪”中有关生产安全的罪名，包括“重大责任事故罪”“危险作业罪”“重大劳动安全事故罪”“危险物品肇事罪”等。违法行为是否构成犯罪，取决于具体罪名的构成要件标准。《刑法》对应的法律条文如下：

第134条第1款 【重大责任事故罪】在生产、作业中违反有关安全管理的规定，因而发生重大伤亡事故或者造成其他严重后果的，处三年以下有期徒刑或者拘役；情节特别恶劣的，处三年以上七年以下有期徒刑。

第134条之一 【危险作业罪】在生产、作业中违反有关安全管理的规定，有下列情形之一，具有发生重大伤亡事故或者其他严重后果的现实危险的，处一年以下有期徒刑、拘役或者管制：

（一）关闭、破坏直接关系生产安全的监控、报警、防护、救生设备、设施，或者篡改、隐瞒、销毁其相关数据、信息的；

（二）因存在重大事故隐患被依法责令停产停业、停止施工、停止使用有关设备、设施、场所或者立即采取排除危险的整改措施，而拒不执行的；

（三）涉及安全生产的事项未经依法批准或者许可，擅自从事矿山开采、金属冶炼、建筑施工，以及危险物品生产、经营、储存等高度危险的生产作业活动的。

第135条 【重大劳动安全事故罪】安全生产设施或者安全生产条件不符合国家规定，因而发生重大伤亡事故或者造成其他严重后果的，对直接负责的主管人员和其他直接责任人员，处三年以下有期徒刑或者拘役；情节特别恶劣的，处三年以上七年以下有期徒刑。

第136条 【危险物品肇事罪】违反爆炸性、易燃性、放射性、毒害性、腐蚀性物品的管理规定，在生产、储存、运输、使用中发生重大事故，造成严重后果的，处三年以下有期徒刑或者拘役；后果特别严重的，处三年以上七年以下有期徒刑。

64. 我国有哪些安全生产方面的行业组织，其在安全生产方面负有怎样的法定职责？

案例聚焦

吉林省文旅行业组织开展安全生产专项整治三年行动和“安全生产月”“白山松水安全行”活动。安全生产专项整治三年行动是指从2020年5月至2022年12月，吉林省文旅行业通过动员部署、排查整治、集中攻坚、巩固提升四个阶段，学习和宣传习近平总书记关于安全生产的重要论述，落实单位安全生产的主体责任，开展消防安全专项整治，加强旅游包车管理。“安全生产月”活动则定于2020年6月1日至30日，以“消除事故隐患，筑牢安全防线”为主题。与此同时，“白山松水安全行”活动也将同步启动，为的是增强社会公众的安全意识，进一步提高安全生产水平，进而为全省文旅行业安全生产工作作出贡献。[①]

分析点评

《安全生产法》第14条规定：“有关协会组织依照法律、行政法规和章程，为生产经营单位提供安全生产方面的信息、培训等服务，发挥自律

① 案例来源：吉林省文化和旅游厅，https://www.mct.gov.cn/whzx/qgwhxxlb/jl/202006/t20200617_855026.htm。

作用,促进生产经营单位加强安全生产管理。"

在落实安全生产工作的过程中,除了政府部门发挥职能以外,各行业协会、组织等也应在此过程中发光发热,为安全生产作贡献。从本条规定中可以看出,行业协会、组织在落实安全生产工作中的作用主要有以下两点:

(1)为生产经营单位提供安全生产方面的信息、培训等服务。从本案中可以看出,吉林省文旅行业组织在宣传习近平总书记关于安全生产的重要论述、向社会宣扬安全生产观念方面作出的贡献是不可忽视的。

(2)充分发挥自律作用,促进生产经营单位加强安全生产管理。与政府部门不同,行业组织、协会更偏向民间,更具有亲民性。在落实安全生产工作方面,行业组织、协会不仅要与政府部门打好配合,还要与生产经营企业等民间力量保持联络,充当传播安全生产观念的桥梁。

核心提示

行业协会、组织属于社团法人,其目的是维护本行业内企业的权益,规范市场行为,帮助企业增强抵御市场风险的能力。上述规定同样是行业协会、组织的功能在安全生产领域内的体现。行业协会、组织不仅要协调各方关系,帮助企业提高生产效率,也要为本行业内的企业提供市场信息、法律咨询等服务,有时也会对企业进行业务培训。行业协会、组织还要对本行业内企业的产品和服务质量进行监督,确保本行业信誉不受损害,鼓励各企业之间公平竞争,创造良好的市场环境。

65. 安全生产服务机构有哪些权利、义务和责任？

案例聚焦

某化工集团欲投资设立一家生产剧毒磷化物的工厂，委托某安全服务中心对其项目进行安全评价。某安全服务中心接受委托后，经考察，发现该工厂的选址与供水水源距离不符合国家规定，相关人员不适应生产、储存工作的要求，生产工艺也不完全符合国家标准，便就此对某化工集团该项目的筹建负责人提出了整改建议。项目负责人却不在乎安全服务中心考察人员的建议，还说让他们只管拿钱办事就行，如果不给通过，就换其他安全服务中心。随后，该化工集团将原定的给某安全服务中心的报酬标准提高了20%。某安全服务中心明知该厂的设立筹建存在事故隐患，但为了赚钱，还是按照某化工集团公司的意思，出具了筹建项目符合要求的安全评价报告。后来，此事在经政府组织的专家审查时东窗事发，这份报告被认定为虚假报告。

分析点评

这是一起进行安全评价的安全生产服务机构与生产经营单位互相串通，出具虚假安全评价报告的案例。安全生产服务机构属于第三产业中的服务业。安全生产服务机构依法设立，接受委托后，对生产经营单位的安全生产条件和工程建设项目进行安全评价，对有关设施、设备进行安全性能的检测、检验或者认证，对生产人员进行安全生产培训等。

安全生产服务具有独立性、服务性、客观性、有偿性和专业性的特征。

《安全生产法》第15条第1款规定:“依法设立的为安全生产提供技术、管理服务的机构,依照法律、行政法规和执业准则,接受生产经营单位的委托为其安全生产工作提供技术、管理服务。”

只有符合国家规定或者国家授权部门规定的资质条件,按照法定程序申请获得批准的,方可从事安全生产中介服务活动。

安全生产服务机构的权利主要有:

(1)依照法律、行政法规和执业准则,接受生产经营单位的委托;

(2)依法从事的工作受法律保护,任何组织和个人无权干预、阻挠;

(3)对于非法或者服务范围以外的安全生产服务,有权加以拒绝;

(4)有依法收取服务报酬和费用的权利。

安全生产服务机构的义务包括:

(1)依法成立并取得相关安全生产服务资质;

(2)依照法律、行政法规和执业准则从事工作;

(3)在业务范围内,按照执业准则,提供真实的服务;

(4)按照委托人的委托或者约定,完成所承担的工作;

(5)接受并配合政府有关主管部门的监督检查工作;

(6)合理收费。

安全生产服务机构的责任是:

(1)对其承担的服务工作的合法性、真实性负责;

(2)对其违法犯罪行为承担相应的法律责任。

核心提示

安全生产服务的业务范围比较广泛,涵盖了生产经营单位的开办、建设、生产、经营和政府监管的全过程。一个生产经营单位从其开办到进行生产经营的诸多环节,都需要中介服务。但需要注意的是,《安全生产法》第 15 条第 2 款规定:“生产经营单位委托前款规定的机构提供安全生产技术、管理服务的,保证安全生产的责任仍由本单位负责。”

第七章

安全生产培训

66. 生产经营单位对从业人员进行安全教育和培训是法定义务吗?

案例聚焦

2022年4月,张某在某工业区租赁了一间厂房,用于从事废旧衣物分类处理的经营活动。同年7月29日,一叠高达4米的衣物堆倒塌滑落,掉落的衣物堆正好砸中在一旁整理衣物包的工人杨某。杨某被沉重的衣物包砸中后倒地受伤,另一名工人黄某见状,想要将杨某解救出来,没想到衣物堆再次发生倒塌,黄某也被砸在衣物堆下。急救医生赶到现场后,对黄某和杨某展开了救治,最终杨某、黄某经抢救脱离了生命危险。

事后,市应急管理局对此次事故进行了立案调查。调查结果显示,事故发生的直接原因是衣物包堆放不稳,导致倒塌。而经营者张某既未办理工商登记,也没有对所雇请的工人进行安全教育和培训,更没有制定生产安全事故隐患排查治理制度。最终,市应急管理局依法对张某作出行政处罚的决定。

分析点评

《安全生产法》第28条规定:"生产经营单位应当对从业人员进行安全生产教育和培训,保证从业人员具备必要的安全生产知识,熟悉有关的安全生产规章制度和安全操作规程,掌握本岗位的安全操作技能,了解事故应急处理措施，知悉自身在安全生产方面的权利和义务。未经安全生产教育和培训合格的从业人员，不得上岗作业。生产经营单位使用被派遣劳动者的，应当将被派遣劳动者纳入本单位从业人员统一管理，对被派遣劳动者进行岗位安全操作规程和安全操作技能的教育和培训。劳务派遣单位应当对被派遣劳动者进行必要的安全生产教育和培训。生产经营单位接收中等职业学校、高等学校学生实习的，应当对实习学生进行相应的安全生产教育和培训，提供必要的劳动防护用品。学校应当协助生产经营单位对实习学生进行安全生产教育和培训。生产经营单位应当建立安全生产教育和培训档案，如实记录安全生产教育和培训的时间、内容、参加人员以及考核结果等情况。”

从本条规定可以看出，对于生产经营单位来说，对从业人员进行安全生产教育和培训是必不可少的，是生产经营单位必须履行的义务之一。进行安全生产教育和培训的重要性主要体现在以下几个方面：第一，进行安全生产教育和培训是保障生产力的要求，代表了先进生产力的发展要求和发展方向；第二，从业人员在生产活动中发挥着最为重要的作用，对从业人员进行安全生产教育和培训有助于树立起安全生产的第一道防线，从根本上避免安全事故的发生；第三，进行安全生产教育和培训可以使从业人员在遭遇安全事故时，及时采取相应的措施避免损害扩大，有利于保障从业人员的权益，是以人为本观念的体现。

本案中，张某从事废旧衣物分类的经营活动，却未对工人进行必要的安全教育和培训。《安全生产法》第97条规定：“生产经营单位有下列行为之一的，责令限期改正，处十万元以下的罚款；逾期未改正的，责令停产停业整顿，并处十万元以上二十万元以下的罚款，对其直接负责的主管人员和其他直接责任人员处二万元以上五万元以下的罚款：……（三）未按照规定对从业人员、被派遣劳动者、实习学生进行安全生产教育和培训，或者未按照规定如实告知有关的安全生产事项的……”张某需要依据本条规定，接受市应急管理局的行政处罚，承担其应当承担的法律责任。

核心提示

在近几年发生的安全事故中，有相当大的一部分是从业人员缺乏安全意识、违章操作造成的。因此，生产经营单位必须提高从业人员的就业门槛，对于某些需要资格证书才能从事的岗位，要严格执行持证上岗制度。在从业人员正式上岗前，生产经营单位必须对从业人员进行安全生产教育和培训，督促从业人员按照规章制度操作，避免安全事故的发生。

生产经营单位对从业人员进行安全生产教育和培训，可以从以下几个方面入手：第一，增强从业人员的安全意识，加强思想教育、法制教育和劳动纪律教育，提高从业人员在安全生产上的自觉性，帮助从业人员树立正确的安全生产观念。第二，加强从业人员的安全科学技术知识教育，为从业人员讲解设备的性能、结构、一般原理等知识，使从业人员对生产设备有更深一步的了解，一方面可以避免事故的发生，另一方面可以使从业人员在事故发生后第一时间采取有效组织损害扩大的措施。同时，要加强对设备的定期检查与维护，避免因设备故障而发生的安全事故。第三，要加强对从业人员的安全知识教育，为从业人员普及事故发生后的基本处置方法以及相应的急救措施等。

67. 对于被派遣劳动者、实习生等，生产经营单位也有义务对其进行安全生产培训吗？

案例聚焦

某市应急管理局对本辖区内的某钢结构公司展开执法检查，发现该公司未对其使用的劳务派遣人员进行安全生产教育和培训，也没有三级安全教育培训记录。最终，某钢结构公司受到了罚款10万元的行政处罚。

分析点评

《安全生产法》第28条第2~3款规定："生产经营单位使用被派遣劳动者的，应当将被派遣劳动者纳入本单位从业人员统一管理，对被派遣劳动者进行岗位安全操作规程和安全操作技能的教育和培训。劳务派遣单位应当对被派遣劳动者进行必要的安全生产教育和培训。生产经营单位接收中等职业学校、高等学校学生实习的，应当对实习学生进行相应的安全生产教育和培训，提供必要的劳动防护用品。学校应当协助生产经营单位对实习学生进行安全生产教育和培训。"

与其他正式从业人员相比，被派遣劳动者与实习学生在生产经营单位内从事生产活动的整体时间较短，稳定性也相对较差。因此，部分生产经营单位为了节约用人成本，便私自取消对被派遣劳动者与实习学生的安全教育与培训。在实际的生产劳动中，被派遣劳动者与实习学生都有可能在第一线工作,面临安全生产问题。而很多生产安全事故都是从业人员安全意识淡薄造成的。如果不对被派遣劳动者和实习学生进行安全教育培训,无法保证其在操作时是否会因为缺乏安全生产意识而造成难以挽回的后果。

在本案中,某钢结构公司忽视了派遣人员在生产活动中的重要性,没有对他们进行安全生产教育培训,没有履行其应尽的义务,违反了法律的规定。因此,该公司应当在接受行政处罚后,吸取教训,避免再发生同样的错误。

核心提示

对被派遣劳动者进行安全教育和培训,不仅是《安全生产法》的要求,还是《劳动合同法》的要求。《劳动合同法》第62条规定:“用工单位应当履行下列义务:……(四)对在岗被派遣劳动者进行工作岗位所必需的培训……”接受安全生产教育和培训,可以降低被派遣劳动者遭受生产安全事故损伤的可能性,是被派遣劳动者的正当权利,应当予以保护。生产经营单位应当对被派遣劳动者、实习学生一视同仁,对这些人员与其他从业人员进行统一管理,不得区别对待,损害其正当的劳动权利。

根据《安全生产法》第97条的规定,生产经营单位未按照规定对从业人员、被派遣劳动者、实习学生进行安全生产教育和培训,或者未按照规定如实告知有关的安全生产事项的,责令限期改正,处十万元以下的罚款;逾期未改正的,责令停产停业整顿,并处十万元以上二十万元以下的罚款,对其直接负责的主管人员和其他直接责任人员处二万元以上五万元以下的罚款。

68. 应当参加安全生产培训的人员有哪些?

案例聚焦

某市应急管理局组织了一期年度安全生产培训班,要求全市生产经营单位的负责人参加培训。高某是该市某船舶制造企业的负责人,接到会议通知后,他对培训的安排表示质疑。他认为,自己作为企业的主要负责人,负责对企业的整体管理工作,而不负责某项具体业务工作,船舶制造企业有专门负责安全生产管理工作的经理,让主管经理参加培训更有利于对企业安全生产的管理,自己没有必要参加培训。会务主办方表示,高某作为生产经营企业的主要负责人,参加安全生产培训是他的法定义务。

分析点评

安全管理,教育先行。教育培训是实现安全生产最快捷、便利,以及成本较低的方式,只有不断加强安全生产培训,提高生产经营单位的安全生产意识,才能最大限度地防患于未然。我国法律明确规定了需要接受安全生产培训的人员范围。

根据《安全生产培训管理办法》第3条的规定,安全培训是指以提高安全监管监察人员、生产经营单位从业人员和从事安全生产工作相关人员的安全素质为目的的教育培训活动。需要参加安全生产培训的人员包括以下三类:

(1)安全监管监察人员,主要是指县级以上各级人民政府负有的安全生产监督管理职责的部门,各级煤矿安全监察机构从事安全监管监察、行政执法的安全生产监管人员和煤矿安全监察人员;

(2)生产经营单位从业人员,主要是指生产经营单位主要负责人、安全生产管理人员、特种作业人员及其他从业人员;

(3)从事安全生产工作的相关人员,主要是指从事安全教育培训工作的教师,危险化学品登记机构的登记人员,承担安全评价、咨询、检测、检验的人员及注册安全工程师,安全生产应急救援人员等。

同时,《生产经营单位安全培训规定》第 4 条规定:“生产经营单位应当进行安全培训的从业人员包括主要负责人、安全生产管理人员、特种作业人员和其他从业人员。生产经营单位使用被派遣劳动者的,应当将被派遣劳动者纳入本单位从业人员统一管理,对被派遣劳动者进行岗位安全操作规程和安全操作技能的教育和培训。劳务派遣单位应当对被派遣劳动者进行必要的安全生产教育和培训。生产经营单位接收中等职业学校、高等学校学生实习的,应当对实习学生进行相应的安全生产教育和培训,提供必要的劳动防护用品。学校应当协助生产经营单位对实习学生进行安全生产教育和培训。生产经营单位从业人员应当接受安全培训,熟悉有关安全生产规章制度和安全操作规程,具备必要的安全生产知识,掌握本岗位的安全操作技能,了解事故应急处理措施,知悉自身在安全生产方面的权利和义务。未经安全培训合格的从业人员,不得上岗作业。”此外,《安全生产法》也有关于对各类人员进行培训的规定。

由此可知,为了保证生产经营单位的安全生产,单位的主要负责人、安全生产管理人员、特种作业人员以及其他从业人员都应当参加安全生产培训。在本案中,高某作为生产经营单位的主要负责人,应当提高对安全生产工作的重视程度,切实履行安全生产第一责任人责任,应当参加此次安全生产培训班。

核心提示

在生产活动中,做好安全生产工作是保障生产经营活动顺利进行的前提,是实现企业平稳有序运行的保障。安全生产培训是十分必要的,通过培训,不仅可以掌握各类安全生产知识,还可以通过各类典型事故案例吸取经验教训,从而学习如何预判安全风险点,不断强化安全生产的意识,提高企业安全生产的能力,进而从根本上消除安全隐患。

69. 生产经营单位主要负责人安全培训包括哪些内容?

案例聚焦

2022年3月,某生产企业接到该市应急管理局关于开展生产经营单位安全生产工作培训的通知,要求各相关企业主要负责人于本月底参加一个为期3天的安全生产培训,同时要求参会人员于培训结束后开展学习心得交流。接到通知后,该生产企业负责人觉得,这是搞形式主义,走过场,根本没什么可培训的。

分析点评

为加强和规范生产经营单位安全生产工作,防范伤亡事故、减轻职业危害的发生，相关管理部门会定期组织相关生产经营单位进行安全生产培训。这样的培训可不是走过场，也不能走过场，有关单位和负责人员必须认真对待、踏实学习。

根据《生产经营单位安全培训规定》第7条的规定，生产经营单位主要负责人安全培训应当包括下列内容：

（1）国家安全生产方针、政策和有关安全生产的法律、法规、规章及标准；

（2）安全生产管理基本知识、安全生产技术、安全生产专业知识；

（3）重大危险源管理、重大事故防范、应急管理和救援组织以及事故调查处理的有关规定；

（4）职业危害及其预防措施；

（5）国内外先进的安全生产管理经验；

（6）典型事故和应急救援案例分析；

（7）其他需要培训的内容。

核心提示

生产经营单位的主要负责人是本单位安全生产第一责任人，对本单位的安全生产工作全面负责。他们的安全管理知识、安全生产意识以及重大事故防范处理方式等与企业的安全生产工作有着密切的关系。接受相关的安全培训，是生产经营单位主要负责人的法定义务，他们应具备与所从事的生产经营活动相适应的安全生产知识和管理能力。

70. 生产经营单位安全生产管理人员安全培训包括哪些内容？

案例聚焦

老贾是某电器元件厂职工，经过多年努力，于 2021 年年底公开竞聘，被选任为该企业副总经理，主管企业安全生产工作。2022 年 4 月，该市应急管理局打算组织一次专门针对安全生产管理人员的培训，要求各生产经营单位安全生产管理人员必须参加。由于老贾刚接手安全生产工作不久，他对于相关业务知识缺乏深入了解，认为此次培训是提升自己业务能力的好机会，他摩拳擦掌，准备好好学习一番。

分析点评

生产经营单位的安全生产管理人员主要负责企业的具体安全生产工作，由于其工作内容与工作性质和企业主要负责人不同，因此，二者接受培训的内容也是所区别的。

根据《生产经营单位安全培训规定》第 8 条的规定，生产经营单位安全生产管理人员安全培训应当包括下列内容：

(1) 国家安全生产方针、政策和有关安全生产的法律、法规、规章及标准；

(2) 安全生产管理、安全生产技术、职业卫生等知识；

(3) 伤亡事故统计、报告及职业危害的调查处理方法；

(4)应急管理、应急预案编制以及应急处置的内容和要求；

(5)国内外先进的安全生产管理经验；

(6)典型事故和应急救援案例分析；

(7)其他需要培训的内容。

核心提示

在生产经营单位中，相对于主要负责人来说，安全生产管理人员的安全管理工作更为具体和细化。因此，法律规定安全生产管理人员需要就伤亡事故统计、报告及职业危害的调查处理方法等比较具体的内容接受培训。

此外，根据《生产经营单位安全培训规定》第9条的规定，生产经营单位主要负责人和安全生产管理人员初次安全培训时间不得少于32学时，每年再培训时间不得少于12学时。煤矿、非煤矿山、危险化学品、烟花爆竹、金属冶炼等生产经营单位主要负责人和安全生产管理人员初次安全培训时间不得少于48学时，每年再培训时间不得少于16学时。

71. 生产经营单位新员工岗前安全培训至少需要多少学时，培训内容包括哪些？

案例聚焦

近期，随着经济形势好转，某化学制品厂的订单量越来越多。为了缓解生产压力，该厂紧急招聘了30名员工，在对他们进行了简单的技术和工作流程培训后，打算安排他们立即上岗。安全生产部门的负责人提出，就是生产再急，也要对新职工进行岗前安全培训，否则，不得上岗。

分析点评

对于生产经营单位新上岗的从业人员来说，岗前安全培训是非常必要的。通过岗前安全培训可以进一步提高劳动者的安全生产素质，减少安全生产事故的发生。

关于培训时间，根据《生产经营单位安全培训规定》第13条的规定，生产经营单位新上岗的从业人员，岗前安全培训时间不得少于24学时。煤矿、非煤矿山、危险化学品、烟花爆竹、金属冶炼等生产经营单位新上岗的从业人员安全培训时间不得少于72学时，每年再培训的时间不得少于20学时。

在本案中，某化学制品厂属于高危行业，新员工岗前培训不得少于72学时，同时每年都必须接受安全生产再培训，且每年不少于20学时。

关于培训内容，因岗位级别的不同而有所不同。根据《生产经营单位安全培训规定》第14条至第16条的规定可知：

第一，厂（矿）级岗前安全培训内容应当包括：（1）本单位安全生产情况及安全生产基本知识；（2）本单位安全生产规章制度和劳动纪律；（3）从业人员安全生产权利和义务；（4）有关事故案例等。此外，煤矿、非煤矿山、危险化学品、烟花爆竹、金属冶炼等生产经营单位厂（矿）级安全培训除包括上述内容外，应当增加事故应急救援、事故应急预案演练及防范措施等内容。

第二，车间（工段、区、队）级岗前安全培训内容应当包括：（1）工作环境及危险因素；（2）所从事工种可能遭受的职业伤害和伤亡事故；

(3)所从事工种的安全职责、操作技能及强制性标准;(4)自救互救、急救方法、疏散和现场紧急情况的处理;(5)安全设备设施、个人防护用品的使用和维护;(6)本车间(工段、区、队)安全生产状况及规章制度;(7)预防事故和职业危害的措施及应注意的安全事项;(8)有关事故案例;(9)其他需要培训的内容。

第三,班组级岗前安全培训内容应当包括:(1)岗位安全操作规程;(2)岗位之间工作衔接配合的安全与职业卫生事项;(3)有关事故案例;(4)其他需要培训的内容。

核心提示

煤矿、非煤矿山、危险化学品、烟花爆竹、金属冶炼等生产经营单位必须对新上岗的临时工、合同工、劳务工、轮换工、协议工等进行强制性安全培训,保证其具备本岗位安全操作、自救互救以及应急处置所需的知识和技能后,方能安排上岗作业。

加工、制造业等生产单位的其他从业人员,在上岗前必须经过厂(矿)、车间(工段、区、队)、班组三级安全培训教育。生产经营单位应当根据工作性质对其他从业人员进行安全培训,保证其具备本岗位安全操作、应急处置等知识和技能。

此外,从业人员在本生产经营单位内调整工作岗位或离岗一年以上重新上岗时,应当重新接受车间(工段、区、队)和班组级的安全培训。

72. 发生安全生产事故后，安全生产负责人是否需要重新参加安全培训？

案例聚焦

某建筑公司是某央企的下属子公司，日常管理中高度重视安全生产工作，制定了一系列安全生产管理制度，编制了安全生产责任清单，而且每年定期检查安全工作，实现所有项目安全检查全覆盖。2022年8月，正值当地雨季，该建筑公司运输队张某带队到邻县运输原材料，不巧在半路遇到山洪，大桥被冲毁，连人带车被冲入河中。事故造成张某等3人死亡。公司妥善处理了遇难员工的后事。当地应急管理部门立即向该公司发出通知，要求其主要负责人和安全管理员重新参加安全培训。该公司负责人认为，公司平时一直非常重视安全生产工作，而且此次事件属于不可抗力造成的意外事故，不知道是否有必要重新接受安全生产培训。

分析点评

安全生产是保护劳动者从业安全的基本条件，因此，做好安全生产工作有十分重要的意义。在实践中，从事生产经营的企业很容易发生安全生产事故，为了减少事故发生频率，企业安全生产工作必须常抓不懈。

《安全生产培训管理办法》第12条规定："中央企业的分公司、子公司及其所属单位和其他生产经营单位，发生造成人员死亡的生产安全事故的，其主要负责人和安全生产管理人员应当重新参加安全培训。特种作业人员对造成人员死亡的生产安全事故负有直接责任的，应当按照《特种作业人员安全技术培训考核管理规定》重新参加安全培训。”由此可知，在安全事故发生后，如果存在人员死亡的情形，主要责任人及安全生产管理人员应重新参加安全生产培训。这是法律的明确要求，而不论企业或生产人员在此事故中是否存在过错。

在本案中，某建筑公司在发生有人员死亡的事故后，应当立即对主要负责人和安全生产管理人进行安全教育培训，通过事故反思存在自身管理存在的问题，查找漏洞，避免再次出现类似事故。

核心提示

无论企业在日常管理中的安全生产制度如何完善，一旦发生安全事故，就说明企业在安全生产管理中仍然存在薄弱环节，亟须查找不足。因此，在发生造成人员死亡的生产安全事故后，相关主要责任人和安全生产管理人员一定要及时参加安全生产培训，对标对表查找自身安全生产管理工作存在的疏漏之处，完善安全管理方案及制度，防止类似重大安全事故的再次发生。

73. 生产经营单位中“师傅带徒弟”的做法是否已经过时？

案例聚焦

某化工厂每年都会招聘一批新员工，公司要求新员工在入职前必须进行集中的安全生产以及相关业务知识的培训。小于是2022年新招入职员工之一,经过培训后被分配到原料车间。车间主任指派了一名老员工老张担任小于等3名新员工的师傅,指导他们进行具体工作操作,同时负责日常工作的管理考核。小于认为,当今企业已经基本实现了现代化管理,"师傅带徒弟"这种模式已经过时,某化工厂这种做法显然没有与时俱进。车间主任说,"老带新"的模式虽然由来已久但并不过时,化工厂每个岗位专业性都很强,师傅手把手传授徒弟有利于确保员工的工作安全,也能让新员工迅速成长。

分析点评

"师傅带徒弟"的做法虽然是比较传统的工作模式,但在现代企业生产发展中仍然受用。老员工带教新员工是一种经典的工作模式,一方面可以快速传授工作经验和工作技能,从而提高工作效率;另一方面可以加强团队成员之间的沟通联系,促进团队合作。

《安全生产培训管理办法》第13条明确规定:"国家鼓励生产经营单位实行师傅带徒弟制度。矿山新招的井下作业人员和危险物品生产经营单位新招的危险工艺操作岗位人员,除按照规定进行安全培训外,还应当在有经验的职工带领下实习满2个月后,方可独立上岗作业。"

由此可知,国家鼓励"师傅带徒弟"的工作模式,并且,对于矿山新招的井下作业人员和危险物品生产经营单位新招的危险工艺操作岗位工作人员来说,还必须执行该老带新的模式。本案中,车间主任让老张担任小于等3名新员工的师傅,是符合当前国家法律要求的工作模式的,并不过时。

核心提示

在从事生产经营的企业中，没有相关工作经验的新员工进入陌生环境从事一种全新的工作，往往需要花费一定的时间和大量的精力来适应新的工作环境，尤其是初入社会的年轻人，可能会面对更多困难和问题。此时，“师傅带徒弟”的工作模式就可以发挥重要作用。老员工可以根据自身的工作经验向新员工传授工作技巧和要领，从而有效地引导新员工参加生产而减少错误的发生，进一步降低生产的安全风险。总之，“师傅带徒弟”的做法并不过时，而且是值得提倡的。

74. 生产经营单位在安全培训方面应接受哪些检查？

案例聚焦

某制造厂是某市重点生产企业。近日，某制造厂接到本市应急管理局的通知，下个月将开展一次安全生产培训监督工作，要求各相关单位对已开展的安全培训工作情况进行全面梳理，做好迎接上级部门检查的准备。程某是2020年底竞聘上岗的安全生产负责人，此项迎检工作由他具体负责。由于之前工作档案并不规范，他打算按照要求重新整理近年来本厂开展的安全培训工作档案。他查阅了相关资料，明确了生产经营单位安全培训的检查内容，从而确定了档案分类。

分析点评

安全培训可以提高劳动者的安全生产意识，按照国家法律规定，生产经营企业中每年都要有安全培训的计划及相关预算等。为了使企业更好地落实安全培训要求，监管机构要定期对企业的安全培训状况进行检查，从而确保安全培训工作落到实处，达到提升从业人员安全素质的目的。同时，生产经营单位要配合好检查工作，不得弄虚作假。

根据《安全生产培训管理办法》第 30 条的规定，安全生产监督管理部门、煤矿安全培训监管机构应当对生产经营单位的安全培训情况进行监督检查，检查内容包括：

(1)安全培训制度、年度培训计划、安全培训管理档案的制定和实施的情况；

(2)安全培训经费投入和使用的情况；

(3)主要负责人、安全生产管理人员接受安全生产知识和管理能力考核的情况；

(4)特种作业人员持证上岗的情况；

(5)应用新工艺、新技术、新材料、新设备以及转岗前对从业人员安全培训的情况；

(6)其他从业人员安全培训的情况；

(7)法律法规规定的其他内容。

核心提示

生产经营单位应当建立安全培训管理制度，保障从业人员安全培训所需经费，对从业人员进行与其所从事岗位相应的安全教育培训；从业人员调整工作岗位或者采用新工艺、新技术、新设备、新材料的，应当对其进行专门的安全教育和培训。未经安全教育和培训合格的从业人员，不得上岗作业。生产经营单位从业人员的培训内容和培训时间，应当符合《生产经营单位安全培训规定》和有关标准的规定。

75. 以不正当手段获得特种作业操作证的，会受到怎样的处罚？

案例聚焦

吴某是某机械制造厂的一名职工，一次，他与朋友吃饭期间得知，当前企业非常稀缺技术性人才，如果能考取电工特种作业操作证，工资会大幅提高，而且可能会因此升职。但是，吴某始终无法沉下心好好看书学习，连续考了三年特种作业操作证都没有考下来。后来，他在网上找到一家"包过"培训班，在考试时培训班给他发送了答案，吴某顺利通过考试，拿到了特种作业操作证。后来，该培训班被有关部门查处，通过该培训班拿到操作证的人也被撤销操作证并被处罚。

分析点评

安全生产是关乎劳动者生命安全的大事，来不得半点虚假，如果因为资质造假而使不具备专业能力的人从事相关作业，是非常危险的事情。

《安全生产培训管理办法》第35条规定："生产经营单位主要负责人、安全生产管理人员、特种作业人员以欺骗、贿赂等不正当手段取得安全合格证或者特种作业操作证的,除撤销其相关证书外,处3000元以下的罚款,并自撤销其相关证书之日起3年内不得再次申请该证书。”在本案中,吴某通过“作弊”的方式取得特种作业操作证,应当受到撤销证书、罚款等处罚。

核心提示

特种作业操作证是一种重要的安全凭证,用于相关人员从事一些特殊的与安全生产密切相关的工作。考取特种作业操作证,则证明相关人员具备了安全生产的相关知识,具备了从事特定工种的素质和能力。如果通过不正当手段获取特种作业操作证,就会造成不具备相关资质的人员走上专业性较强、危险性较大的工作岗位,很容易引发安全事故。

76. 安全培训机构应该具备怎样的条件,其在哪些方面应接受监督检查?

案例聚焦

根据上级部门要求,某市开展了一项安全生产联合检查专项行动,检查工作分多组同时开展,对本市安全生产相关部门进行全面检查。小刘所在的小组主要负责对全市安全培训机构进行检查。本市共有12家安全培训机构,领导要求小刘在检查工作开始前,制作一张检查工作清单,以便在工作时根据清单内容逐项完成。

分析点评

安全培训机构是指对外承揽生产经营企业等相关单位的安全培训业务，从事安全培训活动的专门机构。根据《安全生产培训管理办法》第5条的规定，安全培训机构应当具备从事安全培训工作所需要的条件。从事危险物品的生产、经营、储存单位以及矿山、金属冶炼单位的主要负责人和安全生产管理人员，特种作业人员以及注册安全工程师等相关人员培训的安全培训机构，应当将教师、教学和实习实训设施等情况书面报告所在地安全生产监督管理部门、煤矿安全培训监管机构。

安全生产培训机构是否具备相关资质，能否真正为生产经营单位培养具备安全生产素质的劳动者，是安全生产的重要保证，国家有关部门要通过监督管理的方式，督促安全培训机构发挥作用。安全培训机构应当配合安全生产监督管理部门的检查与监督。

根据《安全生产培训管理办法》第29条的规定，安全生产监督管理部门和煤矿安全培训监管机构应当对安全培训机构开展安全培训活动的情况进行监督检查，检查内容包括：

（1）具备从事安全培训工作所需要的条件的情况；

（2）建立培训管理制度和教师配备的情况；

（3）执行培训大纲、建立培训档案和培训保障的情况；

（4）培训收费的情况；

（5）法律法规规定的其他内容。

核心提示

实践中，很多生产经营单位没有专门的安全生产培训部门及培训人员，而是委托专业机构对本企业劳动者进行安全生产培训，安全生产培训机构就是专门承担此项业务的专业机构。安全培训机构应当建立安全培训工作制度和人员培训档案。安全培训相关情况,应当如实记录并建档备查。安全培训机构从事安全培训工作的收费,应当符合法律、法规的规定。法律、法规没有规定的,应当按照行业自律标准或者指导性标准收费。

第八章

安全生产作业规范

77. 接触、使用电气电力设备工具作业时，常见的触电原因有哪些？

案例聚焦

郭某是某建筑公司水电班的职工，其在开凿一卫生间墙槽时，因切割机切破电线，触电身亡。后经调查得知，造成本次事故的直接原因是施工现场用电设备、设施缺乏定期维护、保养，开关箱漏电保护器失灵，再加上郭某在工作时缺乏自我保护意识，使用手提切割机操作不当，以致割破电线造成触电。

分析点评

以生命为代价的教训往往是沉痛的。郭某的事情发生以后，其所在的建筑公司应深刻吸取教训，举一反三，加强安全管理。首先，应当组织安全部门、施工部门、技术部门以及现场维修电工等对施工现场进行全面的安全检查，不留死角。对查出的问题机械设备、电器装置等，应马上组织维修、更换，及时落实不留隐患。其次，应当培养从业人员的安全危机意识和规范操作习惯，在接触、使用电气设备、电力机械设施时应严格遵守安全生产规程，杜绝不规范操作电气电力设备。最后，应当进一步落实各级人员的安全生产岗位责任制，落实安全技术交底工作，并加强安全动态管理、危险作业和过程的监控等。

核心提示

在生产作业过程中,接触、使用电气电力设备工具的从业人员一般为具有相应从业资格的人员,如电工等,但是,现实中触电事故并不鲜见,究其原因,主要有以下几种:

(1)违章作业。现实中,由操作者本人过失所造成的触电事故较多,这里的过失一般体现为违章作业。

(2)凭经验作业。有时,凭经验往往是麻痹大意的表现,单凭经验去工作,在操作或检修电气设备时,不严格按照规程办事,很容易酿成事故。

(3)维护不良或更新换代不及时。电气设备损坏、陈旧或其绝缘老化、受潮时,极易发生漏电,特别对于在较大振动场所或经常要移动的设备,较容易发生火线碰壳。在使用这些设备时,便会引起触电。

(4)不利环境。不利环境表现为带有导电介质和酸、碱液等腐蚀介质,以及潮湿、高温等恶劣环境。处于这样环境中的导线、电缆及电气设备,其绝缘容易老化、损坏,还可能在设备外层附着带电物质。

(5)缺乏多方面的电气安全知识。从业人员对相关电气设备的性能、安全性等了解不够,缺乏相关知识。

(6)其他隐患。如使用规格不匹配的零部件,使用旧电线等。

从业人员在操作使用电气设备工具的过程中,应当清醒谨慎,严格规范操作,掌握电气安全的基本知识和操作技能,及时维护电气设备设施,杜绝电力设备存在的事故隐患,保障生产经营单位的用电安全。

78. 如何防范机械伤害事故?

案例聚焦

某公司发生一起机械伤害事故,造成1人死亡。事情的经过是这样的:在装取料机操作工驾驶装取料机夹取原料进行装炉作业时,司炉工路某突然离开工作区域走进装取料机运行范围内,并向炉前走去。最终,装取料机在正常运行的过程中,挤到站在炉门前的路某的脚部,致使其摔倒被挤压。有人发现后,立即跑到装取料机操作室前喊停。大家上前查看路某受伤情况,在场负责人立即拨打了"120"急救电话,路某经抢救无效死亡。

分析点评

机械伤害事故主要指机械设备运动(静止)部件、工具、加工件直接与人体接触引起的夹击、碰撞、剪切、卷入、绞、碾、割、刺等形式的伤害事故。易造成机械伤害的机械、设备包括运输机械,掘进机械,装载机械,钻探机械,破碎设备,通风、排水设备,选矿设备,其他转动及传动设备。

造成机械伤害事故的原因有很多,总结来看,主要有两个方面:

一是人的不安全状态。造成操作失误或者人员误入危险区域;时间紧迫没有充分考虑而处理问题;缺乏对动机械危险性的认识而产生操作失误;技术不熟练,操作方法不当;作业程序不当,违章作业;安全风险辨识不充分,现场管控措施不到位、未配备现场监督管理人员等。在本案中,如果安排专人现场监督装取料机运料操作,就不会存在装取料机操作工视觉盲区,从而能够及时有效观察到装取料机运行区域是否存在危险因素,就不会发生装取料机碰撞到路某的事情。当然,司炉工路某安全意识淡薄,存在违章行为,在装取料机运料时随意闯入装取料机运动区域也是造成事故的一大原因。

二是机械的不安全状态。如机器的安全设施不完善,通风、防毒、防尘、照明、防震、防噪声以及气象条件等安全卫生设施缺乏等;人为地使机器处于不安全状态,如取下安全罩、切除联锁装置等;走捷径、图方便、忽略安全程序,如不盘车、不置换分析等。

核心提示

总体来说,对机械伤害事故的预防,还要从源头抓起。生产经营单位要制定针对性的风险管控措施,严格落实岗位隐患排查治理工作,上好"开工第一课",提高岗位人员风险隐患防控能力和水平,切实提高一线员工安全意识,增强防范风险能力。同时,可以运用红外线报警、设定机械程序遇危险暂停、视觉投影安全提示等措施,来提高安全技术管理水平,防范机械伤人事故的发生。

此外,要严禁无关人员进入危险因素大的机械作业现场。各机械设备要做好维护,及时检修。机械设备开关布局必须合理,符合规定标准,便于操作者紧急停车,避免误开动其他设备。对人手直接频繁接触的机械,必须有完好的、能够随时可触及的紧急制动装置。

在具体使用机械过程中,从业人员应经过专门培训后上岗,要遵章守制,严禁违章作业。操作者在操作设备前应对机械设备进行安全检查,机械设备在运转时,严禁用手调整,严禁用手测量零件或进行润滑、清扫杂物等,严禁离开工作岗位,严禁玩手机等不看顾机器的运转。工作结束后不使用机械时,应注意检查开关是否关闭。

79. 使用手持式电动工具作业时应注意哪些安全事项?

案例聚焦

汪某是某机械厂切割机的操作工,一天,他发现一纵向手持切割机的刀锯与板坯摩擦有冒烟和燃烧现象,如不及时处理有可能引起火灾。于是,汪某当即停掉风机和切割机去排除故障,但没有关闭皮带机电源,皮带机仍然处于运转中。当他伸手去掏燃着的纤维板屑时,袖口连同右臂突然被皮带机齿轮绞住,直到其他人听到呼救声才关闭了皮带机电源。汪某被大家送往医院救治,但还是造成了伤残。经查,汪某已不是第一次如此清除切割机的故障,以前也没有关闭过电源,但都未造成事故,因而产生麻痹大意心理,逐渐形成习惯性违章。这次,汪某没那么幸运,终因违章操作而自食苦果。

分析点评

汪某的事故暴露出操作者安全意识淡薄、操作习惯不规范、存在侥幸心理,为事故的发生埋下了隐患。手持式电动工具较为灵活,在生产、建筑、矿山、工地等领域被广泛使用,但由于直接在使用者手中,具有一定的危险性,操作者要无比小心,规范使用,比如,要做到以下几点:

(1)根据触电防护方式的不同,手持式电动工具分为Ⅰ类、Ⅱ类和Ⅲ类。其中,Ⅱ类工具本身具有良好的双重绝缘性,在一般情况下应用比较广泛。Ⅲ类工具比Ⅱ类工具安全性更高，在潮湿、狭窄场所或金属构架上作业，选用Ⅲ类工具更安全。

(2)在湿热、雨雪、有爆炸性或腐蚀性气体的特殊场所，所使用的手持电动工具必须符合相应环境的特殊安全要求。一般情况下，禁止在易燃易爆场所使用手持电动工具。

(3)当电源与作业场所距离较远时，应采用移动电闸箱解决。

(4)严禁空载运行和过载运行工具，发现工具异常时，应由专业人员检查。

(5)操作者应避免在疲劳状态下操作工具，在高空使用时，应有辅助人。

(6)操作者必须执行安全技术操作规程，应穿好绝缘鞋、戴好绝缘手套等劳动防护用品，并站在绝缘板上操作。使用中挪动电动工具时只能手提握柄，不得提导线拉扯，也不要过分翻转，避免电源接头缠、扯脱落，使机壳带电或发生短路。

(7)工具的金属外壳应保障无裂缝和破损，紧固件应齐全有效；配用的导线、插头、插座应符合要求；开关动作要正常、灵活、完好；电气保护装置和机械保护装置要完好等。

(8)首次使用前，应检查移动电动工具的接零和绝缘情况，确认无误后才能使用。对于长期搁置或受潮的工具在使用前要测量绝缘电阻，看是否符合要求(Ⅰ类不低于2兆欧；Ⅱ类不低于7兆欧；Ⅲ类不低于1兆欧)。

(9)其他应当注意的规范要求。

核心提示

从业人员应妥善保管手持式电动工具，严禁随意让他人使用，并应定期检查,校验;在具体使用时,一定不能麻痹大意,要严格遵守操作规范。一旦发生事故,有人触电,应立即切断电源,进行急救;遇电气着火,应立即将有关电源切断,使用灭火器或干砂灭火。

80. 如何预防和面对矿井火灾?生产中常见的火险事故隐患有哪些?

案例聚焦

一天清晨,某煤矿因电缆起火发生一起火灾事故。当主管人员接到报告去相关立井查看时,电缆及电缆的护套塑料管已经被烧了10余米。后来,主管人员组织人员进行灭火并报警。经过消防人员和煤矿工作人员的奋战,直到当天晚上7时左右,火势才基本得到控制。经调查得知,事故发生的直接原因为某煤矿的安全设施不合格,供电系统没有安设检漏、接地、过流保装置,电路发生故障时导致电缆起火,再加上井下使用非阻燃电缆和塑料管护套,电缆起火时造成的灾害进一步扩大。

分析点评

本案事故属于矿井火灾。发生矿井火灾,不仅会造成资源的损失、工程和设备的破坏,还会直接威胁矿工的生命安全。由于矿井火灾发生在有限的空间内,其燃烧的过程比较缓慢,没有较大的火焰,外部征兆不明显,难以觉察,并且,炽热的含挥发性气体的烟流与相近巷道新鲜风流交汇后燃烧,使火源下风侧可能出现若干再生火源。更可怕的是,矿井火灾发生时，会在矿井内产生大量的有害气体，不仅会使工人吸入有毒气体，还有可能引发瓦斯煤尘爆炸事故。

预防矿井火灾，主要从两个方面入手：一是防止失控的高温热源；二是尽量采用不燃或耐燃材料支护和不燃或难燃制品，同时防止可燃物的大量积存。

一旦发现矿井火灾，发现火情的人员要保持镇定，迅速弄清火情，立即采取有效措施直接灭火，并及时报告。现场主管人员要立即按矿井灾害预防与处理计划的规定，将所有受火灾威胁的地区、火灾下风流烟雾区、发生风流逆转后的烟雾区以及可能发生爆炸等地区的人员撤离危险区域。矿领导人接到火警报告后，要先弄清火情，再根据具体情况迅速反应，启动事故应急救援预案，采取相应措施控制险情，进行事故救援。

核心提示

一般而言，在生产经营中，常见的火险事故隐患包括但不限于以下几个方面：

(1)生产工艺流程不合理，超温、超压以及配比浓度接近爆炸浓度极限，并无可靠的安全保证措施。

(2)易燃、易爆物品的生产设备与生产工艺条件不相适应，未安装安全装置或附件，或虽然安装但失灵；设备和容器检修前，未经严格的清洗和测试，检修方法和工具选用不当；设备有“跑”“冒”“滴”“漏”现象，未能及时检修而带“病”作业。

(3)易燃、易爆危险品的生产和使用的厂址，储存和销售的库址位置不合理，例如，生产场所住人，或者生产车间与员工宿舍在同一建筑内。

(4)易燃、易爆物品的运输、储存和包装方法不符合防火安全要求，性质抵触和灭火方法不同的危险品混装、混储，以及销售和使用不符合防火要求的物品。

(5)生产经营单位管理不严，在禁火区域无“严禁烟火”醒目标志，或虽有但执行不严格，仍有乱动火的迹象或抽烟现象等。

(6)电气设备、线路、开关的安装不符合防火安全要求，严重超负荷运作、线路老化、保险装置失去保险作用。

(7)建筑物的耐火等级、建筑结构与生产的火灾危险性质不相适应，建筑物的防火间距、防火分区或安全疏散及通风采暖等不符合防火规范要求。

(8)场所未有效设置自动喷水灭火系统和火灾自动报警系统，例如，消防设施不到位，封闭楼梯间防火门被拆除，室内消火栓无水，防火卷帘损坏，安全出口被堵塞，消控室无人值班等。

(9)其他有关容易引起火灾的问题。

81. 什么是焊工应遵守的“十不焊割”原则？

案例聚焦

某化工厂车间的条装工序——螺旋输送器空心螺杆在工作中发生断裂，工作人员发现情况后向车间主管人员李某进行了汇报。为了不影响生产进度，李某在未撤离在场从业人员的情况下，叫来没有焊工证但是平时能做些焊工活的员工范某，在未取得动火证的情况下，就展开焊接工作。在范某动火焊接螺旋输送器螺杆时，李某突然发现输送器空心螺杆内残存有易燃易爆化学物质，并有大量烟雾从断裂处喷出，当即将此情况告诉范某并询问是否有危险。范某却说这种情况也没有办法,但是应该没什么危险。李某使用水冲洗螺杆降温,范某继续违章施焊。危险还是发生了,不一会儿,车间发生爆炸。事故造成多人伤亡,厂房及部分机器设备被炸毁,直接经济损失达到数百万元。

分析点评

火灾与爆炸事故给生产单位和从业人员所带来的损害是最大的、最惨重的,是事故防范的重中之重。特别是从事化学品生产、使用、储存、运输、销售的企业,必须加强对火灾爆炸事故的充分防范,不能有丝毫的马虎大意。在本案中,主管人员李某违章指挥不具备焊工资格的范某进行焊接作业,并且,范某作为操作人员,在焊接过程中明明已经知道输送器空心螺杆内有残存易燃易爆化学物质,有大量烟雾从断裂处喷出,仍继续违规动火,进行焊接作业,都是完全错误的。他们忽视生产安全、不负责任的行为,不仅伤害了自己,也伤害了同事和所在单位,让人既愤怒又惋惜。作为焊工,在实际上岗作业时,一定要遵守相关规定,切记不可妄行。

核心提示

焊接火花是火灾和爆炸的重要火源,焊工在作业时要遵守"十不焊割"原则,一般为:

(1)无特种作业操作证不焊割。焊工未经安全技术培训考试合格领取特种作业人员操作资格证,不能进行焊割作业。

(2)禁火区未采取措施和未办理动火手续不焊割。在重点部门和重要场所,应办理动火手续才能进行焊割作业。

（3）在容器内工作没有12伏低压照明、通风不良及无人在场监护不能焊割。

（4）焊接设备安全附件不全或失效不焊割。

（5）装过易燃、易爆及有害物品的容器、管道，未彻底清洗和处理，未进行可燃气体浓度检测不焊割。

（6）有压力的管道或密闭容器，如空气压缩机、高压气瓶、高压管道、带气锅炉等设备内无专人监护、无防护措施不焊割。

（7）焊接作业区周围有易燃易爆物品，未消除干净，不能进行焊割。在禁火区内（防爆车间、危险品仓库附近）未采取严格隔离等安全措施，不能焊割。

（8）雨天露天作业无可靠安全措施不焊割。

（9）设备未断电、容器未泄压不焊割。

（10）焊体性质不清、火星飞向不明不焊割。

82. 使用施工升降机作业应注意哪些事项？

案例聚焦

某房地产开发项目施工现场发生一起施工升降机吊笼坠落事故。事故发生时，乘坐施工升降机准备到25层工作面作业的12人全部遇难。经事故调查认定，造成此次事故的直接原因是施工现场管理严重缺失，施工升降机安装、检测、日常检查、维护保养不到位。当东侧吊笼行至第44至第45标准节时，由于施工升降机第42至第43标准节间西侧两根连接螺栓紧固螺母脱落，倾覆力矩大于稳定力矩，致使第42标准节以上4节标准节倾倒,吊笼滚轮和安全钩滑脱标准节,对重钢丝绳脱离顶部滑轮,吊笼坠落。

分析点评

施工升降机在建筑等行业被广泛运用,使用施工升降机时,一般应注意以下事项:

(1)关于升降机司机的规定。司机必须持证上岗,未经专门安全技术培训、考试并取得特种作业操作证的人,不得使用和操作升降机;必须身体健康,无色盲,两眼视力各不得小于0.7,两耳均无听力障碍;必须熟悉所操作升降机的性能、构造、保养、维修知识,按规定及时填写各种表格。每台升降机必须至少配备两名操作司机。

(2)关于施工升降机的规定。保持升降机本身和周边环境整洁、安全,不得在升降机周边堆放易燃、易爆物品及其他杂物,不得利用升降机的机身等搭挂、支撑其他无关物品。保持升降机各零部件符合安全规定,如安全制动器的使用必须在有效期内、电梯制动器调节松紧要适度等。此外,施工升降机在安装完毕投入使用前,必须到当地安全监督管理部门登记备案和检验。

核心提示

在使用施工升降机作业时,应当注意下列事项:

(1)升降机工作时,严禁在吊笼下面及周围站人。

(2)升降机不得超载运行,吊笼乘人、载物时必须使载荷均匀分布,防止偏载。升降机运行过程中不得忽上忽下,任意改变运行状态。

(3)双笼升降机当一只吊笼在进行笼外保养或检修时,另一只吊笼不得运行。

(4)升降机应装有可靠的通信装置,操作人员必须在得到指挥信号后才能进行操作,作业时思想要集中。运行前必须响铃鸣声示警,夜间操作应有足够照明。

(5)升降机运行中,司机不准做有妨碍升降机运行的动作,升降机未切断总电源开关前,司机不得离开操作岗位。

(6)升降机工作结束后,应把吊笼放到地面,使钢丝绳放松,严禁将吊笼停留在空中。要把各控制开关扳至零位,切断电源,锁好闸箱和厢门。

(7)遇有恶劣天气、灯光不明、信号不清、机械发生故障未排除、钢丝绳断丝磨损超过报废标准等情况不得使用升降机。

(8)其他需要注意的事项。

83. 使用起重机进行吊装、搬运作业应注意哪些事项?

案例聚焦

某管桩公司与某物流公司是常年合作单位,由某物流公司为某管桩公司运输管桩。郭某是某管桩公司的一名主管,平时负责管理管桩的装卸、运输等事项。刘某是某物流公司的拖挂车司机,与郭某较为熟悉。一天,刘某开车去某管桩公司装货时,正赶上某管桩公司的吊车司机不在,刘某不愿意等,跟郭某商量,让郭某操作吊车装货。郭某考虑到自己会使用吊车便答应了刘某的要求。在郭某操作吊装作业的过程中,由于一管桩两端不平衡,导致管桩脱钩,将站在下面的刘某砸伤。

分析点评

在本案中,郭某无证上岗,擅自操作起重机进行管桩装卸作业;刘某安全意识淡薄,在起重机升降过程中未按规定站在安全区域都是酿成事故的原因。

在进行起重吊装、搬运作业时,操作人员应当经过专业培训,并经考试合格持有特种作业操作资格证书。工作前必须佩戴安全帽,对投入作业的机械设备必须严格检查,确保完好可靠。起重作业时,现场指挥信号要统一、明确,坚决反对违章指挥。开车前,必须鸣铃或示警。操作中接近人时,亦应给予断续铃声或警报。对紧急停车信号,不论何人发出,都应立即执行。在起重物件就位固定前,操作人员不能离开工作岗位,不准在索具受力或者吊物悬空的情况下中断工作。当起重机上及其周围确认无人时,才可以闭合主电源。工作中突然断电时,应将所有的控制器手柄扳回零位。在重新工作前,应检查设备装置是否正常。操作人员接班时,应对制动器、吊钩、钢丝绳和安全装置进行检查,发现性能不正常时,应在操作前排除。

具体作业时,应做到轻装轻卸、堆放平稳、捆扎牢固,非必要不得搬运超载、超高、超长、超宽货物,必须搬运时,要经过相关部门的批准,并采取可靠的措施和设置明显标志。装卸、搬运粉状物料及有毒物品时,应佩戴必要的防护用品。

核心提示

吊装作业安全“十不吊”:

(1)超载或起吊物重量不清。

(2)指挥信号不清、多人指挥或违章指挥。

(3)捆绑、吊挂不牢或者不平衡可能引起吊物滑动。

(4)起吊物上有人或者有悬浮物。

(5)安全装置不齐全或动作不灵敏、失效者;起吊物结构或者零部件有影响安全工作的缺陷或者损伤。

(6)遇有压在下面或拉力不清的埋置物件。

(7)工作场地光线暗淡,无法看清场地情况和指挥信号。

(8)棱刃物体无衬垫措施。

(9)歪拉斜吊重物。

(10)六级以上大风或大雪、暴雨、大雾等恶劣天气。

84. 从业人员在高处作业时,应注意哪些事项?

案例聚焦

某热电公司煤码头上的一吊机在装卸煤作业时,绕在吊机上的钢丝绳断了一股。公司现场负责人打电话叫维修工冯某和高某前来更换钢丝绳。冯某和高某到达现场后,将吊机的吊臂头放在地面上,利用旧钢丝绳接新钢丝绳从吊臂头滑轮进行更换,更换过程中有一段一尺长的钢丝绳头卡在距地面5米高的钢丝绳卷筒内。高某见状,自告奋勇地要求爬上吊机顺下这根钢丝绳头。现场负责人点头表示同意。而高某没有系安全带就爬上了吊机。高某站在钢丝绳卷筒边的横梁上,双手拿着冯某递过来的撬杆捣钢丝头,不料,钢丝头滑动带动他惯性向前一俯,头朝下摔到地面。高某后因抢救无效死亡。

分析点评

通过这起事故，可以得到的教训是，建立安全生产责任制，完善相关安全管理制度，落实相应安全防范措施，有针对性地加强员工的安全教育培训，是提高全员安全意识、增强安全管理水平、确保安全生产的必要环节。

高处作业相比地面作业，更具有危险性。能在地面上预先做好的工作，必须在地面上处理完毕，应尽量减少高处作业。一般地，在高出地面2米及以上的地点进行的作业，都应视作高处作业。

高处作业均须先搭建脚手架或采取防止坠落措施，方可进行。在没有脚手架或者在没有栏杆的脚手架上工作，高度超过1.5米，必须使用安全带，或采取其他可靠的安全措施。在坝顶、陡坡、屋顶、悬崖、杆塔、吊桥以及其他危险的边沿进行工作，临空一面应装设安全网或防护栏杆，无法安装这些的，工作人员必须使用安全带。

在进行高处工作时，除有关人员外，不准他人在工作地点的下面行走或逗留。工作地点下面应装设围栏或其他保护装置，防止落物伤人。高处工作应一律使用工具袋。较大的工具应用绳拴在牢固的构件上，不准随便乱放，作业现场须经常清理，防止从高空坠落发生事故。

在露天进行高处作业时，要注意天气和环境等安全因素。气温过低、过高时，要防止操作人员发生冻伤、中暑的情况而导致安全事故；在六级及以上的大风以及暴雨、打雷、大雾等恶劣天气，应停止露天高处作业。

核心提示

高处作业“十不准”：

(1)未按规定办理高处作业审批手续的，不准登高作业。

(2)患有恐高症、高血压、心脏病、贫血、癫痫等的人,不准登高作业。高处作业人员,一般每年需要进行一次体格检查。

(3)未戴安全帽、系安全带,不扎紧裤管和无人监护的,不准登高作业。

(4)脚手架、踏板不牢的,不准登高作业。

(5)梯子撑脚无防滑措施的,不准登高作业。

(6)穿着易滑鞋、硬底鞋和带钉易滑靴(鞋)或携带笨重物件的,不准登高作业。

(7)石棉瓦和玻璃钢瓦上无牢固踏板的,不准登高作业。

(8)高压线旁无遮拦的,不准登高作业。

(9)夜间照明条件不足的,不准登高作业。

(10)遇有暴雨、雷电、大雾、沙尘暴、六级以上大风等不良天气时,不准露天登高作业。

85. 如何应对和有效预防坍塌事故?

案例聚焦

某公司新建厂房工程在施工过程中发生模板坍塌事故,造成3人死亡、1人重伤。经调查得知,发生事故的直接原因为施工单位在组织施工人员对第3层6~10轴段的力柱和顶部梁、板进行混凝土浇筑作业时,擅自改变原有施工组织设计方案及施工技术要求,同时实施柱和梁、板浇铸,使6~10轴段区域的6根力柱起不到应有的刚性支撑作用,导致坍塌。

分析点评

坍塌事故，主要包括土方坍塌、脚手架坍塌、模板坍塌、拆除工程的坍塌、建筑物坍塌等。坍塌事故因塌落物自重大、作用范围大，常造成重大或特大人身伤亡事故。坍塌事故的发生与土方工程边坡坡度、施工方法、土质均匀程度以及外荷载等情况有密切关系。

因塌方造成人身事故后，排险和抢救应由有经验的人统一指挥进行，且应同时采取两个方面的措施，一方面立即扒土，抢救伤员并密切注意伤员情况，防止二次受伤；另一方面对伤员上部土体应采取临时支撑措施，防止因二次塌方伤害抢救者或加重事故后果。

管理到位往往能有效预防坍塌事故的发生。因此在宏观的安全管理和施工管理方面，必须规范编制施工方案、制定有针对性的安全技术措施，由施工单位各部门会审后经总工程师（或技术负责人）审核并签字。技术负责人必须有作业人员进行书面安全技术交底，并明确现场施工安全负责人。施工时由施工安全负责人指定专人负责监控，并加强安全检查，发现问题和隐患必须及时处理和整改。

核心提示

关于坍塌事故的预防，不仅要从管理方面予以落实，还要在从业人员身上下功夫，要加强从业人员的安全生产意识，规范作业，发现险情及时撤离。例如，挖土方时，如发现边坡附近土体出现裂纹、掉土及其他塌方险情时，应立即停止作业并撤离，待查明原因后，再决定是否继续作业。

使用脚手架作业时，要加强对脚手架的日常检查维护，重点检查架体基础变化、各种支撑及结构连接的受力情况，脚手架的前部基础沉陷或施工需要掏空时，应根据具体情况采取加固措施。当出现危及架体稳定的隐患时，应立即停止使用，并制定有针对性的措施，限期加固处理。

86. 如何有效预防物体打击事故？

案例聚焦

郑某是某工程公司的施工人员。一天，他与同事被安排前往一排水管复位工程项目工地进行下水道排管施工作业。由于一处下水管道连接头未承插到位，郑某等三人进入沟槽准备对接好管道。当大家把准承插方向时，堆放在沟槽上方的堆土忽然滑落至沟槽，其中一块约 20 厘米见方的泥块砸中郑某的头部。郑某由于惯性向前倾倒。不幸的是，由于他没有扣好安全帽，在向前倒下的过程中，安全帽脱落，而其头部恰好撞在玻璃钢夹沙管口部。郑某受伤严重被送往医院，后经医院医生的奋力抢救，虽然保住了生命，却成了植物人。

分析点评

物体打击事故是指失控物体（如落下物、飞来物、滚石、锤击、碎裂崩块）的惯性力造成的人体伤害事故。常见的物体打击伤害有钢管打击、砖头石块打击、木头打击、模板打击、零部件打击、工具打击等。

在打击事故中，最致命的不外乎对于伤者头部的打击，因此，规范佩戴安全帽是预防打击事故伤害的有效手段。在本案中，如果郑某的安全帽没有脱落，相信他也不会遭受那么大的伤害。

此外，为有效预防物体打击事故，除必须戴好安全帽外，还要做到文明施工，如所有材料堆放整齐、平稳，作业场地及时清扫，做到工完场清。立体交叉作业时，应采取可靠的安全隔离防护措施，严禁在同一垂直面上下同时作业。

打击事故不仅会伤害到从业人员，也有可能伤害到其他人员。因此，预防打击事故的发生，要注意方方面面。例如，在临街建筑面或高层建筑周边施工时，应用密目式安全立网密封，防止砖碴、石子、工具等坠落物伤人。高处作业人员应佩戴工具袋，小型工具、材料、配件等装入袋内，随用随拿，防止坠落伤人。在脚手架上进行砌筑施工时，砍砖要面对墙体，避免碎砖飞向架外伤人。在搭设或拆除脚手架和大型模板时，必须在作业区域设置警戒区，有专人负责警戒，严禁无关人员穿越警戒区。

核心提示

预防打击事故，除牢固树立安全生产和自我保护的安全意识外，还要做到：

(1)物料摆放稳固整齐，零散物品及时清扫。

(2)按要求正确佩戴安全帽，敲击(锤打)作业还要佩戴护目镜。

(3)高处作业时要划定作业区域，设置警示标志，必要时安排专人警戒。

(4)按规范要求设置脚手架和有效的防护网，定期检查建(构)筑物，及时排除安全隐患。

(5)禁止乱扔物料，常用工具要按规定放在工具袋内，不得随手乱扔、乱放。

(6)严禁从高处往下抛掷物品或向上递工具。

87. 在井下行走或乘车时，有哪些安全注意事项？

案例聚焦

孙某是某煤矿井运输队的司机。一天，他在井下开车时，行驶至井底车场某交叉点弯道时，由于车速较快，向右拐弯时，致使放置在电机车右侧平台的矿车硬连接的连杆滑落。连杆一端抵到巷道右帮，一端抵到孙某的腹部，孙某腹部受伤。此次事故暴露出机车司机在井下开车时安全意识不强，押车工的安全联保工作落实亦不到位。如果他们注意在井下开车的安全事项，一定可以避免该事故的发生。

分析点评

通过孙某的事故得到的教训是，严禁将任何物品放置于电机车平台两侧，严禁车速过快。同时，应当加强井下运输系统事故隐患排查，发现隐患，及时消除；强化安全管理力度，加大作业现场督察力度，发现问题，及时纠偏。井下开车要加强安全事故防范意识，在井下行走和乘车同样也需要注意安全。

核心提示

在井下进行生产操作，需要在巷道中行走时，要走人行道，不准在轨道中间行走，不准随意横穿电机车轨道、绞车道；携带长件工具时，要注意避免碰伤他人和触及架空线，当车辆接近时要立即进入躲避硐室暂避。严禁扒车、跳车，严禁在刮板输送机上行走；在带式输送机巷道中，不准钻过或跨越输送带。

任何人都不准从立井和斜井的井底穿过；在横穿大巷，通过弯道、交叉口时，要做到“一停、二看、三通过”；在兼作行人通道的斜巷内行走时，必须严格执行“行人不行车，行车不行人”的规定，不准与车辆同行。不准擅自进入钉有栅栏和挂有危险警告牌的地点，不可强行通过爆破警戒线、进入爆破警戒区。

乘罐笼、乘坐斜巷人车、乘坐架空乘人装置、乘坐平巷人车时，应遵守有关乘车规定，听从指挥，跟随信号指示，严禁嬉戏打闹、抢上抢下；严禁超载，要关好罐笼门、车门，挂好防护链，不能在机车上或两车厢之间搭乘；严禁人货同载，不乘坐已装物料的罐笼、矿车。

应在专门的地点和位置上下车，严禁中途违反规定扒上跳下；应保持良好精神状态，不能在罐内、车内躺卧和打瞌睡，不能将头、手脚和携带的工具伸到罐笼和车辆外面等；除专职人员外，任何人不准乱发开车停车信号，遇车辆掉道时，须立即向司机发出停车信号；携带易燃易爆物品的人严禁与上下班的人同时乘车。

88. 如何预防瓦斯和煤尘爆炸事故？

案例聚焦

2020年10月20日下午1时59分36秒，某煤业有限公司某分公司（以下简称某分公司）1208回采安装工作面封闭的废弃切眼内发生瓦斯爆炸，产生冲击波冲垮密闭墙，飞出的闭墙料石击中在闭墙外作业的人员，造成4人死亡、1人受伤，直接经济损失1133万元。

此次事故的直接原因为：废弃切眼两侧密闭墙漏风使局部区域内形成瓦斯爆炸气体条件；顶板突然垮落或剧烈变形，金属支护材料相互摩擦或与巷道内的金属物体撞击产生火花，引起瓦斯爆炸；瓦斯爆炸产生的冲击波，瞬间摧毁密闭墙，飞出的闭墙料石致人伤亡。事故间接原因为：某分公司违反管理制度有关规定，未严格落实安全风险辨识、管控制度，生产管理责任落实不到位等；某煤业有限公司对某分公司存在的安全隐患失管、失察，监督检查不到位等；相关政府部门对煤矿落实安全风险分级管控和隐患排查治理制度监管不到位等。①

分析点评

煤矿瓦斯、煤尘爆炸事故属于井下重大灾害事故，应设立有效措施防止此类事故的发生。我国应急管理部规章《煤矿安全规程》对煤矿通风、瓦斯和煤尘爆炸防治作了详细而专门的规定，有关单位和个人应严格遵守。

结合实际，井下重大灾害事故常见的预防措施与注意事项有：

(1)防止瓦斯积聚。要建立健全煤矿瓦斯管理制度，建立合理的矿井通风系统，严禁敞开风门，严禁物料堵塞风道。局部通风机应由专人负责管理，其他人不可随意停开。严禁超通风能力生产。

(2)防止明火。在井下严禁吸烟和使用明火，严禁携带烟草及打火机等引火物入井。井下需要进行电焊、气焊和喷灯焊接作业时，要经过审批，并按有关规定执行。

---

① 事故来源：中国煤炭网，http://www.ccoalnews.com。

(3)防止电火花和摩擦火花。井下使用的机械和电气设备,要始终处于完好状态,防止出现电火花;采煤作业时,要防止设备与煤层中坚硬矿物摩擦产生火花。

(4)防止爆破火焰和高温热源。爆破使用的炸药、雷管、炮泥、装药量以及放炮地点附近的瓦斯浓度等必须符合有关规定。禁止放糊炮、明炮。

(5)要爱护监测监控设备。不能擅自调高监测探头的报警值,不能破坏瓦斯监测探头。

(6)发现问题及时撤离、上报。如发现通风设施破损、工作不正常或风量不足时,要及时报告,修复处理;观察到有煤与瓦斯突出的征兆时,要立即停止作业,从作业地点撤出,并及时报告。

(7)井下不能随意拆开、敲打、撞击矿灯,不准带电检修、搬迁电气设备,更不能使用明刀闸开关。

(8)要认真实施各项综合防尘措施,并爱护防尘设备设施,不可随意拆卸、损坏。

(9)其他需要注意的事项。

核心提示

在瓦斯、煤尘爆炸事故中,由爆破作业直接或间接引发的事故占有很大比例。加强井下爆破管理工作,应为防范此类事故发生的重点。防止爆破作业过程中引发瓦斯、煤尘爆炸事故,除要建立洒水灭尘、瓦斯排放系统及定期清扫积尘外,还应严格执行《煤矿安全规程》及国家相关规定。

第九章

职业病防治与危害

89. 职业病的法定种类有哪些？

案例聚焦

沈某现年50岁，自20岁进入某市石料场工作，是该石料场的老员工。他刚开始到石料场上班时，主要从事运输、杂务等工作，企业转制后先后担任拆脚工兼安全员、深挖机手、点炮员、爆破工等。这几年，沈某因身体不舒服多方寻医就诊，医院临床诊断其为疑似尘肺病。后来，根据其职业史、现场调查以及临床检查资料，某市职业病诊断组对沈某作出了尘肺Ⅱ+期的诊断。石料场对此诊断不服，认为沈某不接触粉尘，不可能患尘肺病，向省职业病诊断鉴定组提请了鉴定，省职业病诊断鉴定组作出了维持该市职业病诊断组诊断结果的鉴定意见。

分析点评

不少企业在组织接触职业病危害的人员进行职业健康检查时，为减少费用，往往只安排部分与危害接触最严重的人员进行检查，从而忽视了其他人员。在本案中，企业负责人忽视了石料企业内粉尘无处不在的事实，以为不从事接触粉尘的工作就不会患尘肺病，这是错误的。在此，提醒用人单位和劳动者，不论职业病危害因素的强弱和患病可能的大小，都不能忽视对其的预防。

职业病，是指企业、事业单位和个体经济组织等用人单位的劳动者在职业活动中，因接触粉尘、放射性物质和其他有毒、有害因素而引起的疾病。职业病的分类和目录由国务院药品监督管理部门会同国务院劳动保障行政部门制定、调整并公布。2013年,原国家卫生计生委①、安全监管总局、人力资源和社会保障部、全国总工会联合组织对职业病的分类和目录进行了调整,印发了《职业病分类和目录》,将职业病分为十大类:

1. 职业性尘肺病及其他呼吸系统疾病

(1)尘肺病

①矽肺

②煤工尘肺

③石墨尘肺

④碳黑尘肺

⑤石棉肺

⑥滑石尘肺

⑦水泥尘肺

⑧云母尘肺

⑨陶工尘肺

⑩铝尘肺

⑪电焊工尘肺

⑫铸工尘肺

⑬根据《尘肺病诊断标准》和《尘肺病理诊断标准》可以诊断的其他尘肺病

(2)其他呼吸系统疾病

①过敏性肺炎

②棉尘病

---

① 2018年机构改革后撤并为国家卫生健康委员会。

③哮喘

④金属及其化合物粉尘肺沉着病（锡、铁、锑、钡及其化合物等）

⑤刺激性化学物所致慢性阻塞性肺疾病

⑥硬金属肺病

2. 职业性皮肤病

①接触性皮炎

②光接触性皮炎

③电光性皮炎

④黑变病

⑤痤疮

⑥溃疡

⑦化学性皮肤灼伤

⑧白斑

⑨根据《职业性皮肤病的诊断总则》可以诊断的其他职业性皮肤病

3. 职业性眼病

①化学性眼部灼伤

②电光性眼炎

③白内障（含放射性白内障、三硝基甲苯白内障）

4. 职业性耳鼻喉口腔疾病

①噪声聋

②铬鼻病

③牙酸蚀病

④爆震聋

5. 职业性化学中毒

①铅及其化合物中毒（不包括四乙基铅）

②汞及其化合物中毒

③锰及其化合物中毒

④镉及其化合物中毒

⑤铍病

⑥铊及其化合物中毒

⑦钡及其化合物中毒

⑧钒及其化合物中毒

⑨磷及其化合物中毒

⑩砷及其化合物中毒

⑪铀及其化合物中毒

⑫砷化氢中毒

⑬氯气中毒

⑭二氧化硫中毒

⑮光气中毒

⑯氨中毒

⑰偏二甲基肼中毒

⑱氮氧化合物中毒

⑲一氧化碳中毒

⑳二硫化碳中毒

㉑硫化氢中毒

㉒磷化氢、磷化锌、磷化铝中毒

㉓氟及其无机化合物中毒

㉔氰及腈类化合物中毒

㉕四乙基铅中毒

㉖有机锡中毒

㉗羰基镍中毒

㉘苯中毒

㉙甲苯中毒

㉚二甲苯中毒

㉛正己烷中毒

㉜汽油中毒

㉝一甲胺中毒

㉞有机氟聚合物单体及其热裂解物中毒

㉟二氯乙烷中毒

㊱四氯化碳中毒

㊲氯乙烯中毒

㊳三氯乙烯中毒

㊴氯丙烯中毒

㊵氯丁二烯中毒

㊶苯的氨基及硝基化合物(不包括三硝基甲苯)中毒

㊷三硝基甲苯中毒

㊸甲醇中毒

㊹酚中毒

㊺五氯酚(钠)中毒

㊻甲醛中毒

㊼硫酸二甲酯中毒

㊽丙烯酰胺中毒

㊾二甲基甲酰胺中毒

㊿有机磷中毒

51氨基甲酸酯类中毒

52杀虫脒中毒

53溴甲烷中毒

54拟除虫菊酯类中毒

㊺铟及其化合物中毒

㊻溴丙烷中毒

㊼碘甲烷中毒

㊽氯乙酸中毒

㊾环氧乙烷中毒

㊿上述条目未提及的与职业有害因素接触之间存在直接因果联系的其他化学中毒

6. 物理因素所致职业病

①中暑

②减压病

③高原病

④航空病

⑤手臂振动病

⑥激光所致眼(角膜、晶状体、视网膜)损伤

⑦冻伤

7. 职业性放射性疾病

①外照射急性放射病

②外照射亚急性放射病

③外照射慢性放射病

④内照射放射病

⑤放射性皮肤疾病

⑥放射性肿瘤(含矿工高氡暴露所致肺癌)

⑦放射性骨损伤

⑧放射性甲状腺疾病

⑨放射性性腺疾病

⑩放射复合伤

⑪根据《职业性放射性疾病诊断标准(总则)》可以诊断的其他放射性损伤

8. 职业性传染病

①炭疽

②森林脑炎

③布鲁氏菌病

④艾滋病(限于医疗卫生人员及人民警察)

⑤莱姆病

9. 职业性肿瘤

①石棉所致肺癌、间皮瘤

②联苯胺所致膀胱癌

③苯所致白血病

④氯甲醚、双氯甲醚所致肺癌

⑤砷及其化合物所致肺癌、皮肤癌

⑥氯乙烯所致肝血管肉瘤

⑦焦炉逸散物所致肺癌

⑧六价铬化合物所致肺癌

⑨毛沸石所致肺癌、胸膜间皮瘤

⑩煤焦油、煤焦油沥青、石油沥青所致皮肤癌

⑪β－萘胺所致膀胱癌

10. 其他职业病

①金属烟热

②滑囊炎(限于井下工人)

③股静脉血栓综合征、股动脉闭塞症或淋巴管闭塞症(限于刮研作业人员)

核心提示

职业病种类多，病症多样，一旦患病，会给患者带来很大的伤害。因此，对于职业病，要坚持预防为主、防治结合的方针，建立用人单位负责、行政机关监管、行业自律、职工参与和社会监督的机制，实行分类管理、综合治理。

根据《职业病防治法》的相关规定，职业病诊断，应当综合分析这些因素：

(1)病人的职业史；

(2)职业病危害接触史和工作场所职业病危害因素情况；

(3)临床表现以及辅助检查结果等。

没有证据否定职业病危害因素与病人临床表现之间的必然联系的，应当诊断为职业病。

此外，用人单位应当如实提供职业病诊断、鉴定所需的劳动者职业史和职业病危害接触史、工作场所职业病危害因素检测结果等资料；卫生行政部门应当监督检查和督促用人单位提供上述资料；劳动者和有关机构也应当提供与职业病诊断、鉴定有关的资料。

职业病诊断、鉴定机构需要了解工作场所职业病危害因素情况时，可以对工作场所进行现场调查，也可以向卫生行政部门提出，卫生行政部门应当在10日内组织现场调查。用人单位不得拒绝、阻挠。

90. 国家在职业病防治方面应当采取哪些措施?

案例聚焦

某县化肥厂现有劳动者800多人,主要生产碳铵、复合肥等产品。生产环境中存在煤尘、噪声、一氧化碳、氨、硫化氢及放射线等多种危害因素,为评价该厂生产环境中职业病危害因素的危害程度及卫生防护措施的有效性,保护劳动者健康,根据《职业病防治法》的要求,当地卫生行政部门对该厂工作场所职业病危害因素进行了调查,并由某医疗卫生机构对作业劳动者进行了职业健康检查。

经调查,发现该厂生产环境中除硫化氢未超标外,其他各项均有不同程度超标,尤其是噪声超标率达85.71%,氨超标率达60%,设备陈旧,“跑、冒、滴、漏”现象时有发生。从职业健康检查结果来看,随接触有害因素工龄的增长,劳动者患多种疾病的发病率增高,该厂职业病危害程度比较严重。

经研判,相关部门对该企业提出建议和要求:提高对职业病防治工作的重视,健全职业卫生;加强安全管理,防止“跑、冒、滴、漏”现象;加强个人防护,按时发放个体防护用品并指导劳动者正确使用;做好安全管理,防止作业原料、工具设备丢失损坏,接触放射性污染源的工作人员应配备个体防护用品;组织劳动者进行定期的职业健康检查,并对本次职业健康检查中指标异常人员进行复查、确诊、早期治疗。

分析点评

职业病防治工作坚持预防为主、防治结合的方针，建立用人单位负责、行政机关监管、行业自律、职工参与和社会监督的机制，实行分类管理、综合治理。对于职业病的防治，《职业病防治法》对国家、政府及有关部门的监管职责和防治措施作出了规定。

《职业病防治法》第8条规定："国家鼓励和支持研制、开发、推广、应用有利于职业病防治和保护劳动者健康的新技术、新工艺、新设备、新材料，加强对职业病的机理和发生规律的基础研究，提高职业病防治科学技术水平；积极采用有效的职业病防治技术、工艺、设备、材料；限制使用或者淘汰职业病危害严重的技术、工艺、设备、材料。国家鼓励和支持职业病医疗康复机构的建设。"这是从提高防治职业病的科技水平、技术水平等方面对国家态度作出的规定。如对于从事相关技术开发、设备或材料生产的企业，国家可以给予相应的扶持措施，以体现鼓励和支持的态度。

关于职业病防治的监督管理职责，根据《职业病防治法》第9条的规定，"国家实行职业卫生监督制度。国务院卫生行政部门、劳动保障行政部门依照本法和国务院确定的职责，负责全国职业病防治的监督管理工作。国务院有关部门在各自的职责范围内负责职业病防治的有关监督管理工作。县级以上地方人民政府卫生行政部门、劳动保障行政部门依据各自职责，负责本行政区域内职业病防治的监督管理工作。县级以上地方人民政府有关部门在各自的职责范围内负责职业病防治的有关监督管理工作。县级以上人民政府卫生行政部门、劳动保障行政部门（以下统称职业卫生监督管理部门）应当加强沟通，密切配合，按照各自职责分工，依法行使职权，承担责任"。

关于国家在职业病防治方面应当采取的措施，根据《职业病防治

法》的相关规定,可以得出:

(1)制定职业病防治规划并组织实施。国务院和县级以上地方人民政府应当制定职业病防治规划,将其纳入国民经济和社会发展计划,并组织实施。县级以上地方人民政府统一负责、领导、组织、协调本行政区域的职业病防治工作,建立健全职业病防治工作体制、机制,统一领导、指挥职业卫生突发事件应对工作;加强职业病防治能力建设和服务体系建设,完善、落实职业病防治工作责任制。乡、民族乡、镇的人民政府应当认真执行职业病防治法,支持职业卫生监督管理部门依法履行职责。

(2)对职业病防治进行宣传教育。县级以上人民政府职业卫生监督管理部门应当加强对职业病防治的宣传教育,普及职业病防治的知识,增强用人单位的职业病防治观念,提高劳动者的职业健康意识、自我保护意识和行使职业卫生保护权利的能力。

(3)进行相关的调查、统计、检测、评估等工作。国务院卫生行政部门应当组织开展重点职业病监测和专项调查,对职业健康风险进行评估,为制定职业卫生标准和职业病防治政策提供科学依据。县级以上地方人民政府卫生行政部门应当定期对本行政区域的职业病防治情况进行统计和调查分析。

(4)做好监督检查。县级以上人民政府职业卫生监督管理部门依照职业病防治法律、法规、国家职业卫生标准和卫生要求,依据职责划分,对职业病防治工作进行监督检查。

核心提示

职业病防治工作与劳动者的生命健康、社会经济的发展和市场主体的健康发展都有着密切关系,国家机关和各级人民政府应当高度重视职业病防治工作，履行法律规定的职责。根据《职业病防治法》第83条的规定，县级以上地方人民政府在职业病防治工作中未依照《职业病防治法》履行职责，本行政区域出现重大职业病危害事故、造成严重社会影响的，依法对直接负责的主管人员和其他直接责任人员给予记大过直至开除的处分。县级以上人民政府职业卫生监督管理部门不履行《职业病防治法》规定的职责，滥用职权、玩忽职守、徇私舞弊，依法对直接负责的主管人员和其他直接责任人员给予记大过或者降级的处分；造成职业病危害事故或者其他严重后果的，依法给予撤职或者开除的处分。

91. 用人单位应当采取哪些职业病防治管理措施？

案例聚焦

林某是某电子厂焊锡工，在车间里整天拿着一把电烙铁在电路板上焊接各种电子元件。焊接时，锡被熔化，会产生很浓的烟雾。而车间内抽风系统老旧，烟雾无法及时排除，常使作业环境灰蒙蒙一片，大家咳嗽声此起彼伏。如果整条生产线都在焊接，散发的烟雾就弥漫了整个车间，车间内连呼吸都困难。林某坚持工作了3个月，焊锡烟尘导致的咳嗽越来越严重。他看到有资料说，长期接触这种烟雾会引起职业病，颇为担心，便向厂里提出了辞职。在林某辞职后，某电子厂其他人也陆续提出了辞职。后来，厂里发现职工日渐减少，原来大家是由于车间烟雾问题担心患病，于是对车间的抽风系统进行了更换。

分析点评

可以看出,本案中的电子厂在职业病防治方面所作并不到位,没有及时做到依法履行职业病防治和实施相关防治管理措施的义务。

《职业病防治法》第4条至第7条从宏观方面规定了用人单位的职业病防治和职业卫生保障义务。例如,用人单位应当为劳动者创造符合国家职业卫生标准和卫生要求的工作环境和条件,并采取措施保障劳动者获得职业卫生保护。工会组织依法对职业病防治工作进行监督,维护劳动者的合法权益。用人单位制定或者修改有关职业病防治的规章制度,应当听取工会组织的意见。用人单位应当建立、健全职业病防治责任制,加强对职业病防治的管理,提高职业病防治水平,对本单位产生的职业病危害承担责任。用人单位的主要负责人对本单位的职业病防治工作全面负责。用人单位必须依法参加工伤保险。

具体操作层面,根据《职业病防治法》第20条的规定,用人单位应当采取下列职业病防治管理措施:

(1)设置或者指定职业卫生管理机构或者组织,配备专职或者兼职的职业卫生管理人员,负责本单位的职业病防治工作;

(2)制定职业病防治计划和实施方案;

(3)建立、健全职业卫生管理制度和操作规程;

(4)建立、健全职业卫生档案和劳动者健康监护档案;

(5)建立、健全工作场所职业病危害因素监测及评价制度;

(6)建立、健全职业病危害事故应急救援预案。

此外,根据《职业病防治法》第70条的规定,如果用人单位未依法采取职业病防治管理措施,将由卫生行政部门给予警告,责令限期改正;逾期不改正的,处十万元以下的罚款。

核心提示

用人单位应当依照法律、法规要求，严格遵守国家职业卫生标准，落实职业病防治管理措施，从源头上控制和消除职业病危害。例如，用人单位要保障对职业病防治所需的资金投入，采用有效的职业病防护设施；要为劳动者提供符合要求的个人使用的职业病防护用品；要优先采用有利于防治职业病和保护劳动者健康的新技术、新工艺、新设备、新材料，逐步替代职业病危害严重的技术、工艺、设备、材料。产生职业病危害的用人单位，应当在醒目位置设置公告栏，公布有关职业病防治的规章制度、操作规程、职业病危害事故应急救援措施和工作场所职业病危害因素检测结果；对产生严重职业病危害的工作岗位，应当在其醒目位置，设置警示标识和中文警示说明。对可能发生急性职业损伤的有毒、有害工作场所，用人单位应当设置报警装置，配置现场急救用品、冲洗设备、应急撤离通道和必要的泄险区。对职业病防护设备、应急救援设施和个人使用的职业病防护用品，用人单位应当进行经常性的维护、检修，定期检测其性能和效果，确保其处于正常状态，不得擅自拆除或者停止使用。

92. 劳动者应如何申请职业病诊断及鉴定？

案例聚焦

5年前，武某从四川老家到山西某煤矿打工，从事采矿工作。一天，他因交通事故受伤到医院检查，医生告诉他所受之伤并无大碍，但他肺部影像有阴影。当医生得知他从事采矿工作后，结合其临床症状等，称他肺部阴影极有可能为“尘肺”，是一种职业病，医生建议他去相关医院做进一步诊断。武某听从了医生的建议，准备去当地具有职业病诊断资格的医疗机构去申请职业病诊断。

分析点评

劳动者本人可以依法申请职业病诊断。《职业病防治法》第44条规定：“劳动者可以在用人单位所在地、本人户籍所在地或者经常居住地依法承担职业病诊断的医疗卫生机构进行职业病诊断。”

申请职业病诊断需要提交相关材料，根据《职业病诊断与鉴定管理办法》的有关规定，职业病诊断需要以下资料：

(1)劳动者职业史和职业病危害接触史(包括在岗时间、工种、岗位、接触的职业病危害因素名称等)；

(2)劳动者职业健康检查结果；

(3)工作场所职业病危害因素检测结果；

(4)职业性放射性疾病诊断还需要个人剂量监测档案等资料。

劳动者依法要求进行职业病诊断的，职业病诊断机构不得拒绝劳动者进行职业病诊断的要求，并告知劳动者职业病诊断的程序和所需材料。劳动者应当填写职业病诊断就诊登记表，并提供本人掌握的职业病诊断有关资料。同时，职业病诊断机构进行职业病诊断时，应当书面通知劳动者所在的用人单位提供上述职业病诊断资料，用人单位应当在接到通知后的10日内如实提供。用人单位未在规定时间内提供职业病诊断所需要资料的，职业病诊断机构可以依法提请卫生健康主管部门督促用人单位提供。

当事人申请职业病诊断鉴定时，应当提供以下资料：

(1)职业病诊断鉴定申请书;

(2)职业病诊断证明书;

(3)申请省级鉴定的还应当提交市级职业病诊断鉴定书。

职业病鉴定办事机构应当自收到申请资料之日起5个工作日内完成资料审核,对资料齐全的发给受理通知书;资料不全的,应当当场或者在5个工作日内一次性告知当事人补充。资料补充齐全的,应当受理申请并组织鉴定。职业病鉴定办事机构收到当事人鉴定申请之后,根据需要,可以向原职业病诊断机构或者组织首次鉴定的办事机构调阅有关的诊断、鉴定资料。原职业病诊断机构或者组织首次鉴定的办事机构应当在接到通知之日起10日内提交。职业病鉴定办事机构应当在受理鉴定申请之日起40日内组织鉴定、形成鉴定结论,并出具职业病诊断鉴定书。

核心提示

针对劳动者在申请职业病诊断和鉴定中遇到的一些难题,广大劳动者应当主动采取措施,注重留存证据,保护自己的利益。

(1)与用人单位无劳动合同时,可采取的措施:收集相关人证、物证;收集职业病防治医院的职业史调查表(在职业病人的住院病历当中)、工作服、工作证、考勤表、工资单、工资卡、用人单位平时出具的一些有关存在劳动关系的证明、相关的证人证言等,作为证明劳动关系的证据。

(2)用人单位从未组织职业健康检查时,可采取的措施:自己到指定机构进行检查,一旦查出职业病,就可以向用人单位提出赔偿。

(3)不知如何获得单位的职业病检测评估材料时,可采取的措施:有意识地提前收集。如对于工作场所历年职业病危害因素检测、评估材料，用人单位是应该入档、公布的，劳动者可以有意识地在诊断前收集。

93. 当事人对职业病诊断有异议的，该如何救济？

案例聚焦

叶某在某煤矿工作多年，从事采掘工作。2022 年年底，他被市疾病预防控制中心诊断为尘肺Ⅱ期。随后，叶某向市人力资源和社会保障局提出工伤认定申请，该局依法受理后作出了工伤认定决定书，认定叶某患有的尘肺Ⅱ期为工伤。某煤矿不服，向市人民政府申请行政复议。市人民政府作出行政复议决定书，维持市人力资源和社会保障局作出的工伤性质认定的具体行政行为。某煤矿仍不服，向人民法院提起行政诉讼，并在诉讼中称没有收到职业病诊断证明书，被剥夺了要求叶某重新诊断的权利。

分析点评

本案中某煤矿对叶某的职业病诊断是有异议的，因此，某煤矿在叶某被认定为工伤后，先后就人力资源和社会保障局作出的工伤认定提起了行政复议和行政诉讼。其实，某煤矿在一开始就得知叶某被诊断为职业病的情况下，如果对诊断结果有异议，可以依法要求鉴定。这也就是其在诉讼中所称的没有收到职业病诊断证明书，被剥夺了要求重新诊断的权利。依据法律的规定，职业病诊断证明书一式五份，劳动者一份，用人单位所在地县级卫生健康主管部门一份，用人单位两份，诊断机构存档一份。职业病诊断证明书应当于出具之日起15日内由职业病诊断机构送达劳动者、用人单位及用人单位所在地县级卫生健康主管部门。

职业病诊断应当由取得医疗机构执业许可证的医疗卫生机构承担。劳动者可以在用人单位所在地、本人户籍所在地或者经常居住地依法承担职业病诊断的医疗卫生机构进行职业病诊断。如果劳动者或用人单位对职业病诊断有异议,可以申请鉴定。对此,《职业病防治法》第52条有明确规定:“当事人对职业病诊断有异议的,可以向作出诊断的医疗卫生机构所在地地方人民政府卫生行政部门申请鉴定。职业病诊断争议由设区的市级以上地方人民政府卫生行政部门根据当事人的申请,组织职业病诊断鉴定委员会进行鉴定。当事人对设区的市级职业病诊断鉴定委员会的鉴定结论不服的,可以向省、自治区、直辖市人民政府卫生行政部门申请再鉴定。”

此外,《职业病诊断与鉴定管理办法》第34条也有相关明确规定:“当事人对职业病诊断机构作出的职业病诊断有异议的,可以在接到职业病诊断证明书之日起三十日内,向作出诊断的职业病诊断机构所在地设区的市级卫生健康主管部门申请鉴定。职业病诊断争议由设区的市级以上地方卫生健康主管部门根据当事人的申请组织职业病诊断鉴定委员会进行鉴定。”

核心提示

职工是否患职业病,应当经过职业病诊断机构依法诊断。职业病诊断机构作出职业病诊断结论后,应当出具职业病诊断证明书。职业病诊断证明书应当由参与诊断的取得职业病诊断资格的执业医师签署。职业病诊断机构应当对职业病诊断医师签署的职业病诊断证明书进行审核,确认诊断的依据与结论符合有关法律法规、标准的要求,并在职业病诊断证明书上盖章。当事人对职业病诊断有异议的,可以向作出诊断的医疗卫生机构所在地地方人民政府卫生行政部门申请鉴定。职业病鉴定实行两级鉴定制,设区的市级职业病诊断鉴定委员会负责职业病诊断争议的首次鉴定。当事人对设区的市级职业病鉴定结论不服的,可以在接到诊断鉴定书之日起 15 日内,向原鉴定组织所在地省级卫生健康主管部门申请再鉴定,省级鉴定为最终鉴定。

94. 在职业病前期预防方面,企业有哪些义务?

案例聚焦

某生产企业的主要经营范围为非金属矿物制品制造,接触粉尘、噪声等职业病危害因素。某日,市卫健局执法人员对某生产企业进行监督检查时,发现其并未提供职业病危害项目申报相关资料,自成立以来,也未按照规定及时申报作业场所产生的粉尘、噪声等职业病危害因素。后来,某生产企业被依法处以警告、罚款 5 万元的行政处罚,同时被责令立即改正违法行为。

分析点评

在本案中,某生产企业未按照规定及时申报职业病危害项目,其行为违反了《职业病防治法》第 16 条第 2 款的规定:“用人单位工作场所存在职业病目录所列职业病的危害因素的,应当及时、如实向所在地卫生行政部门申报危害项目，接受监督。”该条属于企业在职业病前期预防方面的法定义务之一。

关于职业病的前期预防，《职业病防治法》第二章进行了明确规定。下面来梳理一下企业在职业病前期预防方面的法定义务：

（1）用人单位应依照法律、法规要求，严格遵守国家职业卫生标准，落实职业病预防措施，从源头上控制和消除职业病危害。

（2）产生职业病危害的用人单位的设立除应当符合法律、行政法规规定的设立条件外，其工作场所还应当符合以下职业卫生要求：职业病危害因素的强度或者浓度符合国家职业卫生标准；有与职业病危害防护相适应的设施；生产布局合理，符合有害作业与无害作业分开的原则；有配套的更衣间、洗浴间、孕妇休息间等卫生设施；设备、工具、用具等设施符合保护劳动者生理、心理健康的要求；法律、行政法规和国务院卫生行政部门关于保护劳动者健康的其他要求。

（3）用人单位工作场所存在职业病目录所列职业病的危害因素的，应当及时、如实向所在地卫生行政部门申报危害项目，接受监督。

（4）新建、扩建、改建建设项目和技术改造、技术引进项目（以下统称建设项目）可能产生职业病危害的，建设单位在可行性论证阶段应当进行职业病危害预评价。医疗机构建设项目可能产生放射性职业病危害的，建设单位应当向卫生行政部门提交放射性职业病危害预评价报告；未提交预评价报告或者预评价报告未经卫生行政部门审核同意的，不得开工建设。

（5）建设项目的职业病防护设施所需费用应当纳入建设项目工程预算，并与主体工程同时设计、同时施工、同时投入生产和使用。医疗机构放射性职业病危害严重的建设项目的防护设施设计，经卫生行政部门审查同意后，方可施工。建设项目在竣工验收前，建设单位应当进行职业病危害控制效果评价。医疗机构可能产生放射性职业病危害的建设项目竣工验收时，其放射性职业病防护设施经卫生行政部门验收合格后，方可投入使用；其他建设项目的职业病防护设施应当由建设单位依法负责组织验收，验收合格后，方可投入生产和使用。

（6）对于从事放射性、高毒、高危、粉尘等作业的企业，国家实行特殊管理，具体管理办法由国务院制定。

核心提示

《职业病防治法》所规定的企业对于职业病防治的前期预防义务，用人单位和相关建设单位必须有效落实，否则，将承担相应的法律责任。关于法律责任，根据《职业病防治法》的规定，一般有警告、责令限期改正；逾期不改正的，处以数万元或数十万元罚款；情节严重的，责令停止产生职业病危害的作业，或者提请有关人民政府按照国务院规定的权限责令关闭、停建。

95. 劳动者享有哪些职业卫生保护权利？

案例聚焦

文某是某家具公司招聘进厂的新职工。某家具公司主要从事木质家具的生产，生产过程中存在木粉尘、噪声等职业病危害因素。文某从小跟着身为木匠的爸爸学手艺，深谙木匠工艺，并且有在其他家具厂工作的经历，属于熟练工。同时，文某也深知木质家具制作这一行粉尘严重，容易吸入肺里导致职业病，因此他平时工作时特别注重防护，基本都要戴上N95口罩。可是，文某在这家新公司的车间里发现，绝大部分木工都没有佩戴防尘口罩，即使正在进行切割木板作业的工人也没有戴口罩。文某跟工友询问口罩的事，工友表示进厂就发过一次口罩，如果经常戴还得自己买，又费钱又麻烦。

分析点评

在本案中，某家具公司没有为职工提供足够的职业病防护用品，属于违反《职业病防治法》的行为。《职业病防治法》第22条规定："用人单位必须采用有效的职业病防护设施，并为劳动者提供个人使用的职业病防护用品。用人单位为劳动者个人提供的职业病防护用品必须符合防治职业病的要求；不符合要求的，不得使用。"此外，获得相应的职业病防护用品，也是劳动者的一项职业卫生保护权利。

根据《职业病防治法》第39条第1款规定，劳动者享有下列职业卫生保护权利：

（1）获得职业卫生教育、培训；

（2）获得职业健康检查、职业病诊疗、康复等职业病防治服务；

（3）了解工作场所产生或者可能产生的职业病危害因素、危害后果和应当采取的职业病防护措施；

（4）要求用人单位提供符合防治职业病要求的职业病防护设施和个人使用的职业病防护用品，改善工作条件；

（5）对违反职业病防治法律、法规以及危及生命健康的行为提出批评、检举和控告；

（6）拒绝违章指挥和强令进行没有职业病防护措施的作业；

（7）参与用人单位职业卫生工作的民主管理，对职业病防治工作提出意见和建议。

在本案中,职工的职业卫生保护权利缺失,职业病防护措施没有得到有效的落实。某家具公司应该予以改正。必要时,职工可以将情况向有关行政部门进行报告,让行政机关来监督某家具公司,以让自身的上述权利得到有效的保障和落实。

核心提示

用人单位应当保障劳动者行使相应的职业卫生保护权利,不得因劳动者依法行使正当权利而降低其工资、福利等待遇或者解除、终止与其订立的劳动合同,即使发生这些行为,也属于无效。用人单位未保障劳动者依法行使职业卫生保护权利的,会承担如警告、罚款、责令限期改正、责令停止产生职业病危害的作业,甚至责令关闭的行政处罚。

96. 劳动者拒绝被调至具有职业病危害岗位的,用人单位可以将其解雇吗?

案例聚焦

石某入职某造船厂,在组装车间从事安装工作,并签订了2年的劳动合同。次年,某造船厂书面通知石某,要给其变更工作岗位,安排他到金属加工车间从事打磨工作。该车间充斥着噪声和矽尘,属于存在接触职业病危害因素的岗位。石某接到通知后,当即就表示不同意调岗。某造船厂见状,拿出当时石某进厂时所签的劳动合同,上面写着:“公司可根据工作需要调整员工的工作岗位,员工不服从调动安排的,公司有权解除劳动合同。”此时,石某还是不肯接受调岗。于是某造船厂将其解雇。石某不服,申请了劳动争议仲裁,要求某造船厂支付违法解除劳动合同的赔偿金。最后,劳动争议仲裁委员会裁决某造船厂支付石某违法解除劳动合同赔偿金。

分析点评

《职业病防治法》第33条规定:“用人单位与劳动者订立劳动合同(含聘用合同,下同)时,应当将工作过程中可能产生的职业病危害及其后果、职业病防护措施和待遇等如实告知劳动者,并在劳动合同中写明,不得隐瞒或者欺骗。劳动者在已订立劳动合同期间因工作岗位或者工作内容变更,从事与所订立劳动合同中未告知的存在职业病危害的作业时,用人单位应当依照前款规定,向劳动者履行如实告知的义务,并协商变更原劳动合同相关条款。用人单位违反前两款规定的,劳动者有权拒绝从事存在职业病危害的作业,用人单位不得因此解除与劳动者所订立的劳动合同。”

由该条可知,对于让劳动者从事具有职业病危害的岗位工作时,必须让其知情,且为其自愿接受该工作。换句话说,劳动者对其所从事的岗位是否存在职业病危害等具有知情权,同时对是否要从事这样的工作具有选择权。在本案中,石某进入某造船厂工作时,按照劳动合同,是到没有职业病危害的组装车间工作,而后来又被告知调入具有职业病危害的加工车间的打磨岗位,这明显超出了“合理的工作调动”的范畴,属于实质变更劳动合同。变更劳动合同要求双方平等协商,不可强求。因此,未经协商一致,石某有权拒绝,某造船厂不得因此与其解除劳动合同。而某造船厂强制解除劳动合同,属于违法行为,应向石某支付赔偿金。

核心提示

用人单位要保障劳动者对于所从事岗位的职业病相关情况的知情权，不得欺瞒，更不得先利用无职业病危害的岗位招入劳动者，而后再调整到有职业病危害的岗位。这些行为是对劳动者权利的侵犯。根据《职业病防治法》第71条的规定，用人单位订立或者变更劳动合同时，未告知劳动者职业病危害真实情况的，由卫生行政部门责令限期改正，给予警告，可以并处5万元以上10万元以下的罚款。

97. 对劳动者进行职业卫生培训是用人单位的法定义务吗？

案例聚焦

某石材公司属于村办企业，在采石场工作的职工基本为附近的村民。某县卫生计生综合监督执法局在进行监督检查的过程中发现，某石材公司未制定当年的年职业病防治计划和实施方案，也未按照规定组织劳动者进行职业卫生培训。某石材公司辩称，关于未组织职业卫生培训一事，是因为在采石场干活的村民不予配合，公司号召大家参加职业卫生知识讲座时，大多数人都不到场，因此后来就没有组织过培训活动。某县卫生计生综合监督执法局了解了相关情况，给予某石材公司警告的处罚，责令其进行整改，并帮助某石材公司对职工进行了职业卫生方面的宣传教育。

分析点评

《职业病防治法》第34条规定:“用人单位的主要负责人和职业卫生管理人员应当接受职业卫生培训,遵守职业病防治法律、法规,依法组织本单位的职业病防治工作。用人单位应当对劳动者进行上岗前的职业卫生培训和在岗期间的定期职业卫生培训,普及职业卫生知识,督促劳动者遵守职业病防治法律、法规、规章和操作规程,指导劳动者正确使用职业病防护设备和个人使用的职业病防护用品。劳动者应当学习和掌握相关的职业卫生知识,增强职业病防范意识,遵守职业病防治法律、法规、规章和操作规程,正确使用、维护职业病防护设备和个人使用的职业病防护用品,发现职业病危害事故隐患应当及时报告。劳动者不履行前款规定义务的,用人单位应当对其进行教育。”

可见,对劳动者进行职业卫生培训是用人单位的法定义务。同时,学习和掌握相关的职业卫生知识等,也是劳动者的义务。劳动者不履行相关义务的,用人单位有义务对其进行教育,帮助其改正。

在本案中,某石材公司因职工不配合职业卫生知识宣传普及工作而放弃组织职业卫生培训是不对的,其应该耐心教育职工,帮助他们提高职业病防范意识,认真学习职业卫生知识,从而更好地在劳动过程中保护自己。

核心提示

组织劳动者进行职业卫生培训、对劳动者个人职业病防护采取指导、督促措施,是用人单位的法定义务。用人单位违反该义务的,由卫生行政部门给予警告,责令其限期改正;逾期不改正的,处10万元以下的罚款。

此外，工会组织应当督促并协助用人单位开展职业卫生宣传教育和培训，有权对用人单位的职业病防治工作提出意见和建议，依法代表劳动者与用人单位签订劳动安全卫生专项集体合同，与用人单位就劳动者反映的有关职业病防治的问题进行协调并督促解决。

98. 什么是职业健康检查，包括什么内容？

案例聚焦

某企业多年来从未对噪声岗位务工人员进行过职业健康检查。近年来，不断有员工反映听力急剧下降。为此，某企业对噪声作业人员进行了首次在岗职业健康检查，结果发现过半员工听力损伤，部分员工达到职业性噪声聋的诊断标准。这时，某企业陷入两难的境地：如果继续让听力有损伤的员工从事原来的工作，将会进一步加剧其听力损伤；如果与他们解除劳动合同，不仅会失去很多熟练工，企业还需支付巨大的赔偿款。

分析点评

在本案中，某企业无视对职工的职业健康检查，既危害了职工的健康，也使自己陷入两难的尴尬境地。

《职业病防治法》第 35 条第 1 款规定："对从事接触职业病危害的作业的劳动者，用人单位应当按照国务院卫生行政部门的规定组织上岗前、在岗期间和离岗时的职业健康检查，并将检查结果书面告知劳动者。

职业健康检查费用由用人单位承担。”

由此可见，对从事接触职业病危害作业的劳动者进行职业健康检查是用人单位的法定义务。职业健康检查包括上岗前、在岗期间和离岗时三个阶段的检查，缺一不可。

（1）上岗前检查。上岗前检查的主要目的是发现有无职业禁忌症，建立接触职业病危害因素人员的基础健康档案。上岗前健康检查均为强制性职业健康检查，应当在开始从事有害作业前完成。

（2）在岗期间定期健康检查。定期健康检查的目的主要是：早期发现职业病病人、疑似职业病病人或劳动者的其他健康异常改变；及时发现有职业禁忌症的劳动者；通过动态观察劳动者群体健康变化，评价工作场所职业病危害因素的控制效果。

（3）离岗时健康检查。劳动者在准备调离或者脱离所从事的职业病危害作业或岗位前，应当进行离岗时健康检查，主要目的是确定其在停止接触职业病危害因素时的健康状况。

核心提示

用人单位应当依法依规对从事接触职业病危害作业的劳动者进行职业健康检查。并且，用人单位不得安排未经上岗前职业健康检查的劳动者从事接触职业病危害的作业；不得安排有职业禁忌的劳动者从事其所禁忌的作业；对在职业健康检查中发现有与所从事的职业相关的健康损害的劳动者，应当调离原工作岗位，并妥善安置；对未进行离岗前职业健康检查的劳动者不得解除或者终止与其订立的劳动合同。

此外，用人单位应当为劳动者建立职业健康监护档案，并按照规定的期限妥善保存。职业健康监护档案应当包括劳动者的职业史、职业病危害接触史、职业健康检查结果和职业病诊疗等有关个人健康资料。劳动者离开用人单位时,有权索取本人职业健康监护档案复印件,用人单位应当如实、无偿提供,并在所提供的复印件上签章。

根据《职业病防治法》第71条的规定,用人单位未按照规定组织职业健康检查、未建立职业健康监护档案或者未将检查结果书面告知劳动者的,由卫生行政部门责令限期改正,给予警告,可以并处5万元以上10万元以下的罚款。

99. 生产性粉尘对人体有哪些危害?

案例聚焦

陈某、王某带领20多位乡亲在某工程公司打工,他们这几年都在该工程公司承包的隧道开挖工程中工作。由于该隧道工程地质系石英砂岩、石英岩,岩石二氧化硅含量高达97.6%,在二氧化硅含量如此之高的地质岩层进行隧道作业,职业病危害相当严重。公司给每个人发放了防护口罩,并要求开凿时需带水作业,但实际上一直没有提供盛水的设备。由于不知道干粉作业有何危险,工人们也就没当回事,大多采用"干掘式掘进"进行作业。最近,陈某带来干活的乡亲有两位因肺病病倒了,不得不回家。并且,其他工友也有陆续病倒的现象。后来大家才知道这可能是患了职业病。果不其然,相关机构经过对200多名工人进行职业病鉴定,发现其中97名患有Ⅰ~Ⅲ期硅肺病,分别构成2~7级伤残。

分析点评

生产作业过程中,生产性粉尘可能对人体造成的职业病危害,以及粉尘防护处置不当可能造成的爆炸事故,应当引起用人单位和从业人员的高度重视。

在生产过程中形成的,能够较长时间漂浮在作业场所空气中的固体微粒,叫生产性粉尘。根据粉尘的性质,生产性粉尘可以分为无机粉尘和有机粉尘两类。再根据粉尘的来源,无机粉尘和有机粉尘又可以再进行细分。

其中,无机粉尘可分为三类:

(1)属性粉尘,如铁、铜、铝、锡、铅、锰、锰、铍等及其化合物粉尘;

(2)非金属的矿物性粉尘,如煤、稀土、石英、石棉、滑石等;

(3)人工无机粉尘,如水泥、金刚砂、玻璃纤维等。

有机粉尘也可分为三类:

(1)动物性粉尘,如丝、骨、皮毛、羽毛、角质粉尘等;

(2)植物性粉尘,如棉麻、烟草、木尘、谷物、茶、甘蔗等;

(3)人工有机粉尘,如橡胶、合成树脂、有机纤维等。

无机粉尘和有机粉尘混合存在的,又称为混合性粉尘。并且,在生产性粉尘中,多以混合性粉尘存在。

生产性粉尘进入人体后,根据其性质、沉积的部位和数量的不同,可引起不同的病变:

(1)尘肺。长期吸入一定量的粉尘可能引起尘肺,这是生产性粉尘引起的最严重的危害。

(2)粉尘沉着症。吸入某些金属粉尘,如铁、钡、锡,达到一定量时,会对人体会造成危害。

(3)有机粉尘可引起变态型病变。某些有机粉尘,如发霉的稻草、羽毛可引起间质肺炎或外源性、过敏性肺泡炎以及过敏性鼻炎、皮炎、湿疹或者支气管哮喘。

(4)呼吸系统肿瘤。有些粉尘已被确定为致癌物,如放射性粉尘、石棉、镍、铬、砷等。

(5)局部作用。吸入粉尘可使呼吸道黏膜受损,经常接触粉尘还可引起皮肤、耳、眼的疾病。粉尘堵塞皮脂腺,可使皮肤干燥,引起毛囊炎、脓皮病等。金属和磨料粉可引起角膜损伤,导致角膜混浊。沥青在日光下可引起光感性皮炎。

(6)中毒。吸入的铅、砷、锰等有毒粉尘,能在支气管和肺泡壁上溶解后被吸收,引起中毒。

核心提示

生产性粉尘对人体的损害是多方面的,直接的健康损害以呼吸系统损害为主,局部以刺激和炎性作用为主。当然,粉尘对人体影响最大的是对呼吸系统的损害,包括上呼吸道炎症、肺炎(如锰尘)、肺肉芽肿(如铍尘)、肺癌(如石棉尘、砷尘)、尘肺(如二氧化硅等尘)以及其他职业性肺部疾病等。在此,提醒有关生产经营单位和从业人员,应注意提高呼吸防护意识,科学选择防尘口罩,做好呼吸防护工作,把职业健康防护放到第一位。

100. 粉尘危害的防护原则有哪些？综合防尘和降尘措施有哪些？

案例聚焦

前些年，某市有多家乡镇水泥厂，劳动者多为本地的农民。这些农民长期从事接触粉尘的工作，个人防护意识差，仅有少部分人在工作时佩戴防尘口罩。并且，企业安全防护措施也不到位，存在生产密闭化程度低，卫生防护设施少，未及时提供劳动防护用品，除尘器的选型及安装不合理等情况。这些水泥厂不仅污染了环境，还造成了很多农民工罹患了尘肺职业病。后来，该市对其辖区的此类工厂进行了整治，情况好转了很多，但是，那些已经患有尘肺病的工人却落下了病根。

分析点评

要控制工作场所的粉尘浓度符合卫生标准要求，首先必须获得粉尘现场污染的第一手资料，如作业场所空气中粉尘浓度、粉尘中游离二氧化硅含量及粉尘的分散度等基本情况。而获取这些资料的主要工作即为粉尘检测。可以说，粉尘检测是评价所用的或者改进的防尘措施效果好坏的重要依据，并且，在一些可能存在粉尘爆炸性的生产当中，作业现场的粉尘检测是安全生产必不可少的环节，是保障生产及生命、财产安全的重要手段。

作业现场的粉尘监测包括评价监测、日常监测、监督监测、事故性监测，在选择作业场所粉尘监测采样点时，应当选择有代表性的工作地点（包括空气中有害物质浓度最高、劳动者接触时间最长的工作地点），空气收集器应当尽量靠近劳动者工作时的呼吸地带；在评价工作场所防护设备或措施的防护效果时，应根据设备的情况选定采样点，采样点应设在工作地点的下风向，远离排气口和可能产生空气涡流的地点。

粉尘作业的劳动防护管理应当采取三级防护原则：

（1）一级防护。主要措施包括：综合防尘，尽可能采用不含或者含游离二氧化硅低的材料代替含游离二氧化硅高的材料；在工艺要求许可的条件下，尽可能采取湿法作业；对作业环境的粉尘浓度实施定期检测，使作业环境的粉尘浓度达到国家标准规定的允许范围之内；对除尘系统加强维护和管理，使除尘系统处于完好、有效的状态；加强宣传教育、普及防尘的基本知识，教育和监督劳动者使用个人防尘用品，做好个人防护等。

（2）二级预防。主要措施包括：建立专人负责的防尘机构，制定防尘规划和各项规章制度；对新从事粉尘作业的劳动者，必须进行健康检查；对在职的从事粉尘作业的劳动者，必须定期进行健康检查，发现不宜从事接尘工作的劳动者，要及时调整。

（3）三级预防，主要措施包括：对已确诊为尘肺病的劳动者，应当及时调整原工作岗位，安排合理的治疗或疗养。患者的社会保险待遇按国家有关规定办理。

针对生产性粉尘的危害监测与控制，综合防尘和降尘措施包括以下方面：

（1）保障资金的投入，保证防尘和降尘工艺的改革和技术革新。

（2）采取湿式作业防治粉尘，降低环境粉尘浓度。

（3）加强通风及抽风措施。常在密闭、半密闭发尘源的基础上，采用局部抽出式机械通风，将工作面的含尘空气抽出，并可同时采用局部送入式机械通风，将新鲜空气送入工作面。

(4)将发尘源密闭，对产生粉尘的设备，尽可能在通风罩中密闭管理，并与排风结合，经除尘处理后再排入大气。

(5)加强对劳动个体的防护，保证劳动防护用品质量，监督劳动者正确佩戴和使用防护用品。

(6)加强经常性的维修和管理工作。

(7)定期检测环境空气中粉尘浓度，接触者要定期体检。

(8)加强相关宣传教育和技能培训。

核心提示

粉尘综合治理的防尘除尘措施可概括为八个字，即“革、水、密、风、管、教、护、检”。

“革”，是指工艺改革，以低粉尘、无粉尘代替高粉尘物料和设备，这是减少或消除粉尘污染的根本措施；

“水”，是指湿式作业可以有效抑制粉尘飞扬；

“密”，是指密闭发尘源，这是防治和减少粉尘外溢的重要措施；

“风”，是指通风排尘，采取通风措施将产尘点的含尘气体直接抽走；

“管”，是指负责人要重视防尘工作，防尘设施要改善；

“教”，是指要加强防尘工作的宣传教育，普及防尘知识；

“护”，是指在粉尘无法控制或高浓度粉尘条件下作业，必须合理、正确地使用防尘口罩、防尘服等个体防护用品；

“检”，是指定期对接尘人员进行职业健康检查，对从事特殊作业的人员应发放保健津贴。

101. 粉尘涉爆企业在粉尘防爆方面应落实好哪些工作？

案例聚焦

某日，市应急管理局接到举报，称某禽类制品公司存在安全生产违法行为。市应急管理局派执法人员到该公司突击检查，发现两处安全隐患：一是畜禽车间2号投料口除尘器进出风口无压差监测报警装置；二是畜禽车间1楼干式布袋除尘器无控爆措施。这两处均违反了《工贸企业粉尘防爆安全规程》的相关规定。后来，应急管理部门对该公司作出责令限期改正，处罚款2万元的行政处罚。

分析点评

粉尘涉爆企业，是指存在可燃性粉尘爆炸危险的冶金、有色、建材、机械、轻工、纺织、烟草、商贸等工贸企业。可燃性粉尘，是指在大气条件下，能与气态氧化剂（主要是空气）发生剧烈氧化反应的粉尘、纤维或者飞絮。本案中的禽类制品公司，为粉尘涉爆企业。其存在的两处安全隐患，违反了《工贸企业粉尘防爆安全规程》的相关规定，应急管理局对其作出相关行政处罚是正确的。

根据《工贸企业粉尘防爆安全规定》的相关规定，粉尘涉爆企业在粉尘防爆方面应落实好以下安全生产保障工作：

（1）明确并落实好企业领导责任。粉尘涉爆企业应当在本单位安全生产责任制中明确主要负责人、相关部门负责人、生产车间负责人及粉尘作业岗位人员粉尘防爆安全职责。企业主要负责人是粉尘防爆安全工作的第一责任人,其他负责人在各自职责范围内对粉尘防爆安全工作负责。

(2)结合企业实际情况建立和落实粉尘防爆安全管理制度。该制度的内容为:粉尘爆炸风险辨识评估和管控;粉尘爆炸事故隐患排查治理;粉尘作业岗位安全操作规程;粉尘防爆专项安全生产教育和培训;粉尘清理和处置;除尘系统和相关安全设施设备运行、维护及检修、维修管理;粉尘爆炸事故应急处置和救援。

(3)组织粉尘防爆专项安全生产教育和培训。粉尘涉爆企业应当组织对涉及粉尘防爆的生产、设备、安全管理等有关负责人和粉尘作业岗位等相关从业人员进行粉尘防爆专项安全生产教育和培训,使其了解作业场所和工作岗位存在的爆炸风险,掌握粉尘爆炸事故防范和应急措施;未经教育培训合格的,不得上岗作业。

(4)做好劳动防护。粉尘涉爆企业应当为粉尘作业岗位从业人员提供符合国家标准或者行业标准的劳动防护用品,并监督、教育从业人员按照使用规则佩戴、使用。

(5)制定应急救援预并组织演练。粉尘涉爆企业应当制定有关粉尘爆炸事故应急救援预案,并依法定期组织演练。发生火灾或者粉尘爆炸事故后,粉尘涉爆企业应当立即启动应急响应并撤离疏散全部作业人员至安全场所,不得采用可能引起扬尘的应急处置措施。

(6)做好定期监测和评估。粉尘涉爆企业应当定期辨识粉尘云、点燃源等粉尘爆炸危险因素,确定粉尘爆炸危险场所的位置、范围,并根据粉尘爆炸特性和涉粉作业人数等关键要素,评估确定有关危险场所安全风险等级,制定并落实管控措施,明确责任部门和责任人员,建立安全风险清单,及时维护安全风险辨识、评估、管控过程的信息档案。

(7)设置安全警示标志。粉尘涉爆企业应当在粉尘爆炸较大危险因素的工艺、场所、设施设备和岗位，设置安全警示标志。涉及粉尘爆炸危险的工艺、场所、设施设备等发生变更的，应当重新进行安全风险辨识评估。

(8)加强隐患排查与治理工作。粉尘涉爆企业应当根据《工贸企业粉尘防爆安全规程》等有关国家标准或者行业标准，结合粉尘爆炸风险管控措施，建立事故隐患排查清单，明确和细化排查事项、具体内容、排查周期及责任人员，及时组织开展事故隐患排查治理，如实记录隐患排查治理情况，并向从业人员通报。

(9)工程项目安全设施的设计、建(构)筑物的结构和布局要符合国家标准。粉尘涉爆企业在安全设施设计文件、施工方案中明确粉尘防爆的相关内容。建(构)筑物要采取防火防爆、防雷等措施，单层厂房屋顶一般应当采用轻型结构，多层厂房应当为框架结构，并设置符合有关标准要求的泄压面积。

(10)严格控制粉尘爆炸危险场所内作业人员数量。在粉尘爆炸危险场所内不得设置员工宿舍、休息室、办公室、会议室等，粉尘爆炸危险场所与其他厂房、仓库、民用建筑的防火间距应当符合《建筑设计防火规范》的规定。

(11)按规定使用除尘系统。粉尘涉爆企业应当按照《工贸企业粉尘防爆安全规程》等有关国家标准或者行业标准规定，将粉尘爆炸危险场所除尘系统按照不同工艺分区域相对独立设置，可燃性粉尘不得与可燃气体等易加剧爆炸危险的介质共用一套除尘系统，不同防火分区的除尘系统禁止互联互通等。

(12)做好定期清理工作，对粉尘防爆安全设备进行经常性维护。粉尘涉爆企业应制定并严格落实粉尘爆炸危险场所的粉尘清理制度，明确清理范围、清理周期、清理方式和责任人员；应当对粉尘防爆安全设备和危险场所设施设备进行经常性维护、保养。

核心提示

粉尘涉爆企业对粉尘防爆安全工作负主体责任，应当具备有关法律法规、规章、国家标准或者行业标准规定的粉尘防爆安全生产条件，建立健全全员安全生产责任制和相关规章制度，加强安全生产标准化、信息化建设，构建安全风险分级管控和隐患排查治理双重预防机制，健全风险防范化解机制，确保安全生产。如果粉尘涉爆企业的安全生产保障工作落实不到位，轻则被责令限期改正、罚款；重则被责令停产停业整顿、罚款；构成犯罪的，还要依照《刑法》有关规定被追究刑事责任。

102. 生产性毒物会对人体造成哪些伤害？

案例聚焦

郑某是某化工厂的职工。某日凌晨2时，该厂某台高压反应釜中进行的反应全部结束，需将反应釜内的尾气排净，才能进入下一道生产工序。这时，郑某及其他两名操作工准备排气出料。按照操作规程规定，应当先将尾气处理系统中的旋流塔循环碱泵和真空喷射泵同时开启，才能排放出尾气，再用碱液将尾气中的硫化氢等有害有毒物质分两步吸收除去。但正在现场指挥操作的技术员王某，下令开启旋流塔循环碱泵，泵启动后即开始排放尾气。这时，站在尾气排放口旁下风侧的郑某因吸入尾气中毒晕倒。另外两名操作工见状，赶过去拉他，结果也瘫倒在地。厂里的人员把他们三人紧急送往医院抢救。郑某因中毒较深，没有抢救过来，其余两名操作工经抢救脱离危险。

分析点评

经过调查分析发现，造成本起事故的直接原因是排放尾气过程中技术员王某违章指挥，致使排空尾气中硫化氢浓度严重超标，引起操作工急性中毒。硫化氢是一种常见的有恶臭气味的有毒气体，空气中容许浓度为每立方米10毫克，当硫化氢浓度超过每立方米1000毫克时，可使人立即中毒，继而痉挛、失去知觉而迅速死亡。

由于接触生产性毒物引起的中毒称为职业中毒，生产性毒物可攻击人体的多个系统，主要表现在：

(1)神经系统。毒物对中枢神经和周围神经系统均有不同程度的危害作用，其表现为神经衰弱症候群：全身无力、易于疲劳、记忆力减退、头昏、头痛、失眠、心悸、多汗，多发性末梢神经炎及中毒性脑病等。汽油、四乙基铅、二硫化碳等中毒还表现为兴奋、狂躁、癔症。重症中毒时可发生脑水肿。

(2)呼吸系统。氨、氯气、氮氧化物、氟、三氧化二砷、二氧化硫等刺激性毒物可引起声门水肿及痉挛、鼻炎、气管炎、支气管炎、肺炎及肺水肿。有些高浓度毒物(如硫化氢、氯、氨)能直接抑制呼吸中枢或引起机械性阻塞而窒息。

(3)血液和心血管系统。严重的苯中毒，可抑制骨髓造血功能。砷化氢、苯肼等中毒，可引起严重的溶血，出现血红蛋白尿，导致溶血性贫血。一氧化碳可与血液中的血红蛋白结合形成碳氧血红蛋白，中毒可使血液的输氧功能发生障碍。钡、砷、有机农药等中毒，可造成心肌损伤，直接影响人体血液循环系统的功能。

(4)消化系统。肝是解毒器官，人体吸收的大多数毒物积蓄在肝脏里，并由它进行分解、转化，起到自救作用。但某些称为“亲肝性毒物”，如四氯化碳、磷、三硝基甲苯、锑、铅，主要伤害肝脏，往往形成急性或慢性中毒性肝炎。汞、砷、铅等急性中毒,可引发严重的恶心、呕吐、腹泻等消化道炎症。

(5)泌尿系统。某些毒物损害肾脏,尤其以升汞和四氯化碳等引起的急性肾小管坏死性肾病最为严重。此外,乙二醇、汞、镉、铅等也可能引起中毒性肾病。

(6)皮肤损伤。强酸、强碱等化学药品及紫外线可导致皮肤灼伤和溃烂。液氯、丙烯腈、氯乙烯等可引起皮炎、红斑和湿疹等。苯、汽油能使皮肤因脱脂而干燥、皲裂。

(7)眼睛的危害。化学物质的碎屑、液体、粉尘飞溅到眼内,可导致眼角膜或结膜的刺激炎症、腐蚀灼伤或过敏反应。尤其是腐蚀性物质,如强酸、强碱、飞石灰或氨水,可使眼结膜坏死糜烂或角膜混浊。甲醇影响视神经,严重时可导致失明。

(8)致突变、致癌、致畸。某些化学毒物可引起机体遗传物质的变异;有的化学毒物能致癌;有些化学毒物对胚胎有毒性作用,可引起畸形。

(9)对生殖功能的影响。工业毒物对女工月经、妊娠、授乳等生殖功能可产生不良影响,不仅对妇女本身有害,而且会累及下一代。化学诱变物可引起生殖细胞突变,引发畸胎,尤其是妊娠后的前三个月,胚胎对化学毒物最敏感。在胚胎发育过程中,某些化学毒物可致胎儿生长迟缓,可致胚胎的器官或系统发生畸形,可致受精卵死亡或被吸收。有机汞和多氯联苯均可致畸胎。

核心提示

毒物对人体的主要危害,首先,表现在局部刺激和腐蚀作用,如强酸(硫酸、硝酸)、强碱(氢氧化钠、氢氧化钾)等可直接腐蚀皮肤和黏膜。

其次，毒物会阻止氧的吸收、运输和利用，如一氧化碳吸入后很快与血红蛋白结合，影响血红蛋白运送氧气；刺激性气体如氯气吸入可形成肺水肿，妨碍肺泡的气体交换，使之不能吸收氧气。再次，毒物会改变机体的免疫功能，致使免疫功能低下，对某些疾病的易感性增强；毒物还可能使机体酶系统的活性受到抑制。最后，毒物可能“三致”，即致癌、致畸、致突变作用。

103. 常见职业中毒会出现哪些典型症状？

案例聚焦

某日下午5时，某小型食品工业公司原料处理车间的几名工人开始清理公司用于腌渍青长豆的腌菜池及周围环境卫生。在清理池底废弃物时，工人蔡某闻到一股好似烂青豆的气味，约20分钟后便感觉头晕、恶心、呕吐、四肢乏力、呼吸困难，随即晕倒，这时，卢某、李某也晕倒在清洁作业岗位上。站在池面上的谭某发现情况后，赶紧向公司报告并呼救，与此同时他自己也感到头晕、恶心、乏力。幸运的是，他们因被送医及时，很快便痊愈出院。

分析点评

上述事故是由于池底产生有害气体导致劳动者发生急性职业中毒。事故暴露出公司负责人安全生产意识淡薄、员工缺乏职业安全卫生知识等问题，应予以整改。

在劳动过程中,因吸收了生产性毒物而引起的中毒为职业中毒。职业中毒可以分急性中毒、慢性中毒以及亚急性中毒。其中,急性中毒指毒物一次或短时间内大量进入人体后所引起的中毒。慢性中毒指少量毒物长期进入人体后所引起的中毒。亚急性中毒是介于急性中毒和慢性中毒之间一种情况,是在较短时间内有较大剂量毒物进入人体所致。在正常生产情况下,急性中毒较为少见,往往发生在生产事故中。

职业中毒中的吸入物种类主要有:铅、汞、锰、镉、铊、钒、磷、砷、铍、砷及其化合物,氯气、二氧化硫、光气、氨、氮氧化合物、一氧化碳、二硫化碳、硫化氢、磷化氢、鳞化锌、磷化铝等。根据吸入物的不同,职业中毒会出现不同的症状:

(1)铅中毒。铅是常见的工业毒物,职业性铅中毒主要为慢性中毒。早期常感乏力、口内有金属味、肌肉关节酸痛等,随后可出现神经衰弱综合征、食欲不振、腹部隐痛、便秘等。病情加重时,出现四肢远端麻木,触觉、痛觉减退等神经炎表现,并有握力减退的症状。少数患者在牙龈边缘有蓝色"铅线",重者可能出现肌肉活动障碍,还可能出现腹绞痛的铅中毒典型及中度贫血症状,有时伴发高血压。

(2)汞(水银)中毒。慢性汞中毒是职业性汞中毒中最常见的类型,在汞污染较重的作业环境中逐渐发病。初期表现为神经衰弱综合征,如头晕、头痛、乏力、睡眠障碍、脱发等。随着病情进展,可出现典型的"汞兴奋症",如情绪不稳、急躁、易兴奋、激动、恐惧、害羞、注意力不集中、好哭等;个别患者有焦虑不安、抑郁、幻觉、孤僻等表现。检查时可见"汞性震颤",严重者写字、吃饭、系扣子等动作都发生困难。

(3)一氧化碳中毒。一氧化碳急性中毒的典型症状有头痛、头昏、四肢无力、恶心、呕吐,甚至昏迷等,还可出现脑水肿、心肌损害、肺水肿等并发症。

(4)硫化氢中毒。硫化氢中毒的典型症状有明显的头痛、头晕,出现意识障碍；或有明显的黏膜刺激症状，出现咳嗽、胸闷、视物模糊等，重症者可出现昏迷、肺水肿、呼吸循环衰竭或"点击样"死亡。

(5)苯中毒。急性苯中毒主要表现为中枢神经系统症状，轻者起初有黏膜刺激症状，随后出现兴奋或酒醉状态，重症可出现阵发性或强制性抽搐、脉搏弱、血压下降、昏迷等，甚至会导致呼吸衰竭而死亡。

核心提示

常见的职业中毒按照化学物质的种类、用途和毒副作用，可分为以下几类：

(1)金属中毒。金属尤其是重金属在侵入人体后，达到一定程度均可产生毒性作用。

(2)刺激性气体中毒。氨气、氯气、二氧化硫、光气等气体主要引起急性中毒，出现急性支气管炎、化学性肺炎和肺水肿。

(3)窒息性毒物中毒。一氧化硫、硫化氢、氰化物、二氧化硫等中毒，可引起缺氧而发生昏迷。

(4)有机溶剂中毒。醇类、酯类、芳烃等，具有溶脂性，亲神经，主要有麻醉作用。

(5)苯的氨基、硝基化合物中毒。苯胺、硝基苯可使血红蛋白氧化成高铁血红蛋白，由于高铁血红蛋白是青紫色且不能携带氧，从而出现紫绀和缺氧。

(6)杀虫剂等农药中毒。许多有机杀虫剂，如有机磷杀虫剂、氨基甲酸酯杀虫剂等，主要作用于中枢神经系统，中毒时可发生昏迷、抽搐。

104. 在生产中应如何预防职业中毒?

案例聚焦

某农药生产企业发生了车间反应釜出气管道爆裂事故，该事故导致大量三氧乙酰氯等气体逸散，车间及厂内职工迅速撤离。由于撤离及时，没有发生伤亡事故。但是，由于整个厂区受到有害物质的污染，很多职工在撤离时不同程度地吸入有毒气体，出现不同程度的黏膜刺激症状。

分析点评

职业中毒的病因是职业环境中的生产性毒物，故预防职业中毒必须采取综合治理措施，从根本上消除、控制或尽可能减少毒物对劳动者的侵害，具体措施可概括为以下几个方面。

(1)根除毒物。从生产工艺流程中消除有毒物质，可用无毒或低毒原料代替有毒或高毒原料。

(2)降低毒物的浓度。减少人体的接触水平，保证不对接触者产生明显的健康危害是预防职业中毒的关键。其中心环节是加强技术革新和通风排毒措施，将空气环境中的浓度控制在最高容许浓度以下。

(3)工艺、建筑布局要符合要求。生产工序的布局不仅要满足生产上的需要，而且应当符合职业卫生要求。有毒物质逸散的作业，应当根据毒物的毒性、浓度和接触人数对作业区实行区分隔离，以免产生叠加影响。有害物质的发生源，应当布置在下风侧；如布置在同一建筑物内时，放散有毒气体的生产工艺过程应布置在建筑物的上层。

(4)配备必要的卫生设施，如盥洗设备、淋浴室、更衣室和个人专用箱。对能经皮肤吸收或局部作用危害大的毒物还应配备皮肤和眼睛的冲洗设施。

(5)加强个人防护。这是预防职业中毒的重要辅助措施。个体防护用品包括呼吸防护器、防护帽、防护眼镜、防护面罩、防护服、防护手套和皮肤防护用品等。选择个体防护用品应当注意防护用品的针对性、功效性。在使用时，应对使用者进行培训，平时要经常保养、维护，在使用前注意检查，确保其功效得到很好的发挥。

(6)做好职业卫生服务。健全的职业卫生服务在预防职业中毒中极为重要，职业卫生工作人员除积极参与以上工作外，还应当对作业场所空气中毒物的浓度进行定期或不定期的检测、监测；对接触有毒物质的人群实施健康监护，认真做好上岗前、在岗期间的健康检查，排除职业禁忌，及时发现早期的健康病损，并采取有效的预防措施。

核心提示

对于生产性毒物等职业病危害因素的控制，应特别加强职业卫生安全管理，严格执行《职业病防治法》和国家、地方、行业颁布的有关法规条例及标准，制定职业中毒防治与应对预案，根据单位情况制定安全管理制度和规范操作规程；要控制危害源头，严格执行“三同时”制度管理，采取有效的工艺技术设施，将有害因素尽可能消除和控制在工艺流程和生产设备中；同时，还要做好管理部门和从业人员的职业卫生知识宣传教育，使职业卫生管理人员行之有效地履行职业卫生管理职责，有毒作业人员充分享有职业中毒危害的“知情权”，掌握职业中毒防护的基本技能。

105. 生产性噪声危害有哪些，如何降低噪声危害？

案例聚焦

某村庄旁边新建了一家织带加工厂。自该厂开工以来，附近的村民深受编织机运行噪声的烦扰。于是，村民向县里举报。县生态环境局派执法人员进行实地检查，发现车间厂界周边确实可以听到明显的编织机运行噪声。于是，执法人员联系了环境保护监测站监测人员对该厂的生产噪声进行监测。经检测，该厂有三处窗外点位噪声测量值超标。县生态环境局责令该加工厂改正违法行为，并对其处以了罚款。

分析点评

《噪声污染防治法》第2条规定："本法所称噪声，是指在工业生产、建筑施工、交通运输和社会生活中产生的干扰周围生活环境的声音。本法所称噪声污染，是指超过噪声排放标准或者未依法采取防控措施产生噪声，并干扰他人正常生活、工作和学习的现象。"根据该条规定，环境噪声污染需要具备"超标"和"干扰他人"两个条件才构成污染。本案中的织带加工厂在生产作业时，机器的声音不仅超标，还干扰到附近的村民，属于环境噪声污染。

《噪声污染防治法》第3条第2款规定："因从事本职生产经营工作受到噪声危害的防治，适用劳动保护等其他有关法律的规定。"也就是说，如果工厂远离居民区，噪声对他人不构成影响，即使噪声超标，也不属于噪声污染。但是,工厂里有劳动的职工等人,噪声会不会对他们产生危害呢?答案是肯定的。在有生产性噪声的环境中作业,可出现以下人体损害:

(1)听觉系统损害。包括暂时性听力下降或永久性耳聋。

(2)植物神经紊乱。一般表现为头痛、头晕、失眠、多梦、记忆力减退等神经衰弱综合征症状。

(3)消化系统受损。一般表现为肠胃功能紊乱、食欲不振、消化能力减弱等。

(4)心血管系统受损。如心率加快或减慢、血压升高、心电图异常等。

(5)其他机体损害。如甲状腺功能亢进、肾上腺皮质功能增强、性功能紊乱、月经失调等。

因此,即便不构成噪声污染,为了劳动者的人身健康,企业仍然应当控制生产性噪声,降低和预防噪声污染,保障劳动者的职业卫生、健康和安全。控制生产性噪声,预防和减轻噪声污染的措施主要有:

一是提高生产设备的先进性,消除或者降低声源的噪声,从源头减少噪声的产生,如采用无声轴承等低噪声的电子配件。

二是消除或者减少噪声传播,从传播途径上控制噪声,主要是阻断和屏蔽声波的传播。具体可采取的措施有合理规划企业设计布局,强噪声车间、设备与一般车间、设备以及劳动者生活区相分离,强噪声作业场所设置隔声屏,利用吸声材料装饰车间墙壁等。如果条件允许,还可以将声源与从业人员进行专业的隔离,如安装隔音房或将机器设备置于隔音房内。此外,针对机械设备产生的噪声,还可以采用消声装置以隔离和封闭噪声源,采用隔振装置来防止噪声通过固体向外传播。

核心提示

《噪声污染防治法》第16条规定：国务院标准化主管部门会同国务院发展改革、生态环境、工业和信息化、住房和城乡建设、交通运输、铁路监督管理、民用航空、海事等部门，对可能产生噪声污染的工业设备、施工机械、机动车、铁路机车车辆、城市轨道交通车辆、民用航空器、机动船舶、电气电子产品、建筑附属设备等产品，根据声环境保护的要求和国家经济、技术条件，在其技术规范或者产品质量标准中规定噪声限值。

前款规定的产品使用时产生噪声的限值，应当在有关技术文件中注明。禁止生产、进口或者销售不符合噪声限值的产品。

县级以上人民政府市场监督管理等部门对生产、销售的有噪声限值的产品进行监督抽查，对电梯等特种设备使用时发出的噪声进行监督抽测，生态环境主管部门予以配合。

106. 高温作业会对人体产生哪些不利影响，如何防护？

案例聚焦

某年夏天，多地出现连续高温天气，气温一度高达39～41℃。在高温天气肆虐下，因高温作业导致中暑乃至死亡的人员增多。一些用人单位内，作业车间温度高达45℃，从业人员均不同程度地出现恶心、头晕、乏力、胸闷、脉搏加快等症状；公交司机、环卫工人、饭店厨师、交警等行业从业人员工作场所气温偏高，劳动者的身体健康受到危害。

分析点评

高温作业,是指在高气温或高温、高湿或者强热辐射的条件下进行的作业,通常可分为高温、热辐射作业,高温、高湿作业和夏季露天作业三种。高温环境的热强度超过一定限度时,可能对人体产生多方面的不利影响,通常包括以下几个方面。

(1)人体热平衡失调。在高温环境下作业时可导致体温上升,如体温上升到38℃以上时,一部分人即可表现出头痛、头晕、心慌等症状,严重者可能导致中暑或者热衰竭。

(2)水盐代谢失衡。高温作业者由于排汗增多而丧失大量水分、盐分,若不能及时得到补充,会导致工作效率低下、乏力、口渴、脉搏加快、体温升高等现象。

(3)循环系统受损。在高温条件下作业,劳动者皮肤血管扩张,血管紧张度降低,可使血压下降。在高温与重体力劳动相结合情况下,血压也可增高,但舒张压一般不增高,甚至略有降低。另外脉搏可加快,心脏负担也会加重。

(4)消化系统受损。在高温环境下作业,容易引起胃液分泌减少,造成食欲减退。高温作业劳动者消化道疾病患病率往往高于一般劳动者,而且工龄越长,患病率越高。

(5)泌尿系统受损。长期在高温条件下作业,若盐水供应不足,可使尿浓缩,增加肾脏负担,有时可以导致肾功能不全。

(6)神经系统受损。在高温、热辐射环境条件下作业,可出现中枢神经系统抑制、注意力和肌肉工作能力降低、动作的准确性和协调性变差等症状,会导致劳动者的反应速度降低,所以容易发生工伤事故。

核心提示

做好防暑降温工作,必须采取综合性措施,主要包括:

(1)改善工作条件。生产企业应改革工艺,改进设备,配备防护设施、设备,采取隔热和通风降温措施。

(2)加强个人防护。如采用结实、耐热、透气性好的织物制作工作服,根据不同作业的需求,供给工作帽、防护眼镜、面罩等。

(3)保证休息。应当制定合理的劳动休息制度,适当调整夏季高温作业劳动和休息制度,增加休息时间,减轻劳动强度,减少高温时段作业。高温条件下作业可采用小换班、增加工作休息次数、延长午休时间等方法。休息地点应当远离热源,应当备有清凉饮料、空调、风扇、洗澡设备等。

(4)及时发放降温解暑营养品。高温作业人员应适当饮用合乎卫生要求的含盐饮料,以补充人体所需的水分和盐分,同时增加蛋白质、热量、维生素等的摄入,以减轻疲劳,提高工作效率。

(5)加强卫生保健和健康监护。要做好高温作业人员就业前和入暑前职业健康检查,凡是有心血管系统疾病、高血压、溃疡病、肺气肿、肝病、肾病等疾病者不宜从事高温作业。

(6)做好防暑降温的组织保障,加强宣传教育。

107. 作业场所内的放射源会对人体造成哪些危害，如何防护？

案例聚焦

20 世纪 90 年代，在山西省忻州市某镇，发生了一起震惊世界的钴 60 辐射事件。当时，村民张某在工地打井施工的过程中发现了一个金属圆棒，觉得好玩，便揣在兜里带回了家。而他装在兜里的这个东西正是放射性物质钴 60。为此，张某及其父兄因辐射先后死亡，张某妻子因到北京就医及时，保住了生命。而这个叫作钴 60 的金属圆棒，原本是 1973 年在当地用于“辐射育种”的，当时，一共使用了 6 根钴 60 棒。由于钴 60 具有非常强的放射性，在 30 米之内就能对人体脏器造成严重损伤，按防护要求，被封闭埋藏在特殊水井中。育种项目结束后，在交接过程中，由于有关部门的工作人员失职、玩忽职守，导致一根钴 60 棒被遗忘于井中未做处理。多年后，其被张某施工时捡到，由此引发了悲剧。该事件造成张某父兄 3 人死亡，100 多人受到严重辐射伤害，上百人留下了终身后遗症。4 名相关工作人员也因玩忽职守，被判处有期徒刑。此案还被联合国收录在册，以警示人类要和平、合理地使用核能。

分析点评

电离辐射是一切能引起物质电离的辐射总称，其种类很多，高速带电粒子有 α 粒子、β 粒子、质子，不带电粒子有中子及 X 射线、γ 射线。

在接触电离辐射的工作中，如防护措施不当，违反操作规程，人体受照射的剂量超过一定限度，则能发生有害作用。

在工业、农业、科研、医疗等领域，接触放射线的工种有很多：例如，放射性矿石的勘探、开采、选矿及冶炼；生产和使用荧光涂料；使用放射源进行食品消毒、选种育种、农作物储藏、食品保鲜、消灭农作物害虫；使用放射性仪器仪表自动测厚度、测密度、测料位、测水分含量；使用医用X射线、γ射线来进行透视、照片诊断及治疗。

电离辐射在人体组织内释放能量，会导致细胞死亡或损伤。在少量剂量照射下，它并不能造成伤害。在某些情况下，细胞并不会死亡，但会变成非正常细胞，有些为暂时的，有些为永久的，那些非正常细胞甚至会发展为癌变细胞。大剂量的照射将引起大范围的细胞死亡。

在小剂量的照射下，人体或部分被照器官能存活下来，但是最终会导致癌症发病率大大增加。受照损伤范围依赖于照射源的大小、受照时间以及受照组织。受低剂量或中等剂量照射的伤害并不能在几个月甚至是1年中显示出来。例如，因照射引起的白血病，受照与发病的潜伏期为2年；肿瘤潜伏期为5年。

照射后产生的病变与发病的概率依赖于受照类型（慢性照射、急性照射），但是并不是所有受照后产生的病因都由照射引起。同时，因照射诱发的癌症及人体基因的损伤与其他因素无显著差别。其中，慢性照射在长时间内断断续续地暴露在低水平剂量的辐射环境下，慢性照射产生的作用，只有在照射的一段时间后才可能被察觉。这种作用包括DNA变异、诱癌、良性肿瘤、白内障、皮肤癌、先天性缺陷等。急性照射是在很短的时间内受到大剂量的照射。

大剂量的照射一般由放射事故或是特殊的医疗过程产生。在大多数情况下，大剂量的急性受照能引起立即损伤，并产生慢性损伤。对于人体，大剂量能引起急性放射病，如大面积出血、细菌感染、贫血、内分泌失调等，后期效应可能引起白内障、癌症、DNA 变异等，极端剂量能在很短的时间内导致死亡。

核心提示

电离辐射可引起放射病，它是机体的全身性反应，几乎所有器官、系统均发生病理改变，但其中以神经系统、造血器官和消化系统的改变最为明显。电离辐射对机体的损伤可分为急性放射损伤和慢性放射性损伤。短时间内接受一定剂量的照射，可引起机体的急性损伤；而较长时间内分散接受一定剂量的照射，可引起慢性放射性损伤，如皮肤损伤、造血障碍、白细胞减少、生育力受损等。另外，辐射还可以致癌和引起胎儿的死亡和畸形。

放射防护工作一般包括外照射防护和内照射防护两部分。外照射防护的三大原则是时间防护、距离防护、屏蔽防护。

(1)时间防护：不论何种照射，人体受照累计剂量的大小与受照时间成正比。接触射线时间越长，放射危害越严重。尽量缩短从事放射性工作的时间，以达到减少受照剂量的目的。

(2)距离防护：某处的辐射剂量率与距放射源距离的平方成反比，与放射源的距离越远，该处的剂量率越小。所以在工作中要尽量远离放射源，来达到防护目的。

(3)屏蔽防护：在人与放射源之间设置一道防护屏障。因为射线穿过原子序数大的物质，会被吸收很多，这样到达人身体部分的辐射剂量就减弱了。常用的屏蔽材料有铅、钢筋水泥、铅玻璃等。

内照射防护的基本方法有围封隔离、除污保洁和个人防护。

108. 矿山行业的职业病危害因素主要有哪些？

案例聚焦

陈某是某煤矿的一名矿工。他上班后的第二年，出现了尘肺病的症状，不得不回家休息。因病情不见好转，陈某住进了医院进行治疗。出院后不久，市职业病防治中心出具了职业病诊断证明书，诊断为煤工尘肺二期。陈某拿着诊断结果，向当地人力资源和社会保障局申请了工伤认定。随后，陈某的劳动能力也经市劳动能力鉴定委员会鉴定为4级伤残。后来，由于煤矿没有给矿工上工伤保险，某煤矿又拒绝赔偿，此案经劳动仲裁后，又经过了法院审理，最终尘埃落定。陈某拿到了应得的赔偿款。

分析点评

矿山作业生产地质条件复杂，工作环境较差，不同程度地存在各种职业病危害因素，由此导致各种职业病并存，如尘肺、慢性职业中毒、急性职业中毒、职业性眼耳鼻喉病及职业性皮肤病，其中以尘肺病为主，包括煤肺病、煤硅肺病等，占各种职业病的70%以上。

具体地，矿山行业的职业病危害因素主要包括以下方面：

（1）高温高湿。矿井内环境的特点是气温高、湿度大、温差大、不同地点的气流大小不等。气温的高低与巷道深度有关，深部地温增高，井下工作环境热害严重，同时导致深部采区新鲜风源供应与污浊风源处理困难。矿井的不良气温条件是造成劳动者上呼吸道感染和风湿性疾病的患病率升高的一个重要因素。

(2)粉尘。生产性粉尘是矿井下作业的主要有害因素。许多生产过程和工序,如打眼、放炮、落矿、装岩、运输等都能产生大量粉尘。劳动者长期吸入这类粉尘,可导致硅肺、煤肺或混合性尘肺。

(3)有毒有害气体。在矿山生产过程中可能会接触到瓦斯、一氧化碳、二氧化碳、氮氧化物、硫化氢等有害气体,浓度过高时可使人中毒、窒息,甚至死亡。

(4)噪声与振动。由风动工具、皮带运输机发出的噪声和振动,可引起职业性耳聋和振动病。并且,井下设备具有声源多、连续噪声多、声级高及噪声谱特性多呈高、中频等特点,加之井下工作面狭窄、反射面大形成混声场,且噪声只能沿巷道延长方向传播,对作业人员危害很大。

(5)爆破安全问题。爆破安全在矿山生产中占有重要地位。爆破安全问题可归纳为以下三类:由于爆破的力学效应(如爆破产生的地震波、冲击波、噪声和个别飞石)引起的生产安全事故;由于炸药爆炸时的物理化学反应,即炸药爆炸时产生的大量有毒气体、电磁效应等引起的生产安全事故;爆破引起的突发性事故,如炸药的早爆、拒爆和操作失误而引起的生产安全事故。矿山爆破引起的人身伤亡和设备损坏事故,不容忽视。

此外,矿工劳动强度较大、精神压力较大、作业姿势不良等,也是容易引发职业病的不稳定因素。

核心提示

煤矿企业必须加强职业病的防治与管理,做好作业场所的职业卫生和劳动保护工作,采取有效措施控制尘、毒危害,保证作业场所符合国家职业卫生标准。此外,煤矿企业应按照国家法律、法规及行政主管部门的规定定期对接触粉尘、毒物及有害物理因素等的作业人员进行职业健康检查,并建立健康档案。对检查出的职业病患者,煤矿企业必须按国家规定及时给予治疗、疗养和调离有害作业岗位,并做好健康监护及职业病报告工作。

109. 机械制造业的职业病危害主要有哪些?

案例聚焦

某机械厂电焊车间承接了一批零部件的焊接工作。因交货时间紧,车间里的3台焊机需要同时开工,厂里的3名电焊工全部上岗作业。由于有的零部件需要定位焊接,电焊工一个人不能独立完成作业,必须他人协助才行。于是,车间主任临时安排3名其他人员辅助电焊工操作。该3名辅助工在没有任何防护用品的情况下,直接上前扶着焊件。他们间隔光源大约1米距离,电光直接照射眼睛和皮肤,每人每次上前30~60分钟不等。工作了半天,3人下班回家后不到4小时,先后出现眼睛剧痛、怕光、流泪的反应,皮肤有灼热感,痛苦难忍,即刻去医院就诊。经医院检查,3人两眼球结膜均充血、水肿,面部、颈部等暴露部位的皮肤表现为界限清楚的水肿性红斑。后3人均按烧伤给予对症治疗。

分析点评

机械制造产业涉及范围广泛,产业劳动者队伍庞大,其基本生产过程包括铸造、热处理、机械加工和装配等。机械制造行业的职业病危害主要包括以下几个方面：

（1）生产性粉尘。主要的粉尘作业是铸造。在型砂配置、制型、落砂、清砂等过程中，都可能造成粉尘飞扬，特别是用喷砂工艺修正铸件时，粉尘浓度很高，所用的石英危害较大。在机械加工过程中，对金属零件的磨光和抛光可产生金属和矿物性粉尘，引起磨工尘肺。电焊时焊药、焊条芯及被焊接的材料，在高温下蒸发产生大量的电焊粉尘和有害气体，长期吸入较高浓度的电焊粉尘可引发电焊工尘肺。

（2）高温、热辐射。机械制造厂的高温和热辐射主要存在铸造、锻造和热处理工种。锻造车间的熔炉、干燥炉、融化的金属、热铸件、锻造及热处理车间的加热炉、炽热的金属部件都可能产生强烈的热辐射，形成高温环境，严重时会引发中暑。

（3）有害气体。熔炼炉和加热炉均可产生一氧化碳和二氧化碳，加料口处的浓度往往很高；用酚醛树脂等作黏合剂时产生甲醛和氨；黄铜熔炼时产生氧化锌烟，引起“铸造热”；热处理时可产生有机溶剂蒸汽，如苯、甲苯、甲醇；电镀时可产生铬酸雾、镍酸雾、硫酸雾及氰化氢；电焊时可产生一氧化碳和氮氧化物；喷漆时可产生苯、甲苯及二甲苯蒸气。

（4）噪声、振动和紫外线。机械制造过程中，使用砂型捣固机、风动工具、锻锤、砂轮磨光、铆钉等，均可产生强烈的噪声；电焊、气焊、氩弧焊及等离子焊接产生的紫外线，如防护不当均可产生电光性眼炎。

（5）重体力劳动和外伤、烫伤。在机械化程度较差的企业，浇铸、落砂、手工锻造等都是繁重的体力劳动，即使使用气锤或水压机，由于需要变换工件的位置和方向，体力劳动强度也很大，同时要在高温下作业，故引起体温调节和心血管系统功能的改变。铸造和锻造作业的外伤及烫伤率较高，多由于铁水、钢水、铁屑、钢渣飞溅所致；加工车间发生眼睛、手指外伤的也较多。另外，金属切削过程中使用的冷却液对劳动者的皮肤也有一定的危害。

核心提示

在生产作业中,机械制造工业的职业病危害防护应从多方面综合考虑。

(1)应当合理布局。在车间布局上,要考虑减少职业病危害交叉污染问题。如铸造工序中的熔炼炉应放在室外或远离人员集中的公共场所;铆工和电焊、(涂)喷漆工序应分开布置。

(2)做好防尘措施。这是机械制造职业病防范的关键领域。铸造应尽量选用低游离二氧化硅含量的型砂,并减少手工造型和清砂作业。清砂是铸造生产中粉尘浓度最高的岗位,应予以重点防护,如安装大功率的通风除尘系统、实行喷雾湿式作业,以降低工作场所空气中的粉尘浓度。同时要做好个人防护,工作人员应佩戴符合国家相关标准的防尘口罩。

(3)设置防毒排毒装置。对热处理和金属熔炼过程中可能产生化学毒物的设备,应采取密闭措施或安装局部通风排毒装置。对产生高浓度一氧化碳、氰化氢、甲醛和苯等剧毒气体的工作场所,如某些特殊的淬火、涂装和使用胶黏剂岗位,应制定急性职业中毒事故应急救援预案,设置警示标识,配备防毒面具或防毒口罩等。

(4)加强噪声控制。噪声是机械制造工业中的重要职业病危害之一。噪声控制主要包括对铸造、锻造中的气锤、空压机、机械加工的打磨、抛光、冲压、剪板、切割等高强度噪声设备的治理。对高强度噪声源可集中布置,并设置隔声屏蔽;空气动力性噪声源应在进气或排气口进行消声处理;对集控室和岗位操作室应采取隔声和吸声处理;进入噪声强度高的工作场所应佩戴防噪声耳塞或耳罩。

(5)减少震动。应当对铆接、锻压机、型砂捣固机、落砂、清砂等振动设备采取减振措施或实行轮岗操作,以减少振动的机械制造职业病危害因素。

(6)做好防辐射、防暑降温等措施。应选择合适的屏蔽防护材料,对产生高频、微波等射频辐射的设备进行屏蔽或距离防护和时间控制;应做好铸造、锻造、热处理等高温作业人员的防暑降温工作,合理布置热源、供应清凉含盐饮料、轮换作业、在集控室和操作室设置空调等,切实做好射频防护和防暑降温措施。

第十章

工伤认定与赔偿

110. 试用期内的劳动者因工作受伤，可以认定为工伤吗？

案例聚焦

某制衣厂做工精细、品质优良，在业界小有名气。近期，随着经济形式转好，制衣厂也接到了大量的海内外订单，在发展壮大的同时也面临着巨大的生产压力。今年年初，人事部招聘了一批新员工，并与他们签订了劳动合同，约定试用期为 3 个月，在上岗前为他们进行了专业技术培训。小吴是这批新入职的员工之一，被分配到了水洗车间。一个月后，在给布料软化时，小吴不慎将化学试剂溅到身上，造成皮肤大面积烧伤，并花费医疗费 2 万余元。小吴家属认为她是在制衣厂工作期间受伤，应当认定为工伤，但制衣厂认为小吴还在试用期内，不属于工厂的正式员工，不能被认定为工伤。

分析点评

为保障劳动者的合法权益，我国法律明确规定了应当认定为工伤的具体情形，根据《工伤保险条例》第 14 条的规定，“职工有下列情形之一的，应当认定为工伤：(一) 在工作时间和工作场所内，因工作原因受到事故伤害的；(二) 工作时间前后在工作场所内，从事与工作有关的预备性或者收尾性工作受到事故伤害的；(三) 在工作时间和工作场所内，因履行工作职责受到暴力等意外伤害的；(四) 患职业病的；(五) 因工外出期间,由于工作原因受到伤害或者发生事故下落不明的;(六)在上下班途中,受到非本人主要责任的交通事故或者城市轨道交通、客运轮渡、火车事故伤害的;(七)法律、行政法规规定应当认定为工伤的其他情形”。由此可知,符合本条款列举的七种情形之一的伤害,都应当被认定为工伤。

与此同时,除了人身伤害符合法律规定的应当认定为工伤的条件外,必须确认劳动者与用人单位之间存在劳动关系。根据《工伤保险条例》第2条的规定,“中华人民共和国境内的企业、事业单位、社会团体、民办非企业单位、基金会、律师事务所、会计师事务所等组织和有雇工的个体工商户(以下称用人单位)应当依照本条例规定参加工伤保险,为本单位全部职工或者雇工(以下称职工)缴纳工伤保险费。中华人民共和国境内的企业、事业单位、社会团体、民办非企业单位、基金会、律师事务所、会计师事务所等组织的职工和个体工商户的雇工,均有依照本条例的规定享受工伤保险待遇的权利”。

由此可知,与用人单位存在劳动关系的劳动者就能依法享受工伤保险待遇。在本案中,小吴与某制衣厂签订了劳动合同,双方存在劳动关系,且小吴在工作期间因工作原因受伤,某制衣厂应当承担工伤赔偿责任。

核心提示

试用期也是劳动合同期限的一部分,职工在试用期的工资待遇、社会保险待遇也受到法律的保护。不论劳动者是否在试用期内,只要其受伤符合认定为工伤的情形,用人单位就应当对其工伤承担相应的责任。用人单位正确的做法是及时为新招聘的员工缴纳社会保险,以减少用工风险。

111. 对于已经与用人单位存在事实劳动关系的劳动者，有因公受伤情况的，能否被认定为工伤？

案例聚焦

某物流公司的保安离职后，一直未招聘到合适的人员。公司后勤部小李便将自家亲戚老李推荐到公司面试。老李勤奋能干，对工作认真负责，试用一段时间后，人事部觉得老李非常合适，便让老李担任公司的保安，每月为老李发放3000元工资。老李一干就是三年，但在此期间，物流公司一直未与他签订劳动合同。某天夜里，两个小偷到公司库房盗窃，老李听见动静赶忙过去查看，在抓捕小偷时被打伤，造成了手臂骨折，治疗费花去1万余元。某物流公司没有为老李申请工伤认定，老李想自己去申请。但他的侄子小李说，因为老李没有与公司签订劳动合同，可能不能被认定为工伤。

分析点评

劳动者与用人单位存在劳动关系，是认定工伤的前提条件之一。在提出工伤申请时，需要向有关部门提交双方存在劳动关系的证明材料。但在实践中，有部分用人单位未与劳动者签订劳动合同，为保障劳动者的合法权益，《劳动和社会保障部①关于确立劳动关系有关事项的通知》

① 2008年机构改革后撤并为人力资源和社会保障部。

对事实劳动关系的判定确立了明确的标准:“一、用人单位招用劳动者未订立书面劳动合同,但同时具备下列情形的,劳动关系成立:(一)用人单位和劳动者符合法律、法规规定的主体资格;(二)用人单位依法制定的各项劳动规章制度适用于劳动者,劳动者受用人单位的劳动管理,从事用人单位安排的有报酬的劳动;(三)劳动者提供的劳动是用人单位业务的组成部分。”由此可知,符合上述情形,即可认定劳动者与用人单位之间存在事实劳动关系。

此外,我国法律规定了用人单位与劳动者应当订立书面劳动合同,不订立书面劳动合同应当承担法律责任。《劳动合同法》第 10 条规定:“建立劳动关系,应当订立书面劳动合同。已建立劳动关系,未同时订立书面劳动合同的,应当自用工之日起一个月内订立书面劳动合同。用人单位与劳动者在用工前订立劳动合同的,劳动关系自用工之日起建立。”第 82 条规定:“用人单位自用工之日起超过一个月不满一年未与劳动者订立书面劳动合同的,应当向劳动者每月支付二倍的工资。用人单位违反本法规定不与劳动者订立无固定期限劳动合同的,自应当订立无固定期限劳动合同之日起向劳动者每月支付二倍的工资。”

由此可知,用人单位如果没有按照法律规定与劳动者签订劳动合同,应当承担相应的责任。在本案中,老李已经在公司工作了 3 年多的时间,服从公司管理,接受公司安排的有偿工作任务,应当认定二者之间存在事实劳动关系,同时,公司一直未与老李签订劳动合同,老李有权向公司主张 2 倍工资。对于老李因保护公司财产在抓捕小偷时所受之伤,应当被认定为工伤。公司应当为其申请工伤认定。

核心提示

事实劳动关系即在没有书面劳动合同的情况下,劳动者与用人单位存在劳动关系的一种客观状态。为进一步保障劳动者合法权益,国家有关规定承认事实劳动关系的法律地位。劳动者在工作时受伤,如果未与用人单位签订劳动合同,但只要有符合规定的事实劳动关系存在,就可以认定为工伤。用工单位需要注意的是,为避免劳动纠纷,减少用工风险,应当及时与劳动者订立书面劳动合同,否则一旦劳动者就此问题起诉,用人单位会面临高额赔偿的风险。

112. 代妻子上班时被砸伤,能否被认定为工伤?

案例聚焦

小黄是某食品厂的员工,已经在该厂工作了四年。某天,小黄突然感到身体不适,头晕目眩,但是想到请假可能会影响本月的全勤奖,便打算坚持上班。丈夫小王想让妻子在家好好休息,但妻子不肯。由于小黄在流水线上工作,工作内容没有什么难度,后来夫妻二人商量由丈夫小王代替小黄上班。当晚,小黄打卡签到后,丈夫小王便换上小黄的工作服进入操作车间。不幸的是,小黄工位旁边堆放的原料箱突然倾倒,将小王砸伤。小黄认为丈夫是在代替自己工作时受伤,受伤地点在工作单位,也是工作原因造成,于是想申请工伤认定。但人力部门认为小王不是该食品厂的员工,二者之间不存在劳动关系,作出了“不予认定工伤”的决定。

分析点评

工伤认定的主体应当是与用人单位存在劳动关系的劳动者,如果不能证明二者之间存在劳动关系,则不能将在工作中受伤的情况认定为工伤。根据《劳动和社会保障部关于确立劳动关系有关事项的通知》第2条的规定,“用人单位未与劳动者签订劳动合同,认定双方存在劳动关系时可参照下列凭证:(一)工资支付凭证或记录(职工工资发放花名册)、缴纳各项社会保险费的记录;(二)用人单位向劳动者发放的‘工作证’、‘服务证’等能够证明身份的证件;(三)劳动者填写的用人单位招工招聘‘登记表’、‘报名表’等招用记录;(四)考勤记录;(五)其他劳动者的证言等。其中,(一)、(三)、(四)项的有关凭证由用人单位负举证责任”。由此可知,即便劳动者没有与用人单位签订劳动合同,也可以通过上述材料证明二者之间存在劳动关系。

在本案中,丈夫小王代替小黄上班时被砸伤,虽然是在工作期间因公受伤,但小王与某食品厂之间没有劳动关系,且没有可以证明二者存在劳动关系的材料,故不能认定小王为工伤。

核心提示

用人单位应当完善员工管理制度,加强对员工安全意识的教育培训,杜绝私自替班现象的出现。某些工作岗位专业性较强,如果工作人员擅自找他人代替其从事相关生产工作,则很容易因不熟悉操作流程和工作规范而出现安全事故,不利于工厂的规范管理,也无法保证相关产品的质量。同时,用人单位应当制定合理的休假、考核、奖励制度,从而保障劳动者的合法权益。

113. 工作人员在活动结束撤场时被砸伤，能否被认定为工伤？

案例聚焦

某摄影公司是某地一家知名公司，旗下有多家影楼和摄影工作室。小杨在该摄影公司从事销售工作，每月工资为4000元，另外按照销售业绩提成，但是公司没有为小杨缴纳社会保险。五一假期期间，该摄影公司为了进一步扩大影响力、提高知名度，决定在中心广场举办一场大型活动。为了增强节目效果，公司特意聘请了多个专业团队进行演出。活动分为歌舞表演、服装展示、互动抽奖等多个环节，吸引了大量观众，当天也签下了不少订单，活动举办非常成功。活动结束时，小杨参与撤场收尾工作，在拆卸背景板时不小心碰倒了金属支撑架，手臂被支撑架砸伤造成骨折。小杨被紧急送往医院救治，花去治疗费近2万元。小杨认为自己是在工作时受伤，应当认定为工伤。公司却说当天活动已经完成，不应当认定为工伤。

分析点评

在我国，对于工伤的认定是有明确的法律规定的，在法律规定范围内发生的受伤应当被认定为工伤。《工伤保险条例》第14条规定："职工有下列情形之一的，应当认定为工伤：……（二）工作时间前后在工作场所内，从事与工作有关的预备性或者收尾性工作受到事故伤害的……”由此可知，在工作结束之后，从事与工作有关的收尾性工作时受伤，应当被认定为工伤。

在本案中，小杨是摄影公司的员工，与摄影公司存在劳动关系，在大型宣传活动撤场时被金属架砸伤，属于在从事与工作有关的收尾性工作时受伤，应当被认定为工伤。公司的说法是错误的。

核心提示

收尾性工作是指劳动者在本职工作结束之后，为了确保一项工作的整体连贯性或者使工作达到最佳效果，而从事的与本职工作紧密相关的工作。在从事收尾工作时，可能不在工作时间内，但其工作内容是与自身工作有直接关系的，如果在这个时间段内受伤，则应当视为在工作时间以及工作原因导致的受伤，因此，应当被认定为工伤。用人单位应当注意的是，在日常工作中加强对员工安全意识的教育提示，在工作中需要严格遵守操作规范，时刻注意人身安全。同时，用人单位要按规定为劳动者缴纳社会保险，从而在发生事故时减少经济损失。

114. 员工下班时在单位楼道内摔伤，能否被认定为工伤？

案例聚焦

某制造厂是某省知名企业，企业员工多达1200余人。近期该厂扩大了生产规模，新招聘员工100人，由于新员工都在试用期内，制造厂暂时没有为新入职员工办理社会保险。王大姐也是刚刚入职的员工,被分配到了原料车间。这天,原料车间二层楼梯附近的灯因故障坏了,电工没有及时维修,王大姐等几名员工下夜班正好路过二楼,因为时间较晚,加上工作结束后身体比较疲惫,王大姐路过较黑路段时没有看清楼梯,一不小心踩空跌倒,造成脚踝粉碎性骨折,手术费花去3万余元。王大姐向某制造厂主张认定为工伤,但某制造厂认为,王大姐是在下班时间受伤,而且受伤也不是工作所致,不应当认定为工伤。

分析点评

劳动者受伤是否应当判定为工伤,是由法律明确规定的。只要属于法律规定的情形之一,就应当被认定为工伤。我国《工伤保险条例》第14条规定:“职工有下列情形之一的,应当认定为工伤:(一)在工作时间和工作场所内,因工作原因受到事故伤害的;(二)工作时间前后在工作场所内,从事与工作有关的预备性或者收尾性工作受到事故伤害的;(三)在工作时间和工作场所内,因履行工作职责受到暴力等意外伤害的;(四)患职业病的;(五)因工外出期间,由于工作原因受到伤害或者发生事故下落不明的;(六)在上下班途中,受到非本人主要责任的交通事故或者城市轨道交通、客运轮渡、火车事故伤害的;(七)法律、行政法规规定应当认定为工伤的其他情形。”由此可知,在工作场所内因工作原因受到事故伤害的,应当被认定为工伤。

在本案中,王大姐下班时在楼道内摔伤,也属于工厂范围之内,虽然不是直接从事生产活动时受伤,但属于合理的时间内在楼道内活动,与工作存在直接关系,应当被认定为工伤。某制造厂的说法是错误的。

核心提示

简单来说,工伤就是劳动者在工作中受到的伤害,对工伤进行合理认定对于劳动者和用人单位都有非常重要的意义。如果确定为工伤,劳动者可以依法享受工伤保险待遇。同时,合理的工伤认定也能够保障公司在合法的范围内对受伤员工作出经济补偿,而不必为不属于工伤的情形进行"买单"。为减少用工风险,用人单位应当及时为劳动者缴纳社会保险。

115. 在工作休息期间受伤,能否被认定为工伤?

案例聚焦

崔某是某零件厂员工,与工厂签订了为期3年的劳动合同,主要负责流水线生产作业。这天上午,崔某已经连续工作了3小时,感觉到后背酸痛,于是,趁着上厕所的间隙作了两个伸展动作,以舒缓一下久坐的疲惫。不巧的是,崔某的伸展动作幅度过大,不小心打到了洗手间门框,造成了右手手腕骨折。崔某在家养伤期间,朋友来看望时顺便提道:崔某可以向工厂申请认定为工伤。于是崔某想要申请工伤认定,但工厂人力资源部工作人员说,受伤是崔某偷懒放松导致的,也不是因为工作本身,不属于工伤。崔某也不知道他的受伤是否属于工伤。

分析点评

工作是具有整体性和连贯性的，而不能将工作时间机械地理解为正在从事与工作有关的事的时间，工作间隙劳动者正常如厕、喝水等放松的时间也属于工作时间的一部分。

《工伤保险条例》第14条规定："职工有下列情形之一的，应当认定为工伤：(一)在工作时间和工作场所内，因工作原因受到事故伤害的……"在工作间隙的休息，可以看作职工保持体力，为继续工作做准备的必要行为。对于劳动者来说，只要没有离岗从事与工作无关的事情，都应当属于工作时间。

在本案中，崔某连续工作3小时出现身体不适，趁着上厕所的间隙放松调整，也是为了后续更好地开展工作，其受伤的情况符合被认定为工伤的情形。工厂人力资源部的说法是错误的。

核心提示

给予劳动者工伤保险待遇就是为了更有效地保障劳动者权益，对于工伤的认定，并不考虑劳动者本身是否具有过错，只要不属于《工伤保险条例》中规定的不应当认定为工伤的情形，都应当认定为工伤。认定职工受伤是否在工作时间和工作场所，应当全面、综合地考虑实际情况，不能对工作时间和工作场所的理解太过于机械化，应当符合基本常识和人情。如果劳动者在工作时因作出违反公司管理规定的行为而受伤，可以对其依照相关规定进行处罚，但不能因此影响对其工伤的认定。

116. 下班后，骑电动车去附近市场购物时撞伤，属于工伤吗？

案例聚焦

谷某是某服装厂的职工，每天傍晚下班后，她都先去菜市场买菜再回家。这天，她像往常一样，下班后骑电动车直奔菜市场。谷某骑车时，对面快速驶来一辆逆行的电动车，她慌忙躲闪，结果电动车失控，撞入一旁的绿化带。谷某眼睛被花木扎伤，为此花去治疗费2万多元。在此次交通事故中，由于对方逆行，谷某被认定无责任。但是，对方称自己非常困难，拿不出钱来赔偿谷某。谷某想要维权只能通过提起民事诉讼来实现。打官司需要过程和时间，谷某听说上下班发生交通事故的算工伤，因此她想先去申请工伤认定，然后再慢慢向交通事故责任方要赔偿。她和某服装厂说明想申请工伤。某服装厂称谷某去市场购物，不属于下班路线，其受伤不属于工伤，拒绝为她办理申请事宜。

分析点评

根据《工伤保险条例》第14条的规定，在上下班途中受到非本人主要责任的交通事故或者城市轨道交通等事故伤害的应当被认定为工伤。此种情形下要被认定为工伤必须具备四个条件：第一，双方建立了劳动关系；第二，发生伤害事故是在合理的上下班途中；第三，责任事故认定中非本人主要责任；第四，伤害是由于交通事故或者城市轨道交通等事故所致。

根据《最高人民法院关于审理工伤保险行政案件若干问题的规定》第6条的规定，职工从事属于日常工作生活所需要的活动，且在合理时间和合理路线的上下班途中应当被认定为“上下班途中”。

在本案中，谷某下班去市场买菜属于其日常生活中所必需的活动，且在合理时间和合理路线内，并且，其在交通事故中没有责任，所以其所受之伤应当被认定为工伤。某服装厂的说法是错误的。

核心提示

在上下班途中受到非本人主要责任的交通事故或者城市轨道交通等事故伤害的应当被认定为工伤。其中，何为“上下班途中”，根据《最高人民法院关于审理工伤保险行政案件若干问题的规定》第6条的规定，对社会保险行政部门认定下列情形为“上下班途中”的，人民法院应予支持：

(1)在合理时间内往返于工作地与住所地、经常居住地、单位宿舍的合理路线的上下班途中；

(2)在合理时间内往返于工作地与配偶、父母、子女居住地的合理路线的上下班途中；

(3)从事属于日常工作生活所需要的活动，且在合理时间和合理路线的上下班途中；

(4)在合理时间内其他合理路线的上下班途中。

117. 长期从事同种工作而患上职业病，能否被认定为工伤？

案例聚焦

某家具厂是南方一家知名工厂，从建厂开始至今已经走过20年的发展历程。老丁是该家具厂的一名老员工，在该厂已经工作了15年的时间，他技术精湛、对工作认真负责，多年来，一直在木板打磨车间工作，从一名普通的员工升至车间主任。从去年年底开始，老丁经常咳嗽有痰，刚开始他也没有太在意，但随着症状的加重，老丁逐渐认识到问题的严重性，急忙到医院进行检查。经过诊断，老丁患上了尘肺病。家属认为，老丁长期在木板打磨车间工作，粉尘飞扬的工作环境是造成他患上尘肺病的主要原因，属于职业病，这种情况应当被认定为工伤，享受工伤保险待遇。

分析点评

职业病是指劳动者在从事生产劳动等职业活动时，由于工作环境或工作方式接触到一些对身体有害的物质或因素，从而引发的疾病。该病的发生与工作场所的环境有密切的关系。根据《工伤保险条例》第14条规定："职工有下列情形之一的，应当认定为工伤：……（四）患职业病的……"

由此可知，职业病属于我国法律明确规定的应当被确定为工伤的范围。因此，劳动者患职业病应当被认定为工伤。在本案中，老丁在木板打磨车间工作多年，长期接触粉尘，导致其最终患上尘肺病，在经过职业病诊疗机构作出职业病诊断证明书后，就可以提出工伤认定申请。

核心提示

在实践中，很多劳动者因长期接触被污染的环境而导致患上职业病。但是，职业病并不是不可以预防的。用人单位需要注意的是，应当切实保障劳动者权益，通过多种方式预防职工职业病的发生：第一，控制职业病危害因素的发生。可以通过优化设备、改进通风装置等方式，降低污染物浓度。第二，制定严格的操作规范，对相关污染车间进行定期检查，防止发生意外事故。第三，加强对劳动者安全培训，提高其自我防护能力和防护意识，通过佩戴防护用具的方式减少与污染物接触。

118. 劳动合同中约定“由劳动者自行承担伤亡损失”的条款是否有效？

案例聚焦

某工程公司承包了一项建设施工项目，由于工期较紧，该公司工人严重不足，于是，该公司紧急从当地招聘了一批临时工，与他们签订了劳动合同，期限是从工程开始之日起至工程结束之日止。为了减少用工风险，该工程公司特意在劳动合同中注明：“在执行该工程任务期间，劳动者须严格遵守安全制度，因违反安全规定导致发生人身安全事故，由劳动者自行承担,公司不承担任何责任。”开工一个月后,有一天临时工老贾没有严格遵守操作流程,导致自己的右腿被重物砸伤,花去医药费3万余元。老贾要求该工程公司承担自己的医药费用,但公司辩解说,双方早已在入职时签订了劳动合同,而劳动合同中明确约定,因没有遵守安全制度的相关人身事故,公司不承担责任。老贾不服,准备通过法律途径来维权。

分析点评

用人单位有保障劳动者安全的义务,对于在劳动合同中免除用人单位法定责任的条款,以及对劳动者权利造成损害的条款,是没有法律效力的。

《劳动法》第3条第1款规定:“劳动者享有平等就业和选择职业的权利、取得劳动报酬的权利、休息休假的权利、获得劳动安全卫生保护的权利、接受职业技能培训的权利、享受社会保险和福利的权利、提请劳动争议处理的权利以及法律规定的其他劳动权利。”第4条规定:“用人单位应当依法建立和完善规章制度,保障劳动者享有劳动权利和履行劳动义务。”由此可知,劳动者在劳动时有获得安全保护的权利,用人单位也应当通过建立相关规章制度保障劳动者的人身安全。

同时,《劳动合同法》第26条第1款规定:“下列劳动合同无效或者部分无效:(一)以欺诈、胁迫的手段或者乘人之危,使对方在违背真实意思的情况下订立或者变更劳动合同的;(二)用人单位免除自己的法定责任、排除劳动者权利的;(三)违反法律、行政法规强制性规定的。”由此可知,我国法律明确规定了用人单位免除自己应当承担的责任,从而让劳动者承担相关损失、侵害劳动者权益的条款是无效的。

在本案中,工程公司为了免除自己的责任,在劳动合同中约定由劳动者自负责任的条款，严重侵害了劳动者的合法权益，而且，保障劳动者从业安全是用人单位的义务，不管劳动者在生产中是否严格执行安全规定，用人单位都不能以此来免除自己应当承担的责任。因此，该工程公司应当为老贾的受伤承担相应的法律责任。

核心提示

在实践中，有些用人单位利用自己的优势地位和劳动者不懂法的现实情况，在双方签订劳动合同时特别约定一些免除自己责任的“霸王”条款，这样的情况是违反法律规定的，相关条款也是无效的。对于劳动者人身健康和生命安全，法律是给予特别保护的，如果允许免除用人单位责任的条款出现在劳动合同中，无异于默认了用人单位可以在不将劳动者生命健康安全放在首位，这与保护公民人身权利的宪法原则是相违背的。因此，用人单位需要注意的是，应制定和健全各项安全制度，并通过加强培训以及监督管理等方式，切实提高劳动者遵守操作规范的能力和意识，从而有效保障劳动者在从业过程中的生命健康安全。

119. 如果用人单位没有为劳动者缴纳工伤保险，应当由谁承担赔偿责任？

案例聚焦

老王是某机械厂员工，与工厂签订了1年固定期限劳动合同。该工厂为节约用工成本，没有为短期的劳动者缴纳社会保险。近期，机械厂接到了一笔紧急订单,需要部分员工加班从事生产作业,并承诺加班可以给付3倍工资。为了增加家庭收入,老王主动要求加班。连续加班一周后,在一天上夜班时其因操作不当,不小心把胳膊砸伤。老王被紧急送医,治疗费花去5万多元。机械厂在为老王垫付2万元医药费后,拒绝承担后续医药费用。老王向工厂主张工伤赔偿,但工厂认为老王是由于自己操作设备不当导致的受伤,自己本身存在过错,工厂已经为他垫付2万元费用作为补偿,没有义务负担后续费用。

分析点评

工伤是指劳动者在从事工作活动或与工作相关的活动时遭受的伤害,工伤认定的范围是由法律明确规定的。《工伤保险条例》第14条规定:“职工有下列情形之一的,应当认定为工伤:(一)在工作时间和工作场所内,因工作原因受到事故伤害的;(二)工作时间前后在工作场所内,从事与工作有关的预备性或者收尾性工作受到事故伤害的;(三)在工作时间和工作场所内,因履行工作职责受到暴力等意外伤害的;(四)患职业病的;(五)因工外出期间,由于工作原因受到伤害或者发生事故下落不明的;(六)在上下班途中,受到非本人主要责任的交通事故或者城市轨道交通、客运轮渡、火车事故伤害的;(七)法律、行政法规规定应当认定为工伤的其他情形。”由此可知,满足上述条件遭受的伤害即为工伤。老王在工作时受伤,所受之伤显然为工伤。

劳动者在发生工伤后,用人单位应当及时进行救助,并承担工伤赔偿责任。如果用人单位没有给劳动者缴纳社会保险,根据《工伤保险条例》第62条的规定,“用人单位依照本条例规定应当参加工伤保险而未参加的,由社会保险行政部门责令限期参加,补缴应当缴纳的工伤保险费,并自欠缴之日起,按日加收万分之五的滞纳金;逾期仍不缴纳的,处欠缴数额1倍以上3倍以下的罚款。依照本条例规定应当参加工伤保险而未参加工伤保险的用人单位职工发生工伤的,由该用人单位按照本条例规定的工伤保险待遇项目和标准支付费用。用人单位参加工伤保险并补缴应当缴纳的工伤保险费、滞纳金后,由工伤保险基金和用人单位依照本条例的规定支付新发生的费用”。

在发生工伤事故后,赔偿主体存在两种情况:第一,如果用人单位已经为劳动者缴纳足额的社会保险,受到工伤的劳动者应当依法享受社会保险待遇;第二,如果用人单位没有为劳动者缴纳社会保险,应当由用人单位按照国家标准对工伤劳动者进行赔偿。在本案中,机械厂没有为老王缴纳工伤保险,就应当给其相应的赔偿。

核心提示

按照规定为劳动者缴纳社会保险,可以有效降低用人单位的用工风险,同时也能有效保障劳动者的合法权益。在实践中,有些单位为了节约用工成本,没有或者没有足额为劳动者缴纳社会保险,一旦发生工伤事故,将会给公司带来严重经济损失。因此,缴纳社会保险是十分必要的,工伤保险可以减少企业在出现意外情况时需要承担的赔偿费用,也可以保障受伤劳动者的基本生活,从而维护正常的生产、生活秩序。

120. 在未与原单位解除劳动合同的情况下，劳动者在新单位受伤，工伤责任由谁承担？

案例聚焦

张大姐是某食品厂的员工，与工厂签订了为期5年的劳动合同。但是自今年年初，食品厂效益一直不好，便停止了部分员工的工作，双方约定暂停发放员工工资，待恢复有序生产后每月按照1.5倍工资发放，直至补齐停发部分工资。张大姐也在停工员工之列。为了补贴家用，张大姐经人介绍来到了一家商务公司从事保洁工作，但她未与商务公司签订劳动合同，公司也没有为她缴纳社会保险。张大姐在该商务公司工作了8个月，该商务公司每月发放给张大姐2500元工资，她严格遵守公司相关制度并认真完成公司交予的工作任务。一天，张大姐在卫生间内打扫时不小心踩到水而滑倒，大腿摔伤并造成了骨折，共花去医药费3万元。张大姐认为自己是在工作时间受伤，应当由商务公司承担赔偿责任，但商务公司认为，张大姐只是公司雇用的临时工，双方没有签订劳动合同，不应当承担张大姐的损失。后张大姐又找到食品厂，认为自己与食品厂有劳动合同，自己的受伤应当由食品厂赔偿。食品厂辩称张大姐并非从事本单位工作时受伤，不应由食品厂来承担。

分析点评

当劳动者在工作期间发生受伤事故时，判断用人单位与劳动者之间是否存在劳动关系是能否认定为工伤的关键。也就是说,劳动者即便是在工作时间、工作场所内受伤,双方也必须要有劳动关系才能认定为工伤。在法律实践中,劳动关系可以通过两种方式判断:一种是双方订立了劳动合同;另一种是虽然没有劳动合同,可以根据其他材料证明用工单位与劳动者之间存在事实劳动关系。

《劳动和社会保障部关于确立劳动关系有关事项的通知》对事实劳动关系的判定确立了明确的标准:"一、用人单位招用劳动者未订立书面劳动合同,但同时具备下列情形的,劳动关系成立:(一)用人单位和劳动者符合法律、法规规定的主体资格;(二)用人单位依法制定的各项劳动规章制度适用于劳动者,劳动者受用人单位的劳动管理,从事用人单位安排的有报酬的劳动;(三)劳动者提供的劳动是用人单位业务的组成部分。"由此可知,劳动者和用人单位只要是符合上述条件,即可认定劳动关系成立,也就是存在事实劳动关系。

在本案中,张大姐虽然与某食品厂订立了劳动合同,但目前处于停工状态,未从事与某食品厂有关的工作,某食品厂不应当为张大姐受伤承担相关责任。同时,张大姐虽然与商务公司没有签订劳动合同,但彼此之间已经形成了事实劳动关系,而且后面形成的劳动关系的有效性并不受前面劳动合同关系的影响。张大姐在商务公司工作期间受到的伤害应当被认定为工伤,且应当由商务公司承担相应的法律责任。

核心提示

在工作中出现了劳动者受伤的事故,除了符合《工伤保险条例》第14条规定的七种情形,用人单位与劳动者之间存在劳动关系是工伤认定的前提。在实践中,劳动关系既包括由书面劳动合同建立的法律关系,也包括没有劳动合同但存在事实工作关系而形成的事实劳动关系。

在工伤认定问题上，劳动者实际执行工作任务的单位就是用人单位，而不能以劳动者与谁签订了劳动合同为准。因为劳动者的受伤与其他用人单位并无直接关系，要求其承担工伤责任显然是有失公平的。在实际操作中，谁在接受劳动者提供的服务，谁对劳动者进行监督和管理，谁向劳动者支付报酬，谁就是与劳动者发生实际劳动关系的用人单位。

此外，《最高人民法院关于审理工伤保险行政案件若干问题的规定》第 3 条规定："社会保险行政部门认定下列单位为承担工伤保险责任单位的，人民法院应予支持：(一)职工与两个或两个以上单位建立劳动关系，工伤事故发生时，职工为之工作的单位为承担工伤保险责任的单位……"此条文也为上述说法提供了法律支持。

121. 农民工跟随包工头干活，受伤应当由谁承担责任？

案例聚焦

某建设公司中标了某市某路段管道升级改建工程，约定于年底完成工程任务。后该建设公司又承包了多个施工项目，由于多个项目同时开工经济压力较大，该公司决定进行相应的转包。于是，建设公司便将某路段管道升级改建工程的一部分转包给包工头钱某施工建设。钱某接到工程后，临时组建了一支施工队伍。农民工肖某也在其中。一个月后的一天，肖某在施工作业时不小心掉到工地深坑内摔伤。肖某的家人找到包工头钱某，要求其赔偿肖某的医疗费、误工费等费用。但钱某拒绝赔偿。肖某及其家人不知如何是好。

分析点评

《劳动和社会保障部关于确立劳动关系有关事项的通知》第4条规定:"建筑施工、矿山企业等用人单位将工程(业务)或经营权发包给不具备用工主体资格的组织或自然人,对该组织或自然人招用的劳动者,由具备用工主体资格的发包方承担用工主体责任。"

《人力资源和社会保障部关于执行〈工伤保险条例〉若干问题的意见》第7条规定:"具备用工主体资格的承包单位违反法律、法规规定,将承包业务转包、分包给不具备用工主体资格的组织或者自然人,该组织或者自然人招用的劳动者从事承包业务时因工伤亡的,由该具备用工主体资格的承包单位承担用人单位依法应承担的工伤保险责任。"

根据上述法条可知,发包方在分包或者转包项目时应当保持谨慎的态度,严格审查承包方资质,并且履行安全监管责任,不能认为将项目分包或者转包出去自己就不用承担相应后果,一旦发生施工人员伤亡事故,如果对方不具备用工主体资格,那么发包方要承担相应的责任。

用工主体资格是指使用劳动力所必需具备的法定前提条件。根据《劳动合同法》和《劳动合同法实施条例》的规定,我国境内的企业、个体经济组织、国家机关、事业单位、社会团体以及依法成立的会计师事务所、律师事务所等合伙组织和基金会,都具有用工主体资格。包工头是自然人,不具有用工主体资格,其招用的劳动者,发生工伤事故受到伤害的,由具有用工主体资格的承包单位承担工伤保险责任。

在本案中,建设公司将道路管道升级改建工程部分转包给不具有用工主体资格的包工头钱某,农民工肖某在施工时摔伤应当由建设单位依法承担工伤保险责任。

核心提示

实践中很多企业存在侥幸心理，为了图省事、赚快钱而不顾安全责任，没有进行严格的资质审查便将部分项目转包、分包。要知道，如果一旦在施工中出现人身伤亡等意外情况，按照我国现行法律的规定，还是应当由具备用工主体资格的发包方承担用工主体责任。为了降低企业风险，发包单位在工程项目发包前一定要对承包方进行严格的资格审查，并且不能将全部项目分包、转包，必须要对承包出去的工程安全进行严格监管，从而确定生产秩序的平稳。

122. 工作时被第三人打伤，是不是因为有具体侵权人就不能得到工伤赔偿？

案例聚焦

老秦是某商场的保安，负责商场停车场管理工作。这天是七夕节，由于客流量非常大，停车场早已满位。一对情侣开车来到商场，发现停车场没有车位后便打算将汽车停在停车场入口附近。老秦发现后赶忙出面制止，说将车停在此处会妨碍其他车辆出入。后来，双方发生了口角，矛盾逐渐激化，盛怒之下停车的男子张某将老秦打伤。老秦因治伤花去医疗费1万多元。老秦向某商场提出申请，要求帮助其申请工伤认定，但是某商场称因为打人的是张某，应由张某负责赔偿，即使申请了工伤也不会得到工伤赔偿。

分析点评

首先应当明确的是,当劳动者与用人单位存在劳动关系时,劳动者在用人单位受到的符合《工伤保险条例》第14条规定情形的伤害应当被认定为工伤。本案中老秦因履行工作职责被他人打伤,属于工伤。此外,从侵权的角度来看,老秦被他人打伤,可以要求该人承担侵权赔偿责任。

然而,对于老秦的情况,是不是如某商场所说,即使被认定为工伤,由于有具体的侵权人,他也不会得到相应的工伤赔偿?对此,我们可以一起来看一看下面的法律规定:

《最高人民法院关于审理工伤保险行政案件若干问题的规定》第8条规定:"职工因第三人的原因受到伤害,社会保险行政部门以职工或者其近亲属已经对第三人提起民事诉讼或者获得民事赔偿为由,作出不予受理工伤认定申请或者不予认定工伤决定的,人民法院不予支持。职工因第三人的原因受到伤害,社会保险行政部门已经作出工伤认定,职工或者其近亲属未对第三人提起民事诉讼或者尚未获得民事赔偿,起诉要求社会保险经办机构支付工伤保险待遇的,人民法院应予支持。职工因第三人的原因导致工伤,社会保险经办机构以职工或者其近亲属已经对第三人提起民事诉讼为由,拒绝支付工伤保险待遇的,人民法院不予支持,但第三人已经支付的医疗费用除外。"

由此可知,对于由于第三人侵权造成的劳动者工伤,应该被认定为工伤。而关于工伤赔偿,如果侵权人已经赔偿医疗费的,工伤保险不再支付医疗费用。本案中老秦所在商场的说法是不正确的。老秦应该申请工伤认定,他可以选择让工伤保险赔付医疗费用,也可以要求侵权人张某承担。

核心提示

建立工伤保险制度，目的是让因工作而受伤的劳动者及时得到救济和经济补偿，从而更快、更好地恢复生产。当劳动者因工作被第三人侵权受伤时，不能因为存在侵权人就忽视其工伤因素的存在。在工伤认定与赔偿方面，要充分保障劳动者及时获得相应赔偿的权益。但需要注意的是，如果劳动者得到了第三人赔偿的医疗费用，那么工伤保险可以不再向其支付相关的医疗费用。

123. 劳动者因工作原因下落不明的，是否能享受相应的工伤待遇？

案例聚焦

某设备生产公司主要生产大型机械设备，其产品质量在行业内有口皆碑。冯某是该公司销售部的客户经理，主要负责对外销售、联络等工作，经常需要到外地出差。某年 8 月，当地连降暴雨，而公司又有一笔紧急业务需要人员到场处理，接到公司指派，冯某不顾天气原因，驾车前往外地。不幸的是，路上突发泥石流和洪水灾害，冯某的车被大水冲走，经过连日救险，冯某的汽车被找到，但冯某始终没有被找到。

分析点评

根据《工伤保险条例》第 14 条第 5 项的规定，职工因工外出期间，由于工作原因受到伤害或者发生事故下落不明的，应当被认定为工伤。

同时，我国法律也对在因公外出期间下落不明的职工，明确了相应的补偿方式。《工伤保险条例》第 41 条规定："职工因工外出期间发生事故或者在抢险救灾中下落不明的，从事故发生当月起 3 个月内照发工资，从第 4 个月起停发工资，由工伤保险基金向其供养亲属按月支付供养亲属抚恤金。生活有困难的，可以预支一次性工亡补助金的 50%。职工被人民法院宣告死亡的，按照本条例第三十九条①职工因工死亡的规定处理。"

在本案中，冯某受公司指派到外地出差，因偶遇泥石流灾害而下落不明，属于工伤。其公司应按照上述法律规定为其发放工资并办理相关工伤保险手续。

核心提示

因公下落不明被认定为工伤必须满足以下几个条件：第一，劳动者与用人单位之间存在劳动关系；第二，职工确系下落不明；第三，职工下落不明必须是工作原因导致的，如果是因为自己利益或个人事件，则不能认定为工伤。

---

① 《工伤保险条例》第 39 条规定："职工因工死亡，其近亲属按照下列规定从工伤保险基金领取丧葬补助金、供养亲属抚恤金和一次性工亡补助金：（一）丧葬补助金为 6 个月的统筹地区上年度职工月平均工资；（二）供养亲属抚恤金按照职工本人工资的一定比例发给由因工死亡职工生前提供主要生活来源、无劳动能力的亲属。标准为：配偶每月 40%，其他亲属每人每月 30%，孤寡老人或者孤儿每人每月在上述标准的基础上增加 10%。核定的各供养亲属的抚恤金之和不应高于因工死亡职工生前的工资。供养亲属的具体范围由国务院社会保险行政部门规定；（三）一次性工亡补助金标准为上一年度全国城镇居民人均可支配收入的 20 倍。伤残职工在停工留薪期内因工伤导致死亡的，其近亲属享受本条第一款规定的待遇。一级至四级伤残职工在停工留薪期满后死亡的，其近亲属可以享受本条第一款第（一）项、第（二）项规定的待遇。"

124. 本应成立工伤，但是具有哪些情形时不能被认定为工伤？

案例聚焦

陈某在某建筑公司上班，负责清运工地上的废料和垃圾。他平时爱喝点酒，为此没少挨工长的批评。一天中午，陈某偷偷用矿泉水瓶装了白酒，吃饭的时候喝了几大口。下午工作时，陈某因喝酒导致有些头晕，让他觉得昏昏沉沉打不起精神来。结果，陈某在六楼运垃圾时，一个没注意，连人带车从电梯旁摔下。陈某因此摔坏腰椎。经鉴定，由于陈某受伤时属于醉酒状态，无法被认定为工伤。

分析点评

《工伤保险条例》对于工伤的情形给予了明确的规定，也规定了不符合工伤的各种情形。

《工伤保险条例》第16条规定："职工符合本条例第十四条、第十五条的规定，但是有下列情形之一的，不得认定为工伤或者视同工伤：(一)故意犯罪的；(二)醉酒或者吸毒的；(三)自残或者自杀的。"

也就是说，如果受伤时存在故意犯罪、醉酒或者吸毒、自残或者自杀其中之一情形的，无论受伤是否发生在工作时间、工作地点以及是否与工作有关，均不得作为工伤处理。

在本案中，陈某受伤虽然是在工作时间、工作场合，但受伤主要是其醉酒导致头脑不清醒发生失控操作而致，因此不应被认定为工伤，陈某依法不能享受工伤保险待遇。

核心提示

对于属于可认定为工伤的情形，但由于劳动者故意犯罪、醉酒或者吸毒、自残或者自杀被排除的，在得出是否属于工伤的结论时应被慎重对待。例如，不能仅凭他人说某人喝过酒就认定该人工作时受伤是醉酒导致，是否属于醉酒要经过权威的结论性意见等来评定，吸毒、自残或者自杀等情形也是如此。而对于“故意犯罪”的认定，应当以刑事侦查机关、检察机关和审判机关的生效法律文书或者结论性意见为依据。

125. 工伤职工在家养伤期间，工资照发吗？

案例聚焦

郭某是某建筑公司的职工。前些日子，他在工地上不小心被滚木砸伤了脚，所幸并无大碍，只有二拇指骨折，医生说出院后回家静养即可。郭某出院后按照医嘱在家静养，伤情恢复得很快，眼看着日子一天天过去，他突然担心起来。郭某担心在其养伤期间，公司会不按时足额给他发放工资。于是，在伤还没有好利索的情况下，郭某就返回了工作岗位。

分析点评

《工伤保险条例》第33条第1款规定："职工因工作遭受事故伤害或者患职业病需要暂停工作接受工伤医疗的，在停工留薪期内，原工资福利待遇不变，由所在单位按月支付。"

由此可见，工伤职工在停工接受治疗期间，其工资福利待遇不变，工资按月按原数额照发。本案中的郭某应该好好养伤，把伤养好后再回去上班，大可不必担心其所在公司不会给其按时足额开工资的事情，即使出现其所担心的事情，也可以依法进行维权。

核心提示

职工因工伤需要住院、居家治疗或疗养的，属于停工留薪，其在原单位的工资每月照开，且数额不变。依据《工伤保险条例》第33条第2款和第3款的规定，工伤职工的停工留薪期一般不超过12个月。伤情严重或者情况特殊，经设区的市级劳动能力鉴定委员会确认，可以适当延长，但延长不得超过12个月。工伤职工评定伤残等级后，停发原待遇，按照《工伤保险条例》的有关规定享受伤残待遇。工伤职工在停工留薪期满后仍需治疗的，继续享受工伤医疗待遇。生活不能自理的工伤职工在停工留薪期需要护理的，由所在单位负责。

126. 对工伤认定结论不服，是需要先申请行政复议，再提起行政诉讼吗？

案例聚焦

杜某是某公司的职工，其在车间装货时不慎摔伤，因出现胸闷气短、胸部疼痛等不适回家休息。当天晚上，杜某感觉呼吸困难，被紧急送往医院救治，后杜某病危，没有被抢救过来。在申请工伤时，人力资源和社会保障局认为杜某死亡的原因是其自身有心脏疾病，存在既往主动脉夹层、高血压病史，并且接受过支架治疗，对杜某不予认定为工亡。杜某家属不服，想提起行政诉讼，但是听说还要先进行行政复议，一时间不知该怎么办好。

分析点评

《工伤保险条例》第55条规定，有下列情形之一的，有关单位或者个人可以依法申请行政复议，也可以依法向人民法院提起行政诉讼：

(1)申请工伤认定的职工或者其近亲属、该职工所在单位对工伤认定申请不予受理的决定不服的；

(2)申请工伤认定的职工或者其近亲属、该职工所在单位对工伤认定结论不服的；

(3)用人单位对经办机构确定的单位缴费费率不服的；

(4)签订服务协议的医疗机构、辅助器具配置机构认为经办机构未履行有关协议或者规定的；

(5)工伤职工或者其近亲属对经办机构核定的工伤保险待遇有异议的。

本案中，杜某家属对于不予工亡认定的结论不服，可以直接提起行政诉讼，也可以直接申请行政复议。在此处，行政诉讼与行政复议是选择关系，不存在行政复议前置问题。

核心提示

工伤认定等问题直接关系到职工的疾病能否得到完备的救治，关系到能否切实有效保障劳动者的合法权益。如果要先提起行政复议再提起行政诉讼，势必要经过很长时间，这不利于劳动者合法权益的保护。此外，根据《工伤保险条例》第31条的规定，社会保险行政部门作出认定为工伤的决定后发生行政复议、行政诉讼的，行政复议和行政诉讼期间不停止支付工伤职工治疗工伤的医疗费用。

127. 对于因安全事故而伤亡的人员，工伤保险不够赔偿的，生产经营单位需要赔偿吗？

案例聚焦

牛某是某公司的员工，在车间工作。某日工作时，牛某操作的机器突然出现故障，将他的手臂卷入机器中。其他员工发现后，立即对机器断电，并紧急将牛某送往医院。由于伤情严重，牛某需要进行手术并截肢。手术结束后,为观察术后情况,牛某还需要住院一段时间。一个月后,当地社保局将牛某受伤认定为工伤。当地安全生产监督管理局经过调查后,认定该起事故应当由该公司承担责任。由于牛某伤残等级较高,日常自理存在困难,需要佩戴假肢。但假肢价格昂贵,在限额标准内工伤辅具配置费用不足以支付。随后,牛某请装配假肢的康复中心出具了相关证明,并向法院提起诉讼,要求该公司赔偿其超出工伤赔付金额部分的实际损失。法院经过审理后,作出最终判决,支持了牛某的主张,判决该公司应当承担赔偿责任。

分析点评

《安全生产法》第56条第2款规定:"因生产安全事故受到损害的从业人员,除依法享有工伤保险外,依照有关民事法律尚有获得赔偿的权利的,有权提出赔偿要求。"第116条规定:"生产经营单位发生生产安全事故造成人员伤亡、他人财产损失的,应当依法承担赔偿责任;拒不承担或者其负责人逃匿的,由人民法院依法强制执行。生产安全事故的责任人未依法承担赔偿责任,经人民法院依法采取执行措施后,仍不能对受害人给予足额赔偿的,应当继续履行赔偿义务;受害人发现责任人有其他财产的,可以随时请求人民法院执行。"

从这两条规定可以看出,对于生产安全事故所造成的人员伤亡、财产损失等,生产经营单位是负有赔偿责任的。如果从业人员受到损伤,而工伤保险无法覆盖从业人员实际损失的,生产经营单位同样负有赔偿超出部分的义务。

生产经营单位所承担的赔偿责任是必须履行的,不得以任何理由拖延、逃避。在实践中,部分无良企业为了摆脱赔偿责任,明明有赔偿能力,却以资金周转不灵、企业效益不好等借口逃避赔偿义务。在这种情况下，如果受害人发现该企业存在其他财产，可以随时向人民法院提出申请，要求强制执行。而有些企业在受害人权利受损后，可能确实存在资金不足、没有赔偿能力的情况。此时也不能减免该企业的赔偿义务，而是在该企业将来有赔偿能力时，再对受害者进行赔偿。

本案中，对于工伤保险无法覆盖的损失部分，牛某是有权要求该公司进行赔偿的。而对于补充赔偿部分的赔偿责任，该公司要尽快履行，不能以任何理由推诿、延后。否则，如果牛某事后发现该公司存在可供执行的财产，可以随时请求法院执行。

核心提示

对于安全生产事故来说，最首要的责任主体就是生产经营单位。当发生安全生产事故后，生产经营单位必须将相关情况及时上报，由应急管理部门和其他负有安全生产监督管理职责的部门对事故原因展开调查，对生产经营单位作出行政处罚决定。如果有涉及刑事犯罪的，则需要追究相关责任人员的刑事责任。

生产经营单位所承担的行政处罚与对人员伤亡、他人财产损失的赔偿责任并不冲突。即使生产经营单位已经支付了罚款，仍然需要对安全生产事故的受害人进行赔偿。受害人的赔偿请求权同样受到诉讼时效的限制，根据《民法典》第188条第1款的规定，向人民法院请求保护民事权利的诉讼时效期间为3年。法律另有规定的，依照其规定。受害人在遭受损害后，应当在诉讼时效内及时行使赔偿请求权，避免权利遭受损害。

第十一章

安全生产消防义务

128.建设工程在消防设计、施工方面应符合哪些要求?

案例聚焦

某市某企业负责一娱乐购物广场(含大面积商场、电影院等)的建设项目,但建设完成后因故未能正常投入营业。事后,该企业又重新对广场进行了装修改造,并在改造完成后正式宣布开业。该广场属于特殊建设工程,依法应当办理消防验收手续,但当地消防救援部门发现该广场在改造完成后并没有经过消防验收。于是,消防救援部门将相关情况推送给了当地住房和城乡建设局。对于该企业的违法行为,住房和城乡建设局依法责令该项目停止使用,并对该企业作出罚款25万元的行政处罚决定。

分析点评

根据《消防法》第9条至第13条的规定,建设工程在消防方面应符合以下要求和程序:

(1)建设工程的消防设计、施工必须符合国家工程建设消防技术标准。建设、设计、施工、工程监理等单位依法对建设工程的消防设计、施工质量负责。

(2)对按照国家工程建设消防技术标准需要进行消防设计的建设工程,实行建设工程消防设计审查验收制度。

(3)国务院住房和城乡建设主管部门规定的特殊建设工程,建设单位应当将消防设计文件报送住房和城乡建设主管部门审查，住房和城乡建设主管部门依法对审查的结果负责。对于其他建设工程，建设单位申请领取施工许可证或者申请批准开工报告时应当提供满足施工需要的消防设计图纸及技术资料。

（4）特殊建设工程未经消防设计审查或者审查不合格的，建设单位、施工单位不得施工；其他建设工程，建设单位未提供满足施工需要的消防设计图纸及技术资料的，有关部门不得发放施工许可证或者批准开工报告。

（5）国务院住房和城乡建设主管部门规定应当申请消防验收的建设工程竣工，建设单位应当向住房和城乡建设主管部门申请消防验收。对于其他建设工程，建设单位在验收后应当报住房和城乡建设主管部门备案，住房和城乡建设主管部门应当进行抽查。依法应当进行消防验收的建设工程，未经消防验收或者消防验收不合格的，禁止投入使用；其他建设工程经依法抽查不合格的，应当停止使用。

总之，建设工程的消防设计、施工必须符合国家工程建设消防技术标准，对按照国家工程建设消防技术标准需要进行消防设计的建设工程，必须在经过消防验收合格后才能投入使用。这样是为了保证建设工程符合消防要求，最大限度避免出现消防事故。

在本案中，该娱乐购物广场属于特殊建设工程。根据法律的规定，该广场在建设改造前，应当将消防设计文件送往相关部门审查，并且在建设改造完成后申请消防验收，经消防验收合格后才能正式开业。本案中的企业在对广场进行建设改造后，在没有申请消防验收的情况下即开业，这种行为不仅违反了法律的强制性规定，还是对公众生命财产安全的不负责，应当受到相应处罚。

根据《消防法》第58条的规定，违反《消防法》的规定，有下列行为之一的，由住房和城乡建设主管部门、消防救援机构按照各自职权责令停止施工、停止使用或者停产停业，并处三万元以上三十万元以下罚款：

（1）依法应当进行消防设计审查的建设工程，未经依法审查或者审查不合格，擅自施工的；

（2）依法应当进行消防验收的建设工程，未经消防验收或者消防验收不合格，擅自投入使用的；

（3）《消防法》第13条规定的其他建设工程验收后经依法抽查不合格，不停止使用的；

（4）公众聚集场所未经消防救援机构许可，擅自投入使用、营业的，或者经核查发现场所使用、营业情况与承诺内容不符的。

核查发现公众聚集场所使用、营业情况与承诺内容不符，经责令限期改正，逾期不整改或者整改后仍达不到要求的，依法撤销相应许可。

建设单位未依照本法规定在验收后报住房和城乡建设主管部门备案的，由住房和城乡建设主管部门责令改正，处五千元以下罚款。

根据《消防法》第59条的规定，违反《消防法》的规定，有下列行为之一的，由住房和城乡建设主管部门责令改正或者停止施工，并处一万元以上十万元以下罚款：

（1）建设单位要求建筑设计单位或者建筑施工企业降低消防技术标准设计、施工的；

（2）建筑设计单位不按照消防技术标准强制性要求进行消防设计的；

（3）建筑施工企业不按照消防设计文件和消防技术标准施工，降低消防施工质量的；

（4）工程监理单位与建设单位或者建筑施工企业串通，弄虚作假，降低消防施工质量的。

核心提示

建设工程完成并投入使用后，一旦发生消防事故，所危害的是不特定公众的生命财产安全。因此，对建设工程进行消防验收是非常有必要的。消防验收可以增加建设工程在消防方面的安全性，减少消防事故发生的可能性，同时便于政府部门对建设工程有更为全方面的了解，确保建设工程项目符合法律规定。

对于部分企业来说，在建设工程竣工时不需要强制进行消防验收，但这并不代表建设单位在进行验收时可以敷衍了事。建设单位应当重视消防安全，高标准、严要求地对本单位建设工程的消防安全进行审查。

129. 企业应当履行的消防安全职责有哪些？

案例聚焦

2023年4月18日，北京市丰台区某医院发生火情，当地消防救援支队在接警后迅速赶往现场展开救援行动。截至2023年4月19日6时，71名转运伤员中，在院治疗39人，出院3人，死亡29人。此次火灾事故发生后，北京市政府高度重视，北京市卫健委即刻启动应急预案。国家卫健委立即作出部署，全力指导和支持北京市展开伤员救治工作。丰台区立即组成群众工作组，安抚患者及患者家属的情绪。北京市公安局会同消防等相关部门连夜对此次事故展开调查勘验等工作，初步判定该起事故是某医院住院部内部在改造施工作业过程中产生的火花引燃了现场可燃涂料而引发的。案发当日，北京市公安局丰台分局以涉嫌重大责任事故罪对相关责任人员立案侦查,后对某医院及施工单位15人刑事拘留。

分析点评

《消防法》第16条规定:“机关、团体、企业、事业等单位应当履行下列消防安全职责:(一)落实消防安全责任制,制定本单位的消防安全制度、消防安全操作规程,制定灭火和应急疏散预案;(二)按照国家标准、行业标准配置消防设施、器材,设置消防安全标志,并定期组织检验、维修,确保完好有效;(三)对建筑消防设施每年至少进行一次全面检测,确保完好有效,检测记录应当完整准确,存档备查;(四)保障疏散通道、安全出口、消防车通道畅通,保证防火防烟分区、防火间距符合消防技术标准;(五)组织防火检查,及时消除火灾隐患;(六)组织进行有针对性的消防演练;(七)法律、法规规定的其他消防安全职责。单位的主要负责人是本单位的消防安全责任人。”

本条规定分为两款,第一款规定了机关、团体、企业、事业等单位在消防安全方面应当履行的职责,第二款则对消防安全责任人进行了规定。本条规定不仅对单位开展消防安全工作起到指导作用,还对单位履行消防安全职责的范围进行了限制,如果单位没有尽到本条规定中的职责,则需要承担相应的法律责任,包括行政处罚责任、刑事责任等。同时,本条还确定了单位的消防安全责任人,当发生消防安全事故时,更便于对相关责任人进行追责,一方面能够对本单位以及其他单位起到警醒作用,另一方面则有利于维护其他受损方的权利。

在本案中,初步调查火灾事故的直接原因是改造施工作业过程中产生的火花引燃了现场可燃涂料,但最终导致的严重后果却同时暴露出该医院及施工单位在消防安全方面还存在其他疏忽。广大生产经营单位应当引以为戒,反思本单位是否尽到了消防安全的相关职责,例如,本单位是否有灭火设备和应急疏散预案,当发生火灾时是否能够确保人员在最短时间内离开火场;本单位的消防通道是否畅通,火灾发生时能否确保消防救援人员在第一时间赶赴现场展开救援,而不受到阻碍;本单位是否定期进行了防火检查,是否及时消除了火灾隐患;等等。

核心提示

生产经营单位可以从以下几个方面履行消防安全职责:

(1)定期开展巡查活动,建立巡查档案与防火记录,确保本单位的消防设施能够正常运行、消防通道没有堵塞情况,及时发现并消除火灾隐患,做好预防工作。

(2)定期对从业人员开展消防知识教育与培训,增强从业人员的应急处置能力与消防安全意识。

(3)制定消防应急预案,并定期开展消防演习,提高发生意外时的灵活应变能力。有必要的,可以配备专职消防人员。

(4)其他关于消防安全的必要措施。

130.关于生产过程中“禁止吸烟”的规定,有法可依吗?

案例聚焦

某市消防救援支队接到报警,称某公司车间内发生火灾,需要紧急救援。消防救援支队立即赶往现场,但由于火势过大,最终导致8人在火灾中遇难,其中还包括2名消防救援人员。事后,相关部门对该起事故展开了调查。调查结果显示,导致该起火灾事故的直接原因是车间作业人员违反安全生产规定,在车间内从事生产活动时违章吸烟并乱扔烟头,引燃周边杂物,并因发现不及时最终酿成火灾结果。事后,当地应急管理局对该公司处以罚款90万元的行政处罚决定。其他相关责任人员被移交给司法机关,进行进一步调查。

分析点评

可以肯定的是,关于生产过程中"禁止吸烟"的规定,是有法可依的。《消防法》第21条规定:"禁止在具有火灾、爆炸危险的场所吸烟、使用明火。因施工等特殊情况需要使用明火作业的,应当按照规定事先办理审批手续,采取相应的消防安全措施;作业人员应当遵守消防安全规定。进行电焊、气焊等具有火灾危险作业的人员和自动消防系统的操作人员,必须持证上岗,并遵守消防安全操作规程。"

对于部分生产经营活动来说,在生产过程中会产生粉尘、高温或接触易燃易爆化学品等。在这种情况下,如果遭遇明火,很可能会发生火灾或爆炸,并且过程极快、威力极强,最终造成的后果也极为严重。从事此类生产经营活动的生产经营单位应当在生产经营场所设置禁用明火的警示标志,并避免在生产过程中使用明火。如果确实需要使用明火作业,为了避免发生事故,生产经营单位必须事先办理审批手续,并对作业人员进行消防教育,督促作业人员遵守消防规定。某些特殊岗位还应当要求作业人员持证上岗,确保作业符合规范,避免事故发生。

在本案中,该公司对作业人员培训不到位,导致作业人员消防安全意识较差,违反安全生产规章制度,违章吸烟且乱扔烟头,最终导致了火灾的发生。对于这一结果,不仅该违章操作的作业人员需要承担责任,该公司以及其他主要责任人员也需要承担相应的法律后果。

《消防法》第63条规定:“违反本法规定,有下列行为之一的,处警告或者五百元以下罚款;情节严重的,处五日以下拘留:(一)违反消防安全规定进入生产、储存易燃易爆危险品场所的;(二)违反规定使用明火作业或者在具有火灾、爆炸危险的场所吸烟、使用明火的。”

核心提示

要避免本案中的情形再次发生,生产经营单位应从两方面着手进行管理:

(1)从生产经营单位的角度,要加强对本单位从业人员的管理,制定详细的安全生产规章。一方面,要对违章生产的行为加以处罚;另一方面,要对在消防安全方面有贡献的从业人员予以奖励。

(2)从从业人员的角度,要加强消防安全培训,增强从业人员的消防安全意识,提高从业人员安全生产的积极性。

131. 关于生产经营危险品的企业,法律对其在消防方面有何特别要求?

案例聚焦

某日清晨,某化工公司发生一起爆炸事故,在此次事故中,共造成3人死亡、5人受伤的严重后果。此次事故一经发生,立即引起了当地政府部门的高度重视,当地政府部门立即对该起事故展开调查。经过初步调查，确定该起爆炸事故是由于在生产过程中，从业人员操作不规范，在进行完蒸馏后未及时对前一批物料进行冷却降温，导致废液中的化学成分受热后形成爆炸性气体，遭遇静电后产生了爆炸。在此次事故中，该公司在消防安全方面暴露出许多问题，例如，未对从业人员进行充足的安全生产教育与培训；从业人员操作不规范、对危险化学品的处理风险认识不充足；生产、处置、储存危险化学品管理混乱等。

分析点评

《消防法》第22条规定："生产、储存、装卸易燃易爆危险品的工厂、仓库和专用车站、码头的设置，应当符合消防技术标准。易燃易爆气体和液体的充装站、供应站、调压站，应当设置在符合消防安全要求的位置，并符合防火防爆要求。已经设置的生产、储存、装卸易燃易爆危险品的工厂、仓库和专用车站、码头，易燃易爆气体和液体的充装站、供应站、调压站，不再符合前款规定的，地方人民政府应当组织、协调有关部门、单位限期解决，消除安全隐患。"第23条规定："生产、储存、运输、销售、使用、销毁易燃易爆危险品，必须执行消防技术标准和管理规定。进入生产、储存易燃易爆危险品的场所，必须执行消防安全规定。禁止非法携带易燃易爆危险品进入公共场所或者乘坐公共交通工具。储存可燃物资仓库的管理，必须执行消防技术标准和管理规定。"

对于生产经营危险品的单位来说，其发生消防安全事故的可能性要大大高于其他生产经营单位，因此在消防安全方面必须采取更为严格的措施，来预防消防安全事故的发生。从上述两条规定可以看出，此类生产经营单位在生产、储存、装卸、运输、销售、使用、销毁易燃易爆危险品时，都需要符合消防安全的要求，并执行消防技术标准和管理规定，否则将承担相应的法律后果。

在本案中,该化工公司属于生产经营危险品的企业,应当遵守法律的相关规定,在生产、使用、销毁、储存危险化学品的过程中确保按章操作。但是,该化工公司的从业人员因消防安全意识淡薄,操作不规范,导致了爆炸事故的发生。该化工公司不仅要承担行政处罚责任,相关责任人员还有可能面临刑事处罚。

核心提示

根据《消防法》第62条的规定,违反有关消防技术标准和管理规定生产、储存、运输、销售、使用、销毁易燃易爆危险品的,依照《治安管理处罚法》的规定处罚。生产经营危险品的生产经营单位违反《消防法》的相关规定,在生产、储存、运输、销售、使用、销毁易燃易爆危险品方面不遵守消防技术标准和管理规定的,主要责任人员尚未成立犯罪的,还需要依法接受治安管理处罚。

132. 企业不拿消防通道当回事,随便占用的,要承担怎样的责任?

案例聚焦

某企业的装卸工人为了装卸货物方便,将货物从仓库中运出后将安全疏散通道作为临时堆放点。长此以往,通道内便堆放了许多货物。该企业在知道这一情况后,并未对工人加以阻拦,而是放任货物继续堆放。某日,当地消防救援大队在开展日常消防监督检查工作时,发现该企业占用安全疏散通道的事实。消防救援大队对该企业负责人进行了消防安全教育，督促其恢复安全疏散通道畅通，并对该企业作出了罚款5200元的行政处罚决定。该企业负责人认识到错误，当场表示将重视消防安全，加强对于员工的消防安全教育。

分析点评

《消防法》第28条规定："任何单位、个人不得损坏、挪用或者擅自拆除、停用消防设施、器材，不得埋压、圈占、遮挡消火栓或者占用防火间距，不得占用、堵塞、封闭疏散通道、安全出口、消防车通道。人员密集场所的门窗不得设置影响逃生和灭火救援的障碍物。"

当发生消防安全事故时，消防通道可以说是"生命通道"。消防通道是否畅通直接影响救援行动能否顺利开展以及受灾群众能否顺利逃生。生产经营单位必须保证消防通道畅通，不得占用、堵塞消防通道。如有类似行为，生产经营单位应当尽快清理障碍，恢复消防通道的畅通。

《消防法》第60条规定："单位违反本法规定，有下列行为之一的，责令改正，处五千元以上五万元以下罚款：(一)消防设施、器材或者消防安全标志的配置、设置不符合国家标准、行业标准，或者未保持完好有效的；(二)损坏、挪用或者擅自拆除、停用消防设施、器材的；(三)占用、堵塞、封闭疏散通道、安全出口或者有其他妨碍安全疏散行为的；(四)埋压、圈占、遮挡消火栓或者占用防火间距的；(五)占用、堵塞、封闭消防车通道，妨碍消防车通行的；(六)人员密集场所在门窗上设置影响逃生和灭火救援的障碍物的；(七)对火灾隐患经消防救援机构通知后不及时采取措施消除的。个人有前款第二项、第三项、第四项、第五项行为之一的，处警告或者五百元以下罚款。有本条第一款第三项、第四项、第五项、第六项行为，经责令改正拒不改正的，强制执行，所需费用由违法行为人承担。”

本条规定了生产经营单位占用、堵塞消防通道所需要承担的法律责任。可以看出，当相关部门作出责令改正的决定时，生产经营单位应当立即执行，否则相关部门有权强制执行，并且要求生产经营单位承担相关费用。在本案中，该企业占用安全疏散通道堆放货物，虽然最初是工人的个人行为，但企业并没有及时制止，这体现出该企业从管理层到普通工人对消防安全的忽视。安全疏散通道一旦占用，将严重影响发生火灾后人员的疏散，很可能造成严重后果。该企业应当对其忽视消防安全的行为承担责任。

核心提示

消防通道不仅包括消防车通道，还包括安全出口、疏散通道等能够在消防安全事故中发挥关键作用的通道。除了保证消防通道的畅通无阻外，生产经营单位还应当确保本单位的其他消防设施如灭火器、消防栓、防火门等能够正常工作。生产经营单位应当定期对本单位的消防设施进行检查，及时更换或维修损坏的消防设施，做好消防安全事故的预防工作。

133. 哪些单位应该配备专职消防队？

案例聚焦

某企业因生产性质发生火灾的风险较大，且所处位置距离消防支队较远。为了提高本企业的应急处置能力，在发生火灾时能够在最短时间内展开自救，同时也为了能够服务于附近的民众，该企业依法组织了一支专职消防队，并为专职消防队添置了消防车、云梯车等各种消防器材，同时每周组织队员进行日常训练。除此之外，该企业还经常在企业内部开展消防知识教育与培训活动，并组织本企业职工参与消防演练。专职消防队成立后，时刻准备应对突发情况，曾多次参与周边的火灾救援活动，在附近居民区停水时，还组织过为居民送水的惠民行动。

分析点评

《消防法》第 39 条规定："下列单位应当建立单位专职消防队，承担本单位的火灾扑救工作：(一)大型核设施单位、大型发电厂、民用机场、主要港口；(二)生产、储存易燃易爆危险品的大型企业；(三)储备可燃的重要物资的大型仓库、基地；(四)第一项、第二项、第三项规定以外的火灾危险性较大、距离国家综合性消防救援队较远的其他大型企业；(五)距离国家综合性消防救援队较远、被列为全国重点文物保护单位的古建筑群的管理单位。"

从本条规定可以看出，应当建立专职消防队的单位有以下两个特点：

一是一旦发生火灾、爆炸等消防安全事故，很可能造成严重的后果，对国家财产以及附近其他企业、居民的生命财产安全构成严重威胁的。

二是与国家综合性消防救援队距离较远，一旦发生消防安全事故，很可能无法得到及时的救援，从而造成严重的损害后果的。为了防止严重损害后果的发生，法律强制要求这类企业配备专职消防队，以便在发生消防安全事故时能够将损失降到最低。

在本案中，该企业发生火灾的风险比较大，与消防支队的距离也较远,应当配备专职消防队。该企业严格遵守法律的规定,组建了专职消防队,积极对消防队的队员进行培训与演练,确保消防队能够随时应对紧急情况。同时,该企业的专职消防队还参加附近的火灾救援活动,并为停水居民提供水源,这也体现了该企业充足的社会责任感,值得广大企业学习。

核心提示

《消防法》第40条规定:"专职消防队的建立,应当符合国家有关规定,并报当地消防救援机构验收。专职消防队的队员依法享受社会保险和福利待遇。"

第41条规定:"机关、团体、企业、事业等单位以及村民委员会、居民委员会根据需要,建立志愿消防队等多种形式的消防组织,开展群众性自防自救工作。"

第42条规定:"消防救援机构应当对专职消防队、志愿消防队等消防组织进行业务指导;根据扑救火灾的需要,可以调动指挥专职消防队参加火灾扑救工作。"

从上述规定可以看出,生产经营单位不仅要建立专职消防队,还要建立合格的专职消防队。不能让专职消防队的建立流于表面,成为"面子工程",而要确保专职消防队符合国家的要求,在关键时刻能够派上用场。此外,专职消防队不仅要应对本单位的消防安全事故,还应接受消防救援机构的指挥参与其他火灾扑救工作,承担起相应的社会责任。

134. 企业对本单位发生的火灾有灭火的义务吗?

案例聚焦

某工厂的储油罐发生爆燃,引起了火灾事故。当地消防救援支队接到报警后,立刻赶往现场展开了救援。由于救援及时,该起火灾事故并未造成人员伤亡。然而,该工厂的负责人刘某担心会因火灾的事情被追责,在火灾发生后既没有及时采取灭火行动,还在消防救援队到达现场后离开工厂,将手机等通信工具关闭,逃避警方的联系。其行为导致消防救援队在制定和实施救援措施时遇到困难,对正常的救援活动造成了影响。事后,刘某及时醒悟,认识到自己行为的错误,并前往公安机关自首。当地警方依法对刘某作出行政拘留 10 日的行政处罚决定。

分析点评

《消防法》第 44 条第 3 款规定:“任何单位发生火灾,必须立即组织力量扑救。邻近单位应当给予支援。”

当火灾发生后,如果不及时灭火,火势很可能继续蔓延,继而对其他公共财产以及他人的人身财产安全构成威胁。可以看出,某一单位发生火灾,所危害的不仅是本单位的权益,还可能包括不特定的公共权益。因此单位在发生火灾时必须承担扑救的义务,以阻止火势蔓延。如果单位不扑救,相关责任人员将承担相应的法律责任。

根据《消防法》第 64 条的规定，在火灾发生后阻拦报警，或者负有报告职责的人员不及时报警的，尚不构成犯罪的，处十日以上十五日以下拘留，可以并处五百元以下罚款；情节较轻的，处警告或者五百元以下罚款。

发生火灾时，单位在对火灾进行扑救的同时，还应当将相关情况及时进行报告。如果负有报告职责的人不及时报警，则需要承担行政拘留、罚款等行政处罚责任。在本案中，刘某作为本单位的负责人，应当在火灾发生后第一时间组织本单位的力量对火势进行扑救，并及时报警。但刘某不仅没有履行此项职责，还关闭手机、拒绝与消防人员联系，导致消防救援行动受到影响。其行为与《消防法》的要求严重背离，应当承担相应的责任。

核心提示

生产经营单位必须建立火灾应急预案，明确发生火灾时的各方职责并切实履行。对于生产经营单位的负责人来说，其在火灾中所需要承担的职责不仅包括及时报警，还包括及时组织人员对火势进行扑救、对其他人员进行疏散、对消防救援队伍提供协助等。针对火灾发生后的应急措施，相关负责人所起到的应当是统领全局、防止火势扩大、降低损失范围的作用。同时，如果因生产经营单位发生火灾而给他人的生命财产安全或公共财产安全造成损害，生产经营单位还应当承担赔偿责任。

135. 企业因义务救火而遭受的损失只能自己承担吗?

案例聚焦

因天气干燥且时常刮风,某地突发山火,且火势蔓延迅速,如不及时将山火扑灭将造成巨大危害。当地某公司在发现山火后,第一时间拨打了火警电话,并立即组织人员在消防救援队赶到之前前往救火。因山火发生地点较为偏僻,附近并没有公共消防设施。该公司当机立断,采用本公司的消防设施,帮助消防救援队及时扑灭了山火。由于救火时间长,该公司当月需要负担的水费猛涨,并且因救火时导致消防管道破裂,其下个月的水费仍然居高不下,同时该公司还要承担高额的维修费用,所有损失共计9万元。该公司为分公司,无法要求总部拨款填补这一损失,只能由全体员工共同分担。当地政府得知此事后,认为该公司在救火行动中的表现值得表扬和鼓励,便召集相关部门与水业公司,共同决定为该公司减免部分水费,并为其筹集消防设施更换费用。

分析点评

《消防法》第7条规定:"国家鼓励、支持消防科学研究和技术创新,推广使用先进的消防和应急救援技术、设备;鼓励、支持社会力量开展消防公益活动。对在消防工作中有突出贡献的单位和个人,应当按照国家有关规定给予表彰和奖励。"

本条是国家鼓励和支持消防工作开展措施的相关规定。参与消防工作不仅是消防救援队伍的责任,更是全社会的共同责任。为了进一步落实消防安全,鼓励全社会参加到消防安全活动中来,对于那些在消防工作中有突出贡献的单位和个人,应当予以表扬。一方面,这是对该单位和个人落实消防工作这一行为的肯定和鼓励;另一方面,这样可以树立先进标杆,起到标兵作用,对建立重视消防安全的社会风气有着重要的作用。

在本案中,该公司勇救山火这一行为体现出该公司在消防工作上超强的行动力与决断力,为消防救援队伍及时扑灭山火提供了充足的帮助与保障。从这一事件可以看出,该公司平时在消防应急工作上必然做了充足的准备与预防,同时还彰显出该公司与职工不同寻常的社会责任感。对于该公司因救火而产生的损失,无论是从法律的角度,还是从情理的角度,都不能让其自行承担,这样才有利于传播良好的社会风气。

核心提示

《消防法》第5条规定:“任何单位和个人都有维护消防安全、保护消防设施、预防火灾、报告火警的义务。任何单位和成年人都有参加有组织的灭火工作的义务。”可以看出,维护消防安全、参与灭火工作不仅是道德上的要求,更是法律为每个成年人和单位所规定的义务。这是因为参与灭火工作不仅是为了维护他人的私人财产,更是为了维护公共安全。根据法律的规定,每个单位都应当配备消防设施,具备消防条件。当发生火灾时,单位应当利用其消防设施,参与灭火工作,辅助消防救援队伍展开救援工作。

第十二章

安全生产监督管理

136. 哪些政府部门负有安全生产监督管理的职责？

案例聚焦

近年来，某市辖区内的一些危险物品生产单位经济效益普遍不好，安全投入严重不足，缺乏必要的安全措施，事故隐患严重。职工和社会群众多次向该市政府应急管理部门报告事故隐患，反映一些生产单位存在的安全问题，要求政府进行检查。该市政府相关负责人虽然也认可安全问题的重要性，但是他认为，如果对这些生产单位进行整治，就会影响企业生产经营，给其本来就不好的经济效益雪上加霜，进而影响市里的经济发展，目前，安全问题只是隐患，相信不会轻易出事。因此，政府部门对组织检查的事一拖再拖。不久以后，该市的一家爆竹生产企业突然发生大爆炸，导致多人伤亡，直接经济损失100多万元。上级机关给予该市政府主要负责同志严厉的处分。

分析点评

《安全生产法》第9条规定："国务院和县级以上地方各级人民政府应当加强对安全生产工作的领导，建立健全安全生产工作协调机制，支持、督促各有关部门依法履行安全生产监督管理职责，及时协调、解决安全生产监督管理中存在的重大问题。乡镇人民政府和街道办事处，以及开发区、工业园区、港区、风景区等应当明确负责安全生产监督管理的有关工作机构及其职责，加强安全生产监管力量建设，按照职责对本行政区域或者管理区域内生产经营单位安全生产状况进行监督检查,协助人民政府有关部门或者按照授权依法履行安全生产监督管理职责。”

第10条规定:“国务院应急管理部门依照本法,对全国安全生产工作实施综合监督管理;县级以上地方各级人民政府应急管理部门依照本法,对本行政区域内安全生产工作实施综合监督管理。国务院交通运输、住房和城乡建设、水利、民航等有关部门依照本法和其他有关法律、行政法规的规定,在各自的职责范围内对有关行业、领域的安全生产工作实施监督管理;县级以上地方各级人民政府有关部门依照本法和其他有关法律、法规的规定,在各自的职责范围内对有关行业、领域的安全生产工作实施监督管理。对新兴行业、领域的安全生产监督管理职责不明确的,由县级以上地方各级人民政府按照业务相近的原则确定监督管理部门。应急管理部门和对有关行业、领域的安全生产工作实施监督管理的部门,统称负有安全生产监督管理职责的部门。负有安全生产监督管理职责的部门应当相互配合、齐抓共管、信息共享、资源共用,依法加强安全生产监督管理工作。”

由上面的规定可知,人民政府的应急管理部门和对有关行业、领域的安全生产工作实施监督管理的部门负有安全生产监督管理的职责。他们有义务对本区域内容易发生重大生产安全事故的生产经营单位进行严格检查,发现事故隐患,应当及时处理。

在本案中,该市存在危险性很大的生产经营单位,安全生产状况也比较差,当地人民政府的应急管理部门本应对这些危险性较大的生产经营单位进行检查,可是有关负责人却不履行法定职责,最终造成特别重大生产安全事故的发生。该市人民政府应当吸取事故教训,切实履行法律规定的安全生产监督管理职责,保障人民群众的生命和财产安全。

核心提示

安全问题涉及范围广、影响面大、内容复杂,社会敏感性强,安全工作搞得不好,会造成一系列严重的社会、政治和经济问题,危害人民群众的安全、健康和社会的繁荣稳定。国务院和地方人民政府都要把安全工作当作大事来抓,切实做好领导工作。负有安全生产监督管理职责的部门应当切实履行好相关安全生产监督责任,要相互配合、齐抓共管、信息共享、资源共用,拒绝懒政和不作为等行为的发生。

在具体的安全生产的监督管理职责方面,《安全生产法》第62条明确规定:"县级以上地方各级人民政府应当根据本行政区域内的安全生产状况,组织有关部门按照职责分工,对本行政区域内容易发生重大生产安全事故的生产经营单位进行严格检查。应急管理部门应当按照分类分级监督管理的要求,制定安全生产年度监督检查计划,并按照年度监督检查计划进行监督检查,发现事故隐患,应当及时处理。"

137. 负有安全生产监督管理职责的部门应当如何履行审批、验收等职责?

案例聚焦

某市应急管理局行政执法人员在对该市某生产企业的检查中,发现某企业的有限空间作业(有限空间作业属于高风险作业)属未经审批作业。且该企业存在严重的安全隐患,如未照国家法律法规履行安全设施"三同时"相关手续,不具备相关应急预案及未对应急预案进行演练,厂区内也未设置安全生产警示标识。针对该企业的种种安全生产违法违规行为，市应急管理局对其进行了立案处罚。

分析点评

《安全生产法》第63条规定："负有安全生产监督管理职责的部门依照有关法律、法规的规定，对涉及安全生产的事项需要审查批准（包括批准、核准、许可、注册、认证、颁发证照等；下同）或者验收的，必须严格依照有关法律、法规和国家标准或者行业标准规定的安全生产条件和程序进行审查；不符合有关法律、法规和国家标准或者行业标准规定的安全生产条件的，不得批准或者验收通过。对未依法取得批准或者验收合格的单位擅自从事有关活动的，负责行政审批的部门发现或者接到举报后应当立即予以取缔，并依法予以处理。对已经依法取得批准的单位，负责行政审批的部门发现其不再具备安全生产条件的，应当撤销原批准。"

这是关于负有安全生产监督管理职责的部门必须依法履行审批、验收等监督管理职责的规定。在进行审查批准或验收时，负有安全生产监督管理职责的部门必须严格依照有关法律、法规和国家标准或者行业标准规定的安全生产条件和程序进行，不得违法、违规进行批准和验收。

对未经审批、验收即从事有关活动的违法行为，必须依法予以取缔、处理。在本案中，某生产企业的有限空间作业属于高风险作业，未经审批作业，属于违法行为，且该企业在安全生产方面未依法履行相关义务，企业安全管理不到位，市应急管理局对其进行了立案处罚是正确的。

核心提示

负有安全生产监督管理职责的部门在履行审批、验收等监督管理职责时，应特别强调“依法”二字。这里的“法”包括有关法律、法规和国家标准或者行业标准。对不符合有关法律、法规和国家标准或者行业标准规定的安全生产条件的，不得批准或者验收通过；发现有未经依法审批或者验收合格而从事有关活动的，应当制止违法行为，责令其停止有关生产经营活动，并按照有关法律、法规的规定追究其法律责任；发现已经审批的生产经营单位不再具备安全生产条件的，应当撤销原批准。被撤销批准的生产经营单位不得再从事相关的生产经营活动，否则将依法追究其法律责任。

138. 政府对企业安全生产经营方面的审批、验收收费吗？

案例聚焦

某新建酒店准备开业前，向当地有关主管部门申请消防安全检查。主管部门对其消防条件进行检查后认为基本合格，但迟迟不明确予以批准。酒店着急开业，酒店老板找到负责人员朱某询问原因。朱某称，酒店目前应该再多配备一些灭火器，正好他可以帮助酒店弄一批质量比较好的灭火器。酒店老板听明白了朱某的用意是借机推销灭火器，本来不想购买，但是又担心消防检查不通过，影响开业，于是就按朱某的指示一次性从某处购买了100台灭火器。上级领导得知情况后，要求酒店退回所购买的灭火器，并对朱某提出了批评教育。

分析点评

本案中涉及负有安全生产监督管理职责的部门有关人员，以“有利于加强安全管理”“保证产品质量”等为借口，滥用职权，要求生产经营单位购买其指定品牌或者指定生产、销售单位的设施、器材或者其他产品的行为。这是明显的违法行为。

《消防法》第56条规定：“住房和城乡建设主管部门、消防救援机构及其工作人员应当按照法定的职权和程序进行消防设计审查、消防验收、备案抽查和消防安全检查，做到公正、严格、文明、高效。住房和城乡建设主管部门、消防救援机构及其工作人员进行消防设计审查、消防验收、备案抽查和消防安全检查等，不得收取费用，不得利用职务谋取利益；不得利用职务为用户、建设单位指定或者变相指定消防产品的品牌、销售单位或者消防技术服务机构、消防设施施工单位。”

《安全生产法》第64条规定：“负有安全生产监督管理职责的部门对涉及安全生产的事项进行审查、验收，不得收取费用；不得要求接受审查、验收的单位购买其指定品牌或者指定生产、销售单位的安全设备、器材或者其他产品。”

由此可见，法律明确规定对生产经营单位所进行的安全生产经营审查、验收是免费的，如果有关工作人员授意生产经营单位购买相应产品，不仅是一种变相收费行为，更是腐败行为，损害了政府部门的形象，也影响安全生产监督检查的权威性和严肃性，应坚决予以抵制。

核心提示

《消防法》第71条规定，住房和城乡建设主管部门、消防救援机构的工作人员滥用职权、玩忽职守、徇私舞弊，利用职务为用户、建设单位指定或者变相指定消防产品的品牌、销售单位或者消防技术服务机构、消防设施施工单位的，尚不构成犯罪的，依法给予处分。同时，《安全生产法》第91条规定，负有安全生产监督管理职责的部门，要求被审查、验收的单位购买其指定的安全设备、器材或者其他产品的，在对安全生产事项的审查、验收中收取费用的，由其上级机关或者监察机关责令改正，退还收取的费用；情节严重的，对直接负责的主管人员和其他直接责任人员依法给予处分。

139. 负有安全生产监督管理职责的部门依法具有哪些职权？

案例聚焦

某县应急管理局在对其辖区内的一机械制造公司进行安全生产执法检查的过程中，发现一些安全隐患：该公司未建立安全风险分级管控制度；未按照安全风险分级采取相应的管控措施；未在生产区域设立安全风险分级管控四色图和岗位安全风险告知卡；消防通道被大量电动车占用等。执法人员对该企业立案调查，并根据《安全生产法》相关规定对其进行了相应的行政处罚。

分析点评

在本案中，某县应急管理局对机械制造公司的检查是其行使安全监督检查职权的体现。根据《安全生产法》第65条的规定，应急管理部门和其他负有安全生产监督管理职责的部门依法开展安全生产行政执法工作，对生产经营单位执行有关安全生产的法律、法规和国家标准或者行业标准的情况进行监督检查，行使以下职权：

（1）进入生产经营单位进行检查，调阅有关资料，向有关单位和人员了解情况。

（2）对检查中发现的安全生产违法行为，当场予以纠正或者要求限期改正；对依法应当给予行政处罚的行为，依照本法和其他有关法律、行政法规的规定作出行政处罚决定。

（3）对检查中发现的事故隐患，应当责令立即排除；重大事故隐患排除前或者排除过程中无法保证安全的，应当责令从危险区域内撤出作业人员，责令暂时停产停业或者停止使用相关设施、设备；重大事故隐患排除后，经审查同意，方可恢复生产经营和使用。

（4）对有根据认为不符合保障安全生产的国家标准或者行业标准的设施、设备、器材以及违法生产、储存、使用、经营、运输的危险物品予以查封或者扣押，对违法生产、储存、使用、经营危险物品的作业场所予以查封，并依法作出处理决定。

同时，监督检查不得影响被检查单位的正常生产经营活动。

核心提示

负有安全生产监督管理职责的部门依法履行相关监督检查职责时，享有的检查权、处理权和采取行政强制措施的权力，具体还可以归纳为：现场调查取证权、现场处理权、采取查封或扣押行政强制措施权。需要注意的是，在采取有关的行政措施时，执法部门相关工作人员必须依照有关法律、法规规定的条件和程序进行，不得滥用职权、玩忽职守、徇私舞弊，否则将承担相应的法律责任。

140. 安全生产监督检查人员在工作中应遵守怎样的法律要求？

案例聚焦

某机械铸造厂将本厂内扩建钢架的工程发包给朱某的公司承建。一天，朱某公司雇用的职工王某在劳动的过程中被砸成重伤。后在解决人身损害赔偿纠纷的过程中，王某家属举报朱某公司以及某机械铸造厂的违法行为。经市安全生产监督部门调查得知，朱某公司不具有施工资质，属于违法发包承包。并且，该工程建设未依法进行安全设施设计，发包方未与施工队签订安全生产管理协议，未明确安全管理责任，施工过程中也没有安全防范措施。市安全生产监督检查机关对某机械铸造厂作出相应行政处罚。但是，某机械铸造厂认为市安全生产监督检查机关的工作人员在执法过程中公开了其业务秘密，要求赔偿。

分析点评

《安全生产法》第67条规定："安全生产监督检查人员应当忠于职守，坚持原则，秉公执法。安全生产监督检查人员执行监督检查任务时，必须出示有效的行政执法证件；对涉及被检查单位的技术秘密和业务秘密，应当为其保密。"该条是关于安全生产监督检查人员应当具备的道德素质和执行监督检查任务时应当遵守义务的规定。

安全生产监督检查人员是依法对生产经营单位执行有关安全生产

法律、法规情况进行监督检查的具体实施者，肩负着重要的职责。同时，为了保障他们能够依法履行职责，法律又赋予了他们相对广泛的职权。安全生产监督检查人员的道德素质如何，直接关系到有关安全生产的法律、法规贯彻执行的效果。因此，法律明确规定了安全生产监督检查人员应当具备的道德素质和相关义务。

在本案中，机械铸造厂因安全生产监督检查人员执行监督检查任务时，存在泄密的情形而要求赔偿，这牵涉安全生产监督检查人员保守被查单位秘密的义务。这里的秘密包括技术秘密和业务秘密：技术秘密，指被检查单位的技术诀窍、技术配方、工艺流程等；业务秘密，指有关经营决策、客户资料等方面的内容。

核心提示

忠于职守、坚持原则、秉公执法是安全生产监督管理人员应遵守的基本执法准则。出示证件和保守相关秘密是他们在执行监督检查任务时的两项附随义。相关执法人员都必须严格遵守。

此外，《安全生产法》第68条规定："安全生产监督检查人员应当将检查的时间、地点、内容、发现的问题及其处理情况，作出书面记录，并由检查人员和被检查单位的负责人签字；被检查单位的负责人拒绝签字的，检查人员应当将情况记录在案，并向负有安全生产监督管理职责的部门报告。"执法人员除要遵循法律对其工作程序的要求外，还要做好监督检查记录。

141.生产经营单位应当如何对待安全监督检查?

案例聚焦

某乡镇煤矿在安全生产方面存在较大的问题,当地煤矿安全监管处接到群众反映,十分重视,决定派出监察检查人员对该煤矿进行全面的安全检查,并事先通知了该矿矿长。当检查人员来到该矿时,发现没有人员上班,矿长办公室的门也紧锁着,只有两位传达室的人在岗。检查人员跟县政府相关工作人员取得联系,通过其要求矿长及员工回矿上班,接受监督检查。但是,在随后的检查工作中,矿长始终不愿意配合,对于安全生产工作的情况不愿意做详细介绍,拒绝提供有关账目和安全资金的投入情况。最终,该矿长受到了相应的行政处罚,为其不配合、拒绝甚至阻挠监督检查的行为付出了代价。

分析点评

《安全生产法》第66条规定:“生产经营单位对负有安全生产监督管理职责的部门的监督检查人员(以下统称安全生产监督检查人员)依法履行监督检查职责,应当予以配合,不得拒绝、阻挠。”第108条规定:“违反本法规定,生产经营单位拒绝、阻碍负有安全生产监督管理职责的部门依法实施监督检查的,责令改正;拒不改正的,处二万元以上二十万元以下的罚款;对其直接负责的主管人员和其他直接责任人员处一万元以上二万元以下的罚款;构成犯罪的,依照刑法有关规定追究刑事责任。”

本案中,煤矿作为生产经营单位,对负有安全生产监督管理职责的检查人员进入其单位及其有关生产经营场所进行检查,应主动、如实地向监督检查人员提供本单位安全生产工作的有关情况,监督检查人员需要调阅相关资料时,要如实提供,对监督检查人员要求当场纠正的违法行为,应当立即纠正等。而该煤矿矿长不配合、拒绝甚至阻挠监督检查的行为不仅违反了《安全生产法》的上述规定,也违反了《煤矿安全监察条例》的规定。

《煤矿安全监察条例》第 32 条规定:“煤矿安全监察机构及其煤矿安全监察人员履行安全监察职责,向煤矿有关人员了解情况时,有关人员应当如实反映情况,不得提供虚假情况,不得隐瞒本煤矿存在的事故隐患以及其他安全问题。”第 45 条规定:“煤矿有关人员拒绝、阻碍煤矿安全监察机构及其煤矿安全监察人员现场检查,或者提供虚假情况,或者隐瞒存在的事故隐患以及其他安全问题的,由煤矿安全监察机构给予警告,可以并处 5 万元以上 10 万元以下的罚款;情节严重的,由煤矿安全监察机构责令停产整顿;对直接负责的主管人员和其他直接责任人员,依法给予撤职直至开除的纪律处分。”

核心提示

负有安全生产监督管理职责部门的监督检查人员依法履行监督检查职责,是代表国家执行公务的行为,具有强制性,任何生产经营单位都应当予以配合,不得拒绝、阻挠。这里的配合一般包括允许监督检查人员进入相关场所实施现场检查;为监督检查人员依法履行职务提供便利条件;满足监督检查人员依法提出的调阅有关资料,检查有关设施、设备,找生产经营单位负责人或有关人员谈话了解有关情况等合法要求。需要注意的是,对于与监督检查无关的事项,被检查单位有权拒绝。

142. 生产经营单位拒不执行停产停工决定的，负有安全生产监督管理职责的部门有权怎么办？

案例聚焦

一天，某县应急管理局的执法人员对其辖区内某木业公司开展了执法检查，发现该木业公司存在五项重大事故隐患。县应急管理局遂依法责令该木业公司暂时停产停业，进行整改。一个月后，县应急管理局的执法人员在开展巡查活动时，发现该木业公司在尚未对重大事故隐患进行整改和验收的情况下，便擅自开工开产。并且，该木业公司还在生产现场使用明火取暖，更增加了发生生产安全事故的可能性。随后，县应急管理局依法对该木业公司下达了停止供电决定书，强制其履行决定，并将相关情况函告了县政府有关部门和该公司所属的镇政府。随后，经巡查发现，该木业公司不仅未对重大事故隐患进行整改和验收，还私自从其他单位接入了生产用电，偷偷进行生产。该木业公司的主要负责人褚某某因涉嫌危险作业罪，被当地公安局立案侦查。

分析点评

《安全生产法》第 70 条规定："负有安全生产监督管理职责的部门依法对存在重大事故隐患的生产经营单位作出停产停业、停止施工、停止使用相关设施或者设备的决定，生产经营单位应当依法执行，及时消除事故隐患。生产经营单位拒不执行，有发生生产安全事故的现实危险的，在保证安全的前提下，经本部门主要负责人批准，负有安全生产监督管理职责的部门可以采取通知有关单位停止供电、停止供应民用爆炸物品等措施，强制生产经营单位履行决定。通知应当采用书面形式，有关单位应当予以配合。负有安全生产监督管理职责的部门依照前款规定采取停止供电措施，除有危及生产安全的紧急情形外，应当提前二十四小时通知生产经营单位。生产经营单位依法履行行政决定、采取相应措施消除事故隐患的，负有安全生产监督管理职责的部门应当及时解除前款规定的措施。”

在具体实践中，部分生产经营单位存在法律意识淡薄、唯利是图、忽视生产安全等问题，在面对负有安全生产监督管理职责的部门所作出的停产停业、停止施工、停止使用相关设施或者设备的决定时，这些生产经营单位往往存在“当面一套、背后一套”的行为，拒绝执行相关决定。在这种情况下，需要采取一些从客观上能够制止该生产经营单位继续从事生产的措施，强制其履行决定。需要注意的是，如果要采取停止供电的措施，除危急情况外应当提前通知生产经营单位。并且，在生产经营单位确实消除事故隐患后，应当及时为其恢复供电，不得影响其正常的生产经营活动。

本案中，该木业公司因存在重大事故隐患，被当地应急管理局责令暂时停工停产。但是，该木业公司并没有意识到事故隐患的危害性，被利益所蒙蔽，拒不履行决定，继续生产经营，其行为性质是比较恶劣的。在此基础上，当地应急管理局对其作出停止供电的决定是完全合法合理的。该木业公司在已经被采取停止供电措施的情况下，依然继续从事生产经营活动，其行为性质极其恶劣，也必将承担更为严重的法律后果。

核心提示

负有安全生产监督管理职责的部门在作出相应行政强制措施时，应当注意以下几个问题：第一，采取行政强制措施的根本目的在于避免安全事故的发生，因此需要在确保生产安全的情况下作出。如果采取停止供电等行政强制措施，反而会导致生产经营单位发生安全事故，则不宜采取相应强制措施。第二，相应行政强制措施很可能会侵犯到生产经营单位的其他正当权益，因此在作出时应当谨慎，严格履行程序，确保行政强制措施作出的必要性。第三，要解除相应行政强制措施，不仅需要生产经营单位实施了整改行为，更需要其已经消除了重大事故隐患。如果生产经营单位虽然实施了整改行为，但整改行为浮于表面，对消除隐患并无帮助的，不宜直接解除行政强制行为。

143. 生产经营单位未采取措施消除事故隐患的，要承担怎样的法律责任？

案例聚焦

某市应急管理局的执法人员在对某混凝土公司进行执法检查时发现，该混凝土公司并没有建立健全与落实生产安全事故隐患排查治理制度，所作出的隐患排查记录浮于表面。同时，执法人员还发现了其生产作业场所存在的一系列生产安全事故隐患，如职工在吊装区域内作业、部分危险设备没有设置防护装置、职工违规登高进行作业等。执法人员当场出具了执法文书，责令该混凝土公司对生产安全事故隐患进行整改。同日，市应急管理局也对该混凝土公司的违法行为展开了立案调查。调查结果显示，该混凝土公司并未采取措施消除生产安全事故隐患。据此，市应急管理局依法对该混凝土公司作出予以责令限期改正，处2万元罚款的行政处罚。

分析点评

《安全生产法》第41条第2款规定："生产经营单位应当建立健全并落实生产安全事故隐患排查治理制度，采取技术、管理措施，及时发现并消除事故隐患。事故隐患排查治理情况应当如实记录，并通过职工大会或者职工代表大会、信息公示栏等方式向从业人员通报。其中，重大事故隐患排查治理情况应当及时向负有安全生产监督管理职责的部门和职工大会或者职工代表大会报告。"第102条规定："生产经营单位未采取措施消除事故隐患的，责令立即消除或者限期消除，处五万元以下的罚款；生产经营单位拒不执行的，责令停产停业整顿，对其直接负责的主管人员和其他直接责任人员处五万元以上十万元以下的罚款；构成犯罪的，依照刑法有关规定追究刑事责任。"

对于本单位可能存在的生产安全事故隐患，生产经营单位有义务采取措施及时消除，否则将承担相应的法律责任。生产经营单位所承担的义务主要体现在以下几个方面：第一，建立健全并落实生产安全事故隐患排查治理制度；第二，采取技术、管理措施，及时发现并消除事故隐患；第三，如实记录事故隐患的排查治理情况，并向从业人员通报；第四，对于重大事故隐患的排查治理情况，生产经营单位应当向负有安全生产监督管理职责的部门和职工大会或者职工代表大会报告。

本案中，该混凝土公司既没有建立健全并落实生产安全事故隐患排查治理制度，也没有如实记录事故隐患的排查治理情况，更没有采取措施消除事故隐患,对本单位的事故隐患放任不管,抱有侥幸心理。其行为不符合安全生产的要求,理应受到处罚。

核心提示

应急管理部门对生产经营单位作出责令立即消除或限期消除的行政处罚决定后,生产经营单位应当按照决定立即执行,不得拖沓、推诿。如果生产经营单位拒不执行,不仅单位本身要受到停产停业整顿的处罚,直接负责的主管人员与其他责任人员同样需要遭受罚款处罚,乃至承担刑事责任。这里的刑事责任主要是指可能构成《刑法》中规定的危险作业罪。

《刑法》第134条之一规定:“在生产、作业中违反有关安全管理的规定,有下列情形之一,具有发生重大伤亡事故或者其他严重后果的现实危险的,处一年以下有期徒刑、拘役或者管制:(一)关闭、破坏直接关系生产安全的监控、报警、防护、救生设备、设施,或者篡改、隐瞒、销毁其相关数据、信息的;(二)因存在重大事故隐患被依法责令停产停业、停止施工、停止使用有关设备、设施、场所或者立即采取排除危险的整改措施,而拒不执行的;(三)涉及安全生产的事项未经依法批准或者许可,擅自从事矿山开采、金属冶炼、建筑施工,以及危险物品生产、经营、储存等高度危险的生产作业活动的。”

144. 生产经营单位被依据《安全生产法》处以罚款后，拒不改正，还会继续被罚款吗？

案例聚焦

某水厂在收购某肉联厂的厂房以及其他附属设施以后，将原本属于该肉联厂的氨制冷设备简单改造、维修后便将该批设备投入了生产。由于该批设备老旧，其中含有危险化学品液氨，为了避免发生事故，需要与居民区保持一定的距离。但是该水厂与居民区距离未达标准，有发生氨气泄漏的风险。某日，县应急管理局在对该水厂进行检查时，发现了这一问题，责令该水厂限期整改，并依法对其处以罚款。但是，该水厂并未按照行政处罚决定进行整改，而是继续从事生产经营活动。对于该水厂拒不进行整改的行为，县应急管理局继续对其作出"按日计罚"的处罚决定，直至该水厂整改完毕。

分析点评

《安全生产法》第112条规定："生产经营单位违反本法规定，被责令改正且受到罚款处罚，拒不改正的，负有安全生产监督管理职责的部门可以自作出责令改正之日的次日起，按照原处罚数额按日连续处罚。"

为了有效打击生产经营单位"屡罚不改"的现象，《安全生产法》在修订时增加了本条规定，确定了对"屡罚不改"的生产经营单位"按日计罚"的处罚措施。需要注意的是，本规定处罚较为严厉，如果发生错罚情况，很可能对生产经营单位产生毁灭性的打击。因此，在实践中适用本规定时，必须秉持严谨客观的态度，严格按照法律规定执行。

要适用本条规定，需要符合以下三个条件：第一，生产经营单位存在违反《安全生产法》规定的行为；第二，负有安全生产监督管理职责的部门对生产经营单位同时作出了责令改正与罚款的行政处罚决定；第三，生产经营单位拒不改正。一般来说，“责令改正”的行政处罚决定往往要求生产经营单位对违反《安全生产法》的相关情形限期进行改正。如果生产经营单位在限期内对该决定置之不理或敷衍了事，最终并没有达成改正的效果，就属于“拒不改正”的情况。只有同时满足以上三个条件时，才可以继续依照本条规定对该生产经营单位采取“按日计罚”的处罚措施。

本案中，该水厂在受到县应急管理局责令整改并罚款的行政处罚决定后，并没有执行该决定对违法行为进行整改，而是继续我行我素地从事生产经营活动。这不仅体现出该水厂对安全生产的忽视，还体现出该水厂对行政机关所作出的处罚决定的蔑视。为了对该水厂进行惩罚，使其认识到行为的错误并对错误行为加以改正，行政机关有权对其作出“按日计罚”的处罚决定，并督促其整改违法行为。

核心提示

与其他行政处罚措施一样，“按日计罚”的目的并不只是单纯地对生产经营单位进行惩罚，而在于通过对生产经营单位施加巨大经济压力的方式，督促其提高安全生产意识，避免安全生产事故的发生。如果仅通过“按日计罚”的方式不能制止生产经营单位的违法行为，此时不适宜无限制地对其进行经济上的惩罚，而是应当强制其停产停业，从根源上避免安全生产事故，直至该企业整顿完毕。

在具体适用本条规定时,还需要注意以下三个问题:第一,“按日计罚”的起始时间是作出责令改正之日的次日。如果行政机关所作出的是责令立即改正,那么起始时间从责令立即改正的次日开始计算。如果行政机关所作出的是责令限期改正,生产经营单位在限期届满后拒不改正的,起始时间需要倒回行政机关作出责令限期改正决定的次日。第二,“按日计罚”的计算标准是行政机关作出责令改正的同时所作出的罚款决定的金额。例如,某行政机关按责令某生产经营单位限期改正,并处10万元的罚款,“原处罚数额”即10万元。第三,“按日计罚”的计算标准为按日计算,而不是按倍计算等。这样一来,既可以对生产经营单位起到震慑作用,也可以使处罚更为合理,避免过重。

145. 安全生产的社会监督在法律上是如何体现的?

案例聚焦

杨某是某工区的一名群众安全生产监督员。一日,其在施工现场发现作业人员在拆除桥台模板过程中,将小块模板残留到了桥台上,覆盖预压土的土工布也零星散落在了过渡段现场。由于施工处临近既有线,且施工时间又是沙尘暴多发时段,如果这些杂物不清理干净,一旦刮起沙尘暴将杂物吹落到既有线上,后果不堪设想。杨某立即要求现场人员停止作业,并联系管段负责人安排人员及时清理了现场。可以说,杨某充分发挥了群众安全生产监督员对于现场事故隐患的监控作用,成功把事故扼杀在了萌芽状态。

分析点评

《安全生产法》除明确规定了县级以上地方各级人民政府和负有安全生产监督管理职责的部门对安全生产的监督管理外，还赋予了有关社会力量对安全生产工作的监督，包括社会公众的监督、工会的监督、安全服务机构的监督、基层群众自治性组织的监督和新闻媒体的监督。相较于政府和负有安全生产监督管理职责的部门的监督，各种社会力量的监督可以称为“安全生产的社会监督”。

安全生产社会监督是指公民、法人、工会、媒体和其他社会组织依照有关安全生产的法律、法规，对事故隐患和安全生产违法行为进行批评、检举和控告等社会性监督活动。安全生产社会监督的主要对象是生产经营单位及其从业人员的事故隐患和安全生产违法行为。

关于各种社会监督，《安全生产法》均有明确规定：

（1）关于公众的监督，《安全生产法》第 74 条规定：“任何单位或者个人对事故隐患或者安全生产违法行为，均有权向负有安全生产监督管理职责的部门报告或者举报。”报告或者举报可以具名公开身份，也可以匿名报告或者举报。对具名报告或者举报但不愿对外公开身份的，接受报告或者举报的负有安全监管职责的部门都应当为当事人保密。同时，《安全生产法》第 76 条规定：“县级以上各级人民政府及其有关部门对报告重大事故隐患或者举报安全生产违法行为的有功人员，给予奖励。具体奖励办法由国务院应急管理部门会同国务院财政部门制定。”

（2）关于工会的监督，《安全生产法》第 7 条规定：“工会依法对安全生产工作进行监督。生产经营单位的工会依法组织职工参加本单位安全生产工作的民主管理和民主监督，维护职工在安全生产方面的合法权益。生产经营单位制定或者修改有关安全生产的规章制度，应当听取工会的意见。”第 60 条规定：“工会有权对建设项目的安全设施与主体工程同时设计、同时施工、同时投入生产和使用进行监督,提出意见。工会对生产经营单位违反安全生产法律、法规,侵犯从业人员合法权益的行为,有权要求纠正;发现生产经营单位违章指挥、强令冒险作业或者发现事故隐患时,有权提出解决的建议,生产经营单位应当及时研究答复;发现危及从业人员生命安全的情况时,有权向生产经营单位建议组织从业人员撤离危险场所,生产经营单位必须立即作出处理。工会有权依法参加事故调查,向有关部门提出处理意见,并要求追究有关人员的责任。"可见,工会在监督生产安全方面处于较为重要的地位,拥有较多的职权。

(3)关于安全服务机构的监督,《安全生产法》第72条第1款规定:"承担安全评价、认证、检测、检验职责的机构应当具备国家规定的资质条件,并对其作出的安全评价、认证、检测、检验结果的合法性、真实性负责。资质条件由国务院应急管理部门会同国务院有关部门制定。"安全服务机构在履职的过程中,亦起到了监督安全生产的作用,因为其不能出具假的结论报告,必须依法进行评价等工作。

(4)关于基层群众自治性组织的监督,《安全生产法》第75条规定:"居民委员会、村民委员会发现其所在区域内的生产经营单位存在事故隐患或者安全生产违法行为时,应当向当地人民政府或者有关部门报告。"这是居委会、村委会的法定义务,其辖区内存在安全生产问题的,必须报告,不得隐瞒不报,也不能作"事不关己,高高挂起"的态度,置问题于不顾。

(5)关于媒体的监督。《安全生产法》第77条规定:"新闻、出版、广播、电影、电视等单位有进行安全生产公益宣传教育的义务,有对违反安全生产法律、法规的行为进行舆论监督的权利。"舆论具有重要的导向作用,为了加强安全文化建设,营造舆论监督的氛围,提升全民的安全意识,宣传党和国家的安全生产方针政策和法律法规,披露安全生产违法行为,法律特别对各种媒体的安全生产监督义务和权利作出了规定。媒体在引领舆论导向、加强舆论监督方面,肩负重要使命。

核心提示

基于安全生产涉及面广、人员复杂、内容繁多等因素，要做好安全生产监督管理工作，不仅需要政府以及负有安全生产监督管理职责的部门依法行使监督管理职责，加强监督管理；同时必须充分鼓励和调动社会各方面力量，积极对安全生产工作进行监督，群防群治。而安全生产的社会监督机制正是群防群治的有效依据。

为充分有效落实社会监督机制，《安全生产法》第73条明确规定，负有安全生产监督管理职责的部门应当建立举报制度，公开举报电话、信箱或者电子邮件地址等网络举报平台，受理有关安全生产的举报。可以说，建立举报制度是发动群众、支持群众进行举报活动的基础，是群众向安全监管部门反映安全生产违法行为的最主要和最直接的渠道，同时亦将安全生产社会监督落于实处。

146. 安全评价机构出具失实报告的，需要承担什么样的法律责任？

案例聚焦

某市应急管理局对本辖区内某加油站申请危险化学品经营许可证延期一事进行了现场核查。在核查过程中，执法人员发现，现场的情况与安全评价公司所出具的《安全现状评价报告》有多处内容不相符。对此，市应急管理局十分重视，并进行了立案调查。经调查，市应急管理局确认该安全评价公司存在违法行为，依法对其作出责令停业整顿、罚款

6万元的行政处罚决定。

分析点评

《安全生产法》第72条规定:“承担安全评价、认证、检测、检验职责的机构应当具备国家规定的资质条件,并对其作出的安全评价、认证、检测、检验结果的合法性、真实性负责。资质条件由国务院应急管理部门会同国务院有关部门制定。承担安全评价、认证、检测、检验职责的机构应当建立并实施服务公开和报告公开制度,不得租借资质、挂靠、出具虚假报告。”

从本条规定可以看出,承担安全评价、认证、检测、检验职责的机构所应当承担的义务主要有以下三种:第一,必须具备国家规定的相应资质条件;第二,要对作出的安全评价、认证、检测、检验结果的合法性与真实性负责;第三,要建立并实施服务公开和报告公开制度,不得租借资质、挂靠、出具虚假报告。如果承担这些职责的机构不履行上述义务,则需要承担相应的法律责任。

《安全生产法》第92条规定:“承担安全评价、认证、检测、检验职责的机构出具失实报告的,责令停业整顿,并处三万元以上十万元以下的罚款;给他人造成损害的,依法承担赔偿责任。承担安全评价、认证、检测、检验职责的机构租借资质、挂靠、出具虚假报告的,没收违法所得;违法所得在十万元以上的,并处违法所得二倍以上五倍以下的罚款,没有违法所得或者违法所得不足十万元的,单处或者并处十万元以上二十万元以下的罚款;对其直接负责的主管人员和其他直接责任人员处五万元以上十万元以下的罚款;给他人造成损害的,与生产经营单位承担连带赔偿责任;构成犯罪的,依照刑法有关规定追究刑事责任。对有前款违法行为的机构及其直接责任人员,吊销其相应资质和资格,五年内不得从事安全评价、认证、检测、检验等工作；情节严重的，实行终身行业和职业禁入。”

承担这些职责的机构所可能成立的违法行为主要有两种：第一，在本身具备相关资质的情况下，出具失实报告；第二，在本身或者他人不具备相关资质的情况下，通过租借、挂靠等方式，使本身或者他人出具失实报告。在本案中，该安全评价公司作出了失实报告，依法应当承担责令停业整顿，并处3万元以上10万元以下罚款的行政处罚责任。

核心提示

对于生产经营单位的安全生产工作以及对于监督管理部门的监督管理工作来说，承担安全评价、认证、检测、检验职责的机构所起到的作用是不容忽视的。因此，为了保证此类机构更好地发挥作用，应当对其加强监管，避免其出现违法行为，进而影响安全生产工作的进行。新修正的《安全生产法》要求此类机构实施服务公开和报告公开制度，禁止其租借资质、挂靠、出具虚假报告，明确了其违法时需要承担的法律责任，进一步加大了对此类机构的监管力度。

147. 居委会、村委会发现其所在区域内的生产经营单位存在安全生产违法行为的，应如何处理？

案例聚焦

近日，某街道居委会接到群众反映，称街道内某企业存在事故隐患。

居委会的工作人员进行实地考察后，发现群众所言属实。该企业生产场所管理混乱，许多危险化学制品随意摆放；从业人员在从事生产活动时，安全生产意识淡薄，经常出现操作不规范的情况。居委会确定此情况后，立刻将相关事实向街道办事处进行了报告。随后该事件被报告到区应急管理局。区应急管理局接到报告后十分重视，对该企业展开了调查，经调查，确定其违法行为属实，依法对其作出了相应的行政处罚决定。

分析点评

《安全生产法》第75条规定："居民委员会、村民委员会发现其所在区域内的生产经营单位存在事故隐患或者安全生产违法行为时，应当向当地人民政府或者有关部门报告。"

本条规定了居委会、村委会对于安全生产违法行为的报告义务。当居委会、村委会发现本区域内存在事故隐患或安全生产违法行为时，应当立即向当地政府或者负有安全生产监督管理职责的部门报告。为了避免损害进一步扩大，政府或相关部门在接到报告后，应当立即对相关事故隐患或安全生产违法行为进行调查处理。在本案中，该街道居委会发现本区域内的企业存在多项安全生产违法行为，其立即向当地应急管理局进行报告的行为是正确的。

核心提示

居委会、村委会都是基层群众性自治组织，维护当地居民或者村民的安全，维护社会公共利益是其职责所在。同时，居委会、村委会作为最接近其所在区域内生产经营单位的一级组织机构，最容易发现其所在区域内的生产经营单位存在事故隐患或者安全生产违法行为。因此,法律规定其负有的报告义务是非常必要的。

此外,《安全生产法》第9条第2款规定:“乡镇人民政府和街道办事处,以及开发区、工业园区、港区、风景区等应当明确负责安全生产监督管理的有关工作机构及其职责,加强安全生产监管力量建设,按照职责对本行政区域或者管理区域内生产经营单位安全生产状况进行监督检查,协助人民政府有关部门或者按照授权依法履行安全生产监督管理职责。”

由此可见,居委会、村委会发现其所在区域内的生产经营单位存在事故隐患或者安全生产违法行为时,应当向当地人民政府或者有关部门报告。这里的当地人民政府和有关部门,既可以是当地的县级人民政府;也可以是当地的乡镇人民政府和街道办事处,开发区、工业园区、港区、风景区等功能区的管理机构,以及负有安全生产监督管理职责的部门。

148. 应如何鼓励群众报告重大事故隐患或者举报安全生产违法行为?

案例聚焦

某省应急管理厅接到举报,称某铸造企业有多项安全生产违法行为,包括未配备专职安全生产管理人员、从业人员未经安全生产教育和培训合格即上岗作业等。随后,该铸造企业所属市的应急管理局对此举报进行了核查。经调查,该铸造企业不仅存在以上问题,还存在未建立健全安全生产风险分级管控制度、未按规定制定生产安全事故应急救援预案等违法行为。根据《安全生产法》的规定,市应急管理局对该企业及其主要负责人处以了罚款,责令该铸造企业限期整改。同时,省应急管理厅根据该省关于安全生产举报奖励办法的规定,向举报人员予以11万元的奖励。

分析点评

《安全生产法》第76条规定:"县级以上各级人民政府及其有关部门对报告重大事故隐患或者举报安全生产违法行为的有功人员,给予奖励。具体奖励办法由国务院应急管理部门会同国务院财政部门制定。"

对于那些报告重大事故隐患或者举报安全生产违法行为的有功人员,应当给予奖励,以此来对该类行为进行鼓励和表扬。这样规定的意义主要体现在以下两个方面:第一,体现了我们国家对群众参与安全生产监督工作的重视,提高群众参与的积极性与主动性,调动群众的正面情绪,从而在社会上形成关心安全生产的积极风气;第二,不仅可以帮助政府加强对企业的安全生产监督管理,还可以对生产经营单位形成一定的压力,督促其做好安全生产。

从上述规定可以看出,对举报人员进行奖励的行为范围主要是报告重大事故隐患或者举报安全生产违法行为。此范围可以从《安全生产领域举报奖励办法》第6条的规定加以理解:"本办法所称安全生产违法行为,按照国家安全监管总局印发的《安全生产非法违法行为查处办法》(安监总政法〔2011〕158号)规定的原则进行认定,重点包括以下情形和行为:

"(一)没有获得有关安全生产许可证或证照不全、证照过期、证照未变更从事生产经营、建设活动的；未依法取得批准或者验收合格，擅自从事生产经营活动的；关闭取缔后又擅自从事生产经营、建设活动的；停产整顿、整合技改未经验收擅自组织生产和违反建设项目安全设施‘三同时’规定的。

“（二）未依法对从业人员进行安全生产教育和培训，或者矿山和危险化学品生产、经营、储存单位，金属冶炼、建筑施工、道路交通运输单位的主要负责人和安全生产管理人员未依法经安全生产知识和管理能力考核合格，或者特种作业人员未依法取得特种作业操作资格证书而上岗作业的；与从业人员订立劳动合同，免除或者减轻其对从业人员因生产安全事故伤亡依法应承担的责任的。

“（三）将生产经营项目、场所、设备发包或者出租给不具备安全生产条件或者相应资质（资格）的单位或者个人，或者未与承包单位、承租单位签订专门的安全生产管理协议，或者未在承包合同、租赁合同中明确各自的安全生产管理职责，或者未对承包、承租单位的安全生产进行统一协调、管理的。

“（四）未按国家有关规定对危险物品进行管理或者使用国家明令淘汰、禁止的危及生产安全的工艺、设备的。

“（五）承担安全评价、认证、检测、检验工作和职业卫生技术服务的机构出具虚假证明文件的。

“（六）生产安全事故瞒报、谎报以及重大事故隐患隐瞒不报，或者不按规定期限予以整治的，或者生产经营单位主要负责人在发生伤亡事故后逃匿的。

“（七）未依法开展职业病防护设施‘三同时’，或者未依法开展职业病危害检测、评价的。

“（八）法律、行政法规、国家标准或行业标准规定的其他安全生产违法行为。”

核心提示

对于有功的实名举报人员的具体奖励措施,《安全生产领域举报奖励办法》第11条作出了进一步的规定:"经调查属实的,受理举报的负有安全监管职责的部门应当按下列规定对有功的实名举报人给予现金奖励:

"(一)对举报重大事故隐患、违法生产经营建设的,奖励金额按照行政处罚金额的15%计算,最低奖励3000元,最高不超过30万元。行政处罚依据《安全生产法》《安全生产违法行为行政处罚办法》《安全生产行政处罚自由裁量标准》《煤矿安全监察行政处罚自由裁量实施标准》等法律法规及规章制度执行。

"(二)对举报瞒报、谎报事故的,按照最终确认的事故等级和查实举报的瞒报谎报死亡人数给予奖励。其中:一般事故按每查实瞒报谎报1人奖励3万元计算;较大事故按每查实瞒报谎报1人奖励4万元计算;重大事故按每查实瞒报谎报1人奖励5万元计算;特别重大事故按每查实瞒报谎报1人奖励6万元计算。最高奖励不超过30万元。"

虽然本办法对有功举报人的具体奖励金额作出了具体的规定,但所起到的主要是参考和指导作用。各地区之间的情况不同,经济水平也不同,具体对有功人员的奖励金额与奖励方式,一般也有不同的规定。

149. 什么是安全生产违法行为信息库？它的作用是什么？

案例聚焦

某市应急管理局对本辖区内某重工公司进行了执法检查。检查中，执法人员发现该重工公司存在以下问题：第一，未建立特种作业人员管理台账；第二，有危险因素的场所和有关设施、设备上设置的安全警示标志不全；第三，现场操作规程未上墙，作业扶梯未固定；第四，未见应急预案演练记录。执法人员当场对相关违法问题进行了记录，并对该重工公司进行了立案调查。经调查，市应急管理局认定该重工公司违法情况属实，责令其限期整改。随后，市应急管理局将此次执法情况纳入安全生产违法行为信息库，向大众公示。

分析点评

《安全生产法》第78条规定："负有安全生产监督管理职责的部门应当建立安全生产违法行为信息库，如实记录生产经营单位及其有关从业人员的安全生产违法行为信息；对违法行为情节严重的生产经营单位及其有关从业人员，应当及时向社会公告，并通报行业主管部门、投资主管部门、自然资源主管部门、生态环境主管部门、证券监督管理机构以及有关金融机构。有关部门和机构应当对存在失信行为的生产经营单位及其有关从业人员采取加大执法检查频次、暂停项目审批、上调有关保险费率、行业或者职业禁入等联合惩戒措施,并向社会公示。负有安全生产监督管理职责的部门应当加强对生产经营单位行政处罚信息的及时归集、共享、应用和公开,对生产经营单位作出处罚决定后七个工作日内在监督管理部门公示系统予以公开曝光,强化对违法失信生产经营单位及其有关从业人员的社会监督,提高全社会安全生产诚信水平。"

生产安全事故不仅会给生产经营单位的财产及人员造成巨大损害,更可能危害到人民群众的利益。为了对生产经营单位起到警示作用,需要将生产经营单位的安全生产违法行为向全体社会公众进行公示。

从上述规定中可以看出,建立安全生产违法行为信息库的主体应当是负有安全生产监督管理职责的部门。其主要目的是强化对违法失信的生产经营单位及其有关从业人员的社会监督,从而提高全社会安全生产的诚信水平,最大限度地督促生产经营单位改正违法行为,遵守安全生产规定。

对于存在失信行为的生产经营单位以及有关从业人员,要对其采取联合惩戒措施。主要体现在以下四个方面:第一,要对其提高执法检查的频率;第二,要暂停批准其项目申请;第三,要上调其相关的保险费率;第四,要对其设立行业或者职业禁入措施。从这几个方面入手,可以有效杜绝失信生产经营单位以及有关从业人员在整改的过程中通过更换企业名称、项目名称等方式继续从事生产经营活动,从而迫使其对安全生产问题进行整改。

核心提示

党的十八届三中全会指出,要建立健全社会征信体系,褒扬诚信,惩戒失信。党的十八届五中全会再次提出,要完善社会信用体系。《国务院关于促进市场公平竞争维护市场正常秩序的若干意见》要求"积极推进安全生产诚信体系建设，完善企业安全生产不良记录‘黑名单’制度，建立失信惩戒和守信激励机制”。由此，推进安全生产诚信体系建设，是督促落实安全生产责任制的重要途径。

《安全生产法》(2014 修正)对安全生产违法行为信息库也有所规定，但规定并不具体，难以在实践中具体落实。为了响应党的号召，进一步督促生产经营单位重视安全生产问题，《安全生产法》(2021 修正)对安全生产违法行为信息库的相关规定进行了详细的补充，明确了对安全生产违法行为信息的收集、公告和通报，对安全生产失信行为实施联合惩戒，对行政处罚信息的归集、共享、应用和公开等举措。

第十三章

生产事故应急与救援

150. 生产经营单位有义务制定生产安全事故应急救援预案并演练吗?

案例聚焦

某地应急管理局的执法人员在对某公司进行执法检查时,发现该公司并没有按照规定制定生产安全事故应急救援预案,也未定期演练。执法人员对该公司的负责人进行了训诫,并当场采集了相关证据,责令该公司限期整改。随后,应急管理局对该公司的违法行为展开了立案调查。经过法定程序,应急管理局针对该公司未制定生产安全事故应急救援预案及未定期演练这一违法行为作出了罚款5万元的行政处罚决定,并将处罚结果予以公示。

分析点评

《安全生产法》第81条规定:"生产经营单位应当制定本单位生产安全事故应急救援预案,与所在地县级以上地方人民政府组织制定的生产安全事故应急救援预案相衔接,并定期组织演练。"

生产安全事故应急救援预案是预防生产安全事故工作中不可或缺的一环。生产经营单位不仅要制定本单位生产安全事故应急救援预案,还要定期组织实际的演练活动,确保预案能够正常进行,可以有效减少实际发生生产安全事故时的人员伤亡情况。这一规定是生产经营单位必须履行的义务,如果不履行,则将受到相关部门给予的行政处罚。

根据《安全生产法》第97条的规定，生产经营单位未按照规定制定生产安全事故应急救援预案或者未定期组织演练的，会被责令限期改正，处十万元以下的罚款；逾期未改正的，会被责令停产停业整顿，并处十万元以上二十万元以下的罚款，对其直接负责的主管人员和其他直接责任人员处二万元以上五万元以下的罚款。

本案中，该公司缺乏安全生产意识，也没有建立起生产安全事故应急救援预案，更没有定期组织演练，其在接受行政处罚的同时应该接受教训、认真改正。

核心提示

应急救援预案根据所针对情况的不同，可以分为三种，综合应急预案、专项应急预案和现场处置方案。在制定应急救援预案时，生产经营单位应当注意以下几个问题：第一，确保应急救援预案符合法律法规的强制性规定；第二，在基于本单位实际情况的基础之上制定相应的预案；第三，要确保应急组织与人员之间的职责分工明确，并能够具体落实；第四，要同时具有明确的应急程序与处置措施，并且有明确的应急保障措施；第五，要确保应急预案的基本要素完整、信息准确，内容与相关应急预案能够相互衔接。

151. 高危生产经营企业在应急准备中有哪些特别义务?

案例聚焦

褚某、宋某等是某磷矿的职工。一天,褚某、宋某等一行5人入矿井作业,但是,由于大家忘记打开局部通风机,褚某到盲巷取风钻时因缺氧窒息晕倒。宋某见状,带领2人前去施救,但是他们均没有采取防护措施,没等将褚某救出,宋某3人便相继晕倒。此时,矿井内仅剩下1人没有晕倒,他立即返回井上报告该矿主管邱某。邱某听闻后,害怕发生人员伤亡,带着2人急忙拿着氧气瓶下井施救,结果因氧气瓶使用不当也窒息晕倒。此次事故共造成7人死亡。

分析点评

防患于未然,是减少生产事故发生的有效策略。因此,对于较容易发生安全事故的高危生产企业来讲,法律特别规定了其负有的特别应急准备义务。例如,《安全生产法》第82条规定:"危险物品的生产、经营、储存单位以及矿山、金属冶炼、城市轨道交通运营、建筑施工单位应当建立应急救援组织;生产经营规模较小的,可以不建立应急救援组织,但应当指定兼职的应急救援人员。危险物品的生产、经营、储存、运输单位以及矿山、金属冶炼、城市轨道交通运营、建筑施工单位应当配备必要的应急救援器材、设备和物资,并进行经常性维护、保养,保证正常运转。"高危生产企业有建立应急救援组织、安排应急救援人员、配备有效应急救援设施的义务。

此外,《生产安全事故应急条例》还有更详细的规定。

第7条规定:“……易燃易爆物品、危险化学品等危险物品的生产、经营、储存、运输单位,矿山、金属冶炼、城市轨道交通运营、建筑施工单位,以及宾馆、商场、娱乐场所、旅游景区等人员密集场所经营单位,应当将其制定的生产安全事故应急救援预案按照国家有关规定报送县级以上人民政府负有安全生产监督管理职责的部门备案,并依法向社会公布。”

第8条第2款规定:“易燃易爆物品、危险化学品等危险物品的生产、经营、储存、运输单位,矿山、金属冶炼、城市轨道交通运营、建筑施工单位,以及宾馆、商场、娱乐场所、旅游景区等人员密集场所经营单位,应当至少每半年组织1次生产安全事故应急救援预案演练,并将演练情况报送所在地县级以上地方人民政府负有安全生产监督管理职责的部门。”

第10条规定:“易燃易爆物品、危险化学品等危险物品的生产、经营、储存、运输单位,矿山、金属冶炼、城市轨道交通运营、建筑施工单位,以及宾馆、商场、娱乐场所、旅游景区等人员密集场所经营单位,应当建立应急救援队伍;其中,小型企业或者微型企业等规模较小的生产经营单位,可以不建立应急救援队伍,但应当指定兼职的应急救援人员,并且可以与邻近的应急救援队伍签订应急救援协议。工业园区、开发区等产业聚集区域内的生产经营单位,可以联合建立应急救援队伍。”

第13条第2款规定:“易燃易爆物品、危险化学品等危险物品的生产、经营、储存、运输单位,矿山、金属冶炼、城市轨道交通运营、建筑施工单位,以及宾馆、商场、娱乐场所、旅游景区等人员密集场所经营单位,应当根据本单位可能发生的生产安全事故的特点和危害,配备必要的灭火、排水、通风以及危险物品稀释、掩埋、收集等应急救援器材、设备和物资，并进行经常性维护、保养，保证正常运转。”

第 14 条规定：“下列单位应当建立应急值班制度，配备应急值班人员：(一) 县级以上人民政府及其负有安全生产监督管理职责的部门；(二) 危险物品的生产、经营、储存、运输单位以及矿山、金属冶炼、城市轨道交通运营、建筑施工单位；(三) 应急救援队伍。规模较大、危险性较高的易燃易爆物品、危险化学品等危险物品的生产、经营、储存、运输单位应当成立应急处置技术组，实行 24 小时应急值班。”

从这些规定可以看出，高危生产经营企业在生产经营中所负的安全应急任务更多、更重，他们不仅要做好普通生产企业该做的应急准备工作，更要承担上述特别的应急义务。在本案中，某磷矿发生人员晕倒事故后，相关责任人员没有有效地作出应对，在一定程度上反映出该磷矿缺乏有效的事故应急准备措施，没有专业的应急救援人员，故发生了 7 人死亡的悲剧。

核心提示

各类生产经营单位应当保证根据本单位自身作业地点、生产过程中的危险源以及可能造成的危害，制定有针对性的应急预案。发生事故后，现场人员应当首先要按照规定报告，同时采取必要的防护措施，启动应急预案，在保护自身安全的情况下，开展施救。生产经营单位还应当组织开展包括救援人员在内的有针对性的全员安全教育培训和预案演练培训。同时，矿山、危险化学品等高危行业企业要依法配备应急值班人员，建立应急救援队伍，配齐救援人员和必要的救援装备，并进行经常性维护、保养、校验。一些可以不建立应急救援队伍的单位应当指定兼职的应急救援人员，并且可以与邻近的应急救援队伍签订应急救援协议。

152. 生产经营单位如何履行事故报告及救援义务?

案例聚焦

某煤矿发生一起重大瓦斯爆炸事故。事故发生后,该煤矿负责人不仅隐瞒不报,还组织人员破坏现场,帮助主要人员逃匿。这起事故性质极其恶劣,影响极坏。据调查分析,该煤矿系某办事处与某村联办煤矿,系低瓦斯矿井。并且,该矿半年前已被注销安全生产许可证、煤炭生产许可证和营业执照,暂扣采矿许可证。但该矿一直到事故发生前,仍未按有关规定程序进行整改,依旧非法采煤,最终酿成事故。目前,在有关部门的全力追办及人民群众的监督举报下,13 名事故涉嫌责任人已被公安部门控制,其中逃匿的 3 名责任人有 1 人投案自首、2 人被抓获。

分析点评

在发生安全生产事故后,相关生产经营单位应该及时报告和组织救援。本案事故是一起恶意瞒报事故。瞒报事故的发生,暴露出矿主无视国家法律、无视政府监管、无视矿工生命和违法顶风作案等严重问题,同时也反映出地方政府安全监管不到位、执法不严、企业安全生产主体责任不落实的问题。

《安全生产法》第 83 条规定了生产经营单位的事故报告和救援义务:“生产经营单位发生生产安全事故后,事故现场有关人员应当立即报告本单位负责人。单位负责人接到事故报告后,应当迅速采取有效措施，组织抢救，防止事故扩大，减少人员伤亡和财产损失，并按照国家有关规定立即如实报告当地负有安全生产监督管理职责的部门，不得隐瞒不报、谎报或者迟报，不得故意破坏事故现场、毁灭有关证据。”

关于生产经营单位如何履行报告义务，《生产安全事故报告和调查处理条例》第9条作了明确规定：“事故发生后，事故现场有关人员应当立即向本单位负责人报告；单位负责人接到报告后，应当于1小时内向事故发生地县级以上人民政府安全生产监督管理部门和负有安全生产监督管理职责的有关部门报告。情况紧急时，事故现场有关人员可以直接向事故发生地县级以上人民政府安全生产监督管理部门和负有安全生产监督管理职责的有关部门报告。”

关于生产经营单位如何履行救援义务，《生产安全事故应急条例》第17条明确规定：“发生生产安全事故后，生产经营单位应当立即启动生产安全事故应急救援预案，采取下列一项或者多项应急救援措施，并按照国家有关规定报告事故情况：（一）迅速控制危险源，组织抢救遇险人员；（二）根据事故危害程度，组织现场人员撤离或者采取可能的应急措施后撤离；（三）及时通知可能受到事故影响的单位和人员；（四）采取必要措施，防止事故危害扩大和次生、衍生灾害发生；（五）根据需要请求邻近的应急救援队伍参加救援，并向参加救援的应急救援队伍提供相关技术资料、信息和处置方法；（六）维护事故现场秩序，保护事故现场和相关证据；（七）法律、法规规定的其他应急救援措施。”

核心提示

生产经营单位在生产经营过程中，发生生产安全事故，造成生命财产安全损害或可能危及生命财产安全时，作业现场工作人员、负责人或者安全管理人员应当立即报告本单位负责人，并及时采取可能的应急救援措施。单位负责人在接到事故报告后，应当迅速采取有效措施，组织抢救，防止事故扩大。

153. 发生安全生产事故后，负有安全生产监督管理职责的部门应遵循怎样的报告程序？

案例聚焦

某地煤矿发生了一起因非法采挖、以采代探、违章爆破引发透水的特大责任事故。此次事故中，有数十名矿工遇难，多人受伤，直接经济损失更是惊人。可是，面对如此大的事故，在报告方面却出现了不该出现的问题。首先，在事故发生后，该矿矿长将情况报告给分管矿业的副县长。而副县长却叮嘱他先不要再向别人报告。随后，副县长和县长商量对策，他们深感责任重大，怕担责任，还怕该矿被封影响县里的经济发展。于是，他们和其他县领导商量后，决定将事故瞒报。副县长还授意对死者家属可以多给补偿，以封住众口。就这样，此事故被封瞒达半月之久，最终经群众举报到新闻媒体，记者经过艰难采访，该事故才被披露出来。后来，事故相关的全部责任人员和县领导均受到了法律的惩罚。

分析点评

本案是一起非常典型的地方人民政府对特大生产安全事故隐瞒不报的案例。生产经营单位发生生产安全事故后，有关地方人民政府接到报告后应当按照国家有关规定上报事故情况。对此，《安全生产法》第

84 条明确规定:“负有安全生产监督管理职责的部门接到事故报告后,应当立即按照国家有关规定上报事故情况。负有安全生产监督管理职责的部门和有关地方人民政府对事故情况不得隐瞒不报、谎报或者迟报。”同时,该法第 111 条规定了相应的法律责任:“有关地方人民政府、负有安全生产监督管理职责的部门,对生产安全事故隐瞒不报、谎报或者迟报的,对直接负责的主管人员和其他直接责任人员依法给予处分;构成犯罪的,依照刑法有关规定追究刑事责任。”

发生安全生产事故后,相关部门应履行怎样的报告程序,《生产安全事故报告和调查处理条例》中有明确的规定。根据该法第 10 条、第 11 条、第 12 条和第 13 条的规定可知:

首先,安全生产监督管理部门和负有安全生产监督管理职责的有关部门接到事故报告后,应当依照下列规定上报事故情况,并通知公安机关、劳动保障行政部门、工会和人民检察院:

(1)特别重大事故、重大事故逐级上报至国务院安全生产监督管理部门和负有安全生产监督管理职责的有关部门;

(2)较大事故逐级上报至省、自治区、直辖市人民政府安全生产监督管理部门和负有安全生产监督管理职责的有关部门;

(3)一般事故上报至设区的市级人民政府安全生产监督管理部门和负有安全生产监督管理职责的有关部门。

安全生产监督管理部门和负有安全生产监督管理职责的有关部门依照前款规定上报事故情况,应当同时报告本级人民政府。国务院安全生产监督管理部门和负有安全生产监督管理职责的有关部门以及省级人民政府接到发生特别重大事故、重大事故的报告后,应当立即报告国务院。必要时,安全生产监督管理部门和负有安全生产监督管理职责的有关部门可以越级上报事故情况。

其次,安全生产监督管理部门和负有安全生产监督管理职责的有关部门逐级上报事故情况,每级上报的时间不得超过2小时。

再次,报告事故应当包括这些内容:(1)事故发生单位概况;(2)事故发生的时间、地点以及事故现场情况;(3)事故的简要经过;(4)事故已经造成或者可能造成的伤亡人数(包括下落不明的人数)和初步估计的直接经济损失;(5)已经采取的措施;(6)其他应当报告的情况。

最后,事故报告后出现新情况的,应当及时补报。自事故发生之日起30日内,事故造成的伤亡人数发生变化的,应当及时补报。道路交通事故、火灾事故自发生之日起7日内,事故造成的伤亡人数发生变化的,应当及时补报。

核心提示

我国对安全生产监督管理实行的是层级管理,下级应向上级部门负责。对于生产经营单位发生的生产安全事故,下级负责安全生产监督管理的部门和地方人民政府在接到报告后,应当及时向上级部门和政府报告,以便上级部门或政府从全局角度统筹安排应急救援工作。上报事故情况应当逐级进行,必要时,也可以直接越级上报,但事后应当向被越级部门或政府说明情况。

事故的报告程序因事故等级不同而有所不同。根据《生产安全事故报告和调查处理条例》第3条的规定,事故分级如下:

(1)特别重大事故,是指造成30人以上死亡,或者100人以上重伤(包括急性工业中毒,下同),或者1亿元以上直接经济损失的事故;

(2)重大事故,是指造成10人以上30人以下死亡,或者50人以上100人以下重伤,或者5000万元以上1亿元以下直接经济损失的事故;

(3)较大事故,是指造成3人以上10人以下死亡,或者10人以上50人以下重伤,或者1000万元以上5000万元以下直接经济损失的事故;

(4)一般事故,是指造成3人以下死亡,或者10人以下重伤,或者1000万元以下直接经济损失的事故。

国务院安全生产监督管理部门可以会同国务院有关部门,制定事故等级划分的补充性规定。上述规定所称的“以上”包括本数,所称的“以下”不包括本数。

154. 接到事故报告后,有关地方政府及相关部门应当如何展开救援?

案例聚焦

2021年8月30日16时24分许,陕西省宝鸡市凤县316国道酒奠梁隧道留凤关出口方向在施工作业过程中发生坍塌,造成10人被困。事故发生后,应急管理部持续调度指导救援处置工作,派出工作组赶赴现场,调派专业救援力量增援并协调专家参与处置。陕西省人民政府负责同志带领应急、交通运输等有关部门工作人员赶赴现场组织救援处置工作。宝鸡市成立救援现场指挥部,调集专业力量安全、高效、有序推进救援工作。国家隧道应急救援中国交建重庆队和当地消防、公安、卫生等救援力量以及灾害、隧道、施工等方面专家共700余人参加救援。经过53小时持续救援,成功打通救援通道,10名被困人员于9月1日21时43分全部获救。①

① 案例来源:2021年全国应急救援十大典型案例。

分析点评

《安全生产法》第85条第1款规定："有关地方人民政府和负有安全生产监督管理职责的部门的负责人接到生产安全事故报告后，应当按照生产安全事故应急救援预案的要求立即赶到事故现场，组织事故抢救。"这说明安全事故发生后，有关地方人民政府和负有安全生产监督管理职责的部门负有组织紧急救援的法定义务。

关于如何展开救援，《安全生产法》第85条也有相关规定，例如，相关部门负责人要按照生产安全事故应急救援预案的要求立即赶到事故现场，组织事故抢救；参与事故抢救的部门和单位应当服从统一指挥，加强协同联动，采取有效的应急救援措施，并根据事故救援的需要采取警戒、疏散等措施，防止事故扩大和次生灾害的发生，减少人员伤亡和财产损失；事故抢救过程中应当采取必要措施，避免或者减少对环境造成的危害。

此外，《生产安全事故应急条例》对于政府及其部门应如何展开救援有更为详细的规定。

例如，根据该条例第18条的规定，有关地方人民政府及其部门接到生产安全事故报告后，应当按照国家有关规定上报事故情况，启动相应的生产安全事故应急救援预案，并按照应急救援预案的规定采取下列一项或者多项应急救援措施：

(1)组织抢救遇险人员，救治受伤人员，研判事故发展趋势以及可能造成的危害；

(2)通知可能受到事故影响的单位和人员，隔离事故现场，划定警戒区域，疏散受到威胁的人员，实施交通管制；

(3)采取必要措施，防止事故危害扩大和次生、衍生灾害发生，避免或者减少事故对环境造成的危害；

(4)依法发布调用和征用应急资源的决定；

(5)依法向应急救援队伍下达救援命令；

(6)维护事故现场秩序，组织安抚遇险人员和遇险遇难人员亲属；

(7)依法发布有关事故情况和应急救援工作的信息；

(8)法律、法规规定的其他应急救援措施。

有关地方人民政府不能有效控制生产安全事故的，应当及时向上级人民政府报告。上级人民政府应当及时采取措施，统一指挥应急救援。

又如，根据该条例第 20 条、第 22 条和第 23 条的规定，发生生产安全事故后，有关人民政府认为有必要的，可以设立由本级人民政府及其有关部门负责人、应急救援专家、应急救援队伍负责人、事故发生单位负责人等人员组成的应急救援现场指挥部，并指定现场指挥部总指挥。在生产安全事故应急救援过程中，发现可能直接危及应急救援人员生命安全的紧急情况时，现场指挥部或者统一指挥应急救援的人民政府应当立即采取相应措施消除隐患，降低或者化解风险，必要时可以暂时撤离应急救援人员。生产安全事故发生地人民政府应当为应急救援人员提供必需的后勤保障，并组织通信、交通运输、医疗卫生、气象、水文、地质、电力、供水等单位协助应急救援。

核心提示

发生生产安全事故后，事故发生地有关地方人民政府、安全生产监督管理部门和负有安全生产监督管理职责的有关部门接到事故报告后，其负责人应当立即赶赴事故现场，组织事故救援；事故发生地公安机关根据事故的情况，对涉嫌犯罪的，应当依法立案侦查，采取强制措施和侦查措施。犯罪嫌疑人逃匿的，公安机关应当迅速追捕归案。同时，安全生产监督管理部门和负有安全生产监督管理职责的有关部门应当建立值班制度，并向社会公布值班电话，受理事故报告和举报。

此外，在救援的具体过程中，应注意各种工作有序地开展和衔接。例如，在进行事故现场抢险时，应根据事故特点，采用相应的应急救援物资、设备开展事故现场的紧急抢险工作。抢险过程中首先要注重人员的救援、事故现场内外易燃易爆等危险品的封存及转移等，其次是贵重物资设备的抢救。

在进行事故现场救护时，应当及时组织救治及护送受伤人员到医疗急救中心医治。

在进行事故现场保护时，应开展事故现场保护、人员的疏散及清点工作。现场救援人员应指引无关人员撤到安全区，指定专人记录所有到达安全区的人员，并根据现场员工名单表、各宿舍人员登记表，经事发现场人员的证实，确定事发现场人员名单，还要与到达安全区人员进行核对，判断是否有被困人员。

同时，还应有专门事故现场通信组，保证现场内与其相关单位及应急救援机构的通信畅通；项目部安全领导小组、抢险组、救护组、通信组等单位要保持及时有效联络。

155. 发生安全事故后，相关部门应当采取哪些措施，从而防止事故再次发生？

案例聚焦

2022 年 4 月，某省某市发生了一起严重的自建房倒塌事故，该事故共造成 53 人死亡、10 人受伤。经调查发现，倒塌建筑为居民自建房，为了增加房租收入，建筑所有者在原有规划三层的基础上，擅自将该建筑增加至六层，并且对内部结构进行了较大改动，导致承重结构受损，最终引发了房屋坍塌。事故发生后，省人民政府领导第一时间赶赴现场，迅速启动应急预案，全力展开现场营救。同时，相关部门立即对事故发生原因进行了调查，快速、准确地查清事故原因，并且对相关责任人作出了处理。该省提出，要以此次事件为戒，开展一次全省范围内的房屋安全排查整治专项行动，提出事故整改和防范措施。那么，安全事故发生后，相关部门应当采取哪些措施，从而防止事故再次发生？

分析点评

在很多情况下，安全事故的发生并不是单纯的偶然性事件，对安全事故发生原因的调查目的是要从事故中总结经验教训，减少、防止同类事故发生的概率。同时，在安全事故发生后对相关责任人追责，可以达到教育和警示的目的，提示相关行业主管部门和经营者引以为戒，时刻牢记安全生产责任，经常性开展自查活动，对于存在的安全隐患及时整改，防止安全事故的发生。

《安全生产法》第86条规定："事故调查处理应当按照科学严谨、依法依规、实事求是、注重实效的原则，及时、准确地查清事故原因，查明事故性质和责任，评估应急处置工作，总结事故教训，提出整改措施，并对事故责任单位和人员提出处理建议。事故调查报告应当依法及时向社会公布。事故调查和处理的具体办法由国务院制定。事故发生单位应当及时全面落实整改措施，负有安全生产监督管理职责的部门应当加强监督检查。负责事故调查处理的国务院有关部门和地方人民政府应当在批复事故调查报告后一年内，组织有关部门对事故整改和防范措施落实情况进行评估，并及时向社会公开评估结果；对不履行职责导致事故整改和防范措施没有落实的有关单位和人员，应当按照有关规定追究责任。”

由此可知，安全事故发生后，当地人民政府要按照国务院制定的事故调查和处理标准，对事故原因进行调查，并及时向社会公布，对于没有履职尽责的部门及人员要作出严肃处理。在事故发生一年后也要对事故整改和防范措施落实情况进行评估，从而达到督促相关责任单位及时整改的目的。

核心提示

安全事故发生后，相关主管部门、事故发生单位及行业内其他单位要提高对事故预防的重视程度，一次安全事故的发生可能暴露出一个行业安全生产方面的管理漏洞及存在问题。因此，在事故发生后要及时调查事故发生原因，总结事故教训、提出整改措施，行业所有单位要根据调查报告进行自查，从而有效防范类似事故的再次发生。

安全事故发生一段时间后，相关生产单位可能会放松警惕，这时需要行业主管部门加大检查力度，定期对事故防范措施落实情况进行督导，促使生产单位时刻树立安全生产责任意识，确保生产经营活动安全。

156. 事故调查组应由哪些单位派员组成，其职责有哪些？

案例聚焦

2021年1月10日13时13分，山东五彩龙投资有限公司栖霞市笏山金矿（以下简称笏山金矿）在基建施工过程中，回风井发生爆炸事故，造成22人被困。经全力救援，11人获救，10人死亡，1人失踪，直接经济损失达6847.33万元。事故调查组对事故的发生展开了详细的调查，发现本次事故发生的直接原因是：井下违规混存炸药、雷管，井口实施罐笼气割作业产生的高温熔渣块掉入回风井，碰撞井筒设施弹到一中段马头门内乱堆乱放的炸药包装纸箱上，引起纸箱等可燃物燃烧，导致混存乱放在硐室内的导爆管雷管、导爆索和炸药爆炸。①

分析点评

事故调查组是专门负责进行事故调查的联合组织，不是一个独立的行政主体。《生产安全事故报告和调查处理条例》第22条规定："事故调查组的组成应当遵循精简、效能的原则。根据事故的具体情况，事故调查组由有关人民政府、安全生产监督管理部门、负有安全生产监督管理职责的有关部门、监察机关、公安机关以及工会派人组成，并应当邀请

① 案例来源：2021年全国生产安全事故十大典型案例。

人民检察院派人参加。事故调查组可以聘请有关专家参与调查。”

由此可见，事故调查组的派员单位包括人民政府、安全生产监督管理部门、负有安全生产监督管理职责的有关部门、监察机关、公安机关、工会等，另外检察机关也应派员参与调查组。检察机关是国家法律监督机关，负有依法追究国家工作人员职务犯罪的职责。检察机关参与事故调查，有助于支持政府部门查明事故原因，追究有关人员的法律责任。

事故调查组成员由上述单位派员组成，该派员不是随便指派的，而应该指派“具有事故调查所需要的知识和专长，并与所调查的事故没有直接利害关系”的人员。当然，事故调查组还可以聘请有关专家参与调查。事故调查组设置组长主持事故调查组的工作，组长由负责事故调查的人民政府指定。

根据《生产安全事故报告和调查处理条例》第25条的规定，事故调查组履行下列职责：

(1)查明事故发生的经过、原因、人员伤亡情况及直接经济损失；

(2)认定事故的性质和事故责任；

(3)提出对事故责任者的处理建议；

(4)总结事故教训，提出防范和整改措施；

(5)提交事故调查报告。

为了保证事故调查组依法、有效地履行职责，查明事故真相，《生产安全事故报告和调查处理条例》还规定，事故调查组有权向有关单位和个人了解与事故有关的情况，并要求其提供相关文件、资料，有关单位和个人不得拒绝。事故发生单位的负责人和有关人员在事故调查期间不得擅离职守，并应当随时接受事故调查组的询问，如实提供有关情况。事故调查中发现涉嫌犯罪的，事故调查组应当及时将有关材料或者其复印件移交司法机关处理。

事故调查中需要进行技术鉴定的，事故调查组应当委托具有国家规定资质的单位进行技术鉴定。必要时，事故调查组可以直接组织专家进行技术鉴定。技术鉴定所需时间不计入事故调查期限。

核心提示

事故调查组作为专门负责事故调查的联合组织，具有统一性和权威性，既是临时工作机构又是统一整体。调查组成员来自不同单位，虽有职责分工，但都要在调查组的统一领导下开展工作，不得各行其是，脱离调查组的负责人“独立办案”。对此，《生产安全事故报告和调查处理条例》第28条规定：“事故调查组成员在事故调查工作中应当诚信公正、恪尽职守，遵守事故调查组的纪律，保守事故调查的秘密。未经事故调查组组长允许，事故调查组成员不得擅自发布有关事故的信息。”同时，事故调查组成员单位较多，工作分工不同，有时调查组成员之间相互对事故原因、事故性质、事故责任的认识和意见不尽相同，需要加强组织协调，明确必要的工作机制。

157. 发生安全生产事故后，责任单位的罚款数额一般为多少？

案例聚焦

2021年7月30日，北京市燃气集团有限责任公司某分公司位于朝阳区某处的中低闸井发生中毒和窒息事故，该事故造成3人死亡，直接经济损失高达635.442万元。应急管理部门对该事故展开了调查，认定该事故发生的直接原因是作业人员在作业时未配备及使用隔离式呼吸保护器具，未佩戴安全带或安全绳。进入闸井后，作业人员并未测定空气中氧气和有害气体的含量，也没有进行强制通风，最终导致了急性缺氧窒息死亡的结果。而事故发生的间接原因是责任单位有限空间作业管理制度不落实、劳动防护用品管理混乱、教育培训不到位、安全检查不到位、对作业现场和作业人员失管。应急管理部门依法对北京市燃气集团有限责任公司某分公司及其主要负责人作出行政处罚；总经理等7人被给予党纪政务处分。①

分析点评

《安全生产法》第114条规定："发生生产安全事故，对负有责任的生产经营单位除要求其依法承担相应的赔偿等责任外，由应急管理部门依照下列规定处以罚款：(一)发生一般事故的，处三十万元以上一百万元以下的罚款；(二)发生较大事故的，处一百万元以上二百万元以下的罚款；(三)发生重大事故的，处二百万元以上一千万元以下的罚款；(四)发生特别重大事故的，处一千万元以上二千万元以下的罚款。发生生产安全事故，情节特别严重、影响特别恶劣的，应急管理部门可以按照前款罚款数额的二倍以上五倍以下对负有责任的生产经营单位处以罚款。"

要避免发生安全生产事故，除了要从源头上预防以外，还需要在事故发生后对有责任的生产经营单位进行适当的处罚，以对其他生产经营单位起到警示作用。本条规定是对生产安全事故发生后，负有责任的生

① 内容来源北京市应急管理局，http://yjglj.beijing.gov.cn/art/2022/5/27/art_6058_696734.html。

产经营单位所需要承担的罚款责任的相关规定。可以看出,根据生产安全事故的严重程度不同,生产经营单位所需要承担的罚款数额也不尽相同。对生产经营单位处以罚款的主体为应急管理部门,应急管理部门有权根据安全生产事故的严重性自由裁量对生产经营单位的处罚力度。

在本案中,北京市燃气集团有限责任公司某分公司对于事故发生负有较大的责任,可以从此次事故中窥见该公司在日常生产经营中对安全生产的忽视。应急管理部门对该起事故进行追责,并对该公司处以罚款,其目的并不只是使该公司遭受处罚,还在于督促该公司重视安全生产问题,同时给其他生产经营单位敲响警钟。

核心提示

《安全生产法》第95条规定:“生产经营单位的主要负责人未履行本法规定的安全生产管理职责,导致发生生产安全事故的,由应急管理部门依照下列规定处以罚款:(一)发生一般事故的,处上一年年收入百分之四十的罚款;(二)发生较大事故的,处上一年年收入百分之六十的罚款;(三)发生重大事故的,处上一年年收入百分之八十的罚款;(四)发生特别重大事故的,处上一年年收入百分之一百的罚款。”

第110条规定:“生产经营单位的主要负责人在本单位发生生产安全事故时,不立即组织抢救或者在事故调查处理期间擅离职守或者逃匿的,给予降级、撤职的处分,并由应急管理部门处上一年年收入百分之六十至百分之一百的罚款;对逃匿的处十五日以下拘留;构成犯罪的,依照刑法有关规定追究刑事责任。生产经营单位的主要负责人对生产安全事故隐瞒不报、谎报或者迟报的,依照前款规定处罚。”

安全生产事故的发生往往不是单一原因造成的,而是生产经营单位安全措施不到位、主要负责人怠于值守、从业人员安全意识较低等多方面原因共同导致的。当发生安全事故后,如果仅对生产经营单位进行处罚,而不处罚主要负责人,可能无法最大限度地对生产经营单位起到震慑作用。因此,应急管理部门因安全生产事故处罚生产经营单位时,主要负责人同样需要承担相应的责任。